集人文社科之思　刊专业学术之声

集 刊 名：日本文论

主办单位：中国社会科学院日本研究所

主　　编：吴怀中

执行主编：叶　琳

COLLECTION OF JAPANESE STUDIES

编辑委员会

名誉编委

武　寅　刘德有　〔日〕米原谦　〔日〕滨下武志

编　　委（按姓氏笔画排序）

王　伟　王　青　王新生　汤重南　孙　歌　刘江永　刘岳兵

刘晓峰　吕耀东　李　薇　杨伯江　杨栋梁　宋成有　张季风

张建立　吴怀中　尚会鹏　周维宏　胡　澎　胡令远　赵京华

郭连友　高　洪　徐　梅　唐永亮　崔世广　韩东育　董炳月

编 辑 部

唐永亮　叶　琳　陈　祥　李璇夏　张耀之　陈梦莉　孙家坤　项　杰

2023年第2辑（总第10辑）

集刊序列号：PIJ-2019-365

集刊主页：www.jikan.com.cn/日本文论

集刊投约稿平台：www.iedol.cn

中文社会科学引文索引（CSSCI）来源集刊
AMI（集刊）核心集刊
中国学术期刊网络出版总库（CNKI）收录
集刊全文数据库（www.jikan.com.cn）收录

COLLECTION OF JAPANESE STUDIES

日本文论

2 2023
（总第10辑）

吴怀中 主编

社会科学文献出版社
SOCIAL SCIENCES ACADEMIC PRESS (CHINA)

日本文论 　　　　　　　　　　　　　　　　　2023 年第 2 辑（总第 10 辑）
2024 年 3 月出版

经济篇

CONTENTS

Economic Research

战后日本政治研究的方法与视角

高 洪 王新生 郭定平 徐万胜

编者按：在日本近现代史研究中存在重要的"战前"与"战后"的两个时间概念。随着时间的流逝，2023 年在时间节点上是近现代日本史研究的一个分水岭，"战后"78 年已经超越了"战前"77 年的时间长度。然而，相比"战前"77 年的相关研究成果而言，我们对于越来越长的"战后"日本研究成果偏少，也显得越发紧迫。围绕如何从事日本"战后史"研究，本刊将持续组织政治、外交、社会、经济、文化等领域相关专家从方法论与研究视角进行讨论。本期特组织了 4 篇讨论战后日本政治研究方法与视角的笔谈文章。这 4 篇文章不仅是对战后日本政治研究的反思，也是对日本现代政治走向研究的考察，对于我们更好地理解日本政治转型和中日关系走向，以及如何从事战后日本政治研究都具有理论价值与现实意义。

国内日本政治研究主流方法述要

高 洪*

中国日本政治研究的视角大体是由三者决定的。首先，选题决定视角。政治学作为一门研究政治现象的社会学科，涉及政治制度、政治行为、政治文化、政治思想等多方面内容，着眼于某一类问题开展研究，就意味着研究者选择了特定的切入角度和观察分析的侧重点。其次，立场决

---

* 高洪，中国社会科学院日本研究所研究员，中华日本学会会长，主要从事日本政治及中日关系研究。

定视角。中国人对日本的"国别政治研究"自然是一种相对客观的"外部观察"，并因此跳脱出研究对象的"自我干扰"，通常能够避免出现"不识庐山真面目，只缘身在此山中"的认知误区。最后，时间上的同步性也对研究视角起到决定性作用。由于今天的中国学者对当代日本政治的研究是处于相同时代的科研操作，当代人对当代国际事务的解读呈现出置身同一时代大潮的性质。

中国学者在日本政治研究中普遍采用的方法通常会受到其所处时代的社会政治环境、自由意志与文化、学术背景与方法偏好等多种因素影响。放眼中国从事日本政治研究的几代学人，因其学术背景、知识体系、个人特长，特别是所处时代中的职责使命及供职岗位的特定科研成果需要，其研究的成果产出、发表形式亦有所区别。其中既有早年学习参考国外学术同行的"拿来主义"作品，也有精通西方政治学方法论，移植借鉴推出独辟蹊径的作品。徐万胜教授在2011年撰写的《日本政治研究30年综述》指出，中国的日本政治研究在学科初创阶段偏重对日本的"介绍"与"借鉴"。20世纪90年代是中国日本政治研究的学科完善期，紧扣时事、研判政局成为主流。此后，随着研究日趋成熟，21世纪初，多学科和跨学科方法也得到进一步运用，研究领域开始从此前的政局演变集中到政治体制、政治改革、政党政治、政治右倾化。①

按照吴怀中研究员在2015年编写的《中国的日本政治研究30年综述》，21世纪初，中国的日本研究领域、中日政治关系研究领域的另一个学术贡献是具有填补空白意义的理论创新。② 例如，桐声（蒋立峰、张进山、高洪、吕耀东四人笔名）撰写的《当代日本政治中的民族保守主义》③ 及

① 参见高洪、徐万胜、吴怀中、张季风、王伟、谭晶华、崔世广、刘岳兵、徐建新、王新生《30年来中国的日本研究概况——中华日本学会2011年年会暨学科综述研讨会发言摘要》，《日本学刊》2011年第3期，第21~25页。
② 吴怀中：《中国的日本政治研究30年综述——以纪念〈日本学刊〉创刊30周年为主线》，《日本学刊》2015年增刊，第36~37页。
③ 桐声：《当代日本政治中的民族保守主义》，《日本学刊》2004年第3期，第1~3页。

吕耀东研究员领衔完成的"日本民族保守主义研究"系列作品①，完全摆脱了借鉴国外研究的影响和限囿，产生出中国学者独特视角与崭新观点。与此同时，不少非国际关系专业出身的研究人员开始了不同专业的跨领域研究。吴怀中研究员还指出这一时期的"两大进展"：第一，较为成熟地将政治理论与方法运用于日本政治研究；第二，逐步将多学科的研究方法综合集成加以运用，开辟出新天地、新路径。② 可以说，他对日本政治研究取得的进展给予了较高的肯定评价。

不过，前述两份综述主要是梳理了中国的日本政治研究学科史。如果单就中国人研究日本政治的方法论，其主线和总体特征离不开中国人的哲学思想和重视历史研究的学术传统，离不开国情与社会环境的影响和规范。一般说来，在坚持依照社会主义价值观、世界观指导的同时，也遵循政治学研究的一般规则和方法分类，学者们大多采用历史分析方法、经济分析方法、阶级分析方法、制度主义研究方法、调查研究方法等，对政治现象发展变迁过程中通常采用的原则、程序及其技术手段展开研究。笔者择其方法要点与代表人物简略分述如下。

第一，历史分析方法，或曰基于历史研究方法的日本政治研究。历史是一面镜子，可以鉴古知今，可以明辨是非。我们坚持批评历史虚无主义，并认定历史科学是一切社会科学的基础。尤其是在大历史观的方法论迭代更新之后，史学研究的基本方法自然而然地成为日本政治研究的一条主线。出现这种情况的客观原因是中国自 20 世纪 80 年代起开始大规模培养国际关系专业人才，及至高端国际关系、国际政治人才进入研究领域已经是 90 年代。所以，早年从事日本政治研究的老一辈学者以及 20 世纪 80

---

① 张伯玉：《从大选看当代日本政治中的民族保守主义》，《日本学刊》2005 年第 6 期；高洪：《试论当代日本政治中的"民族保守主义"》，《日本研究》2006 年第 1 期；吕耀东：《试析日本的民族保守主义及其特性》，《日本学刊》2006 年第 5 期；孙伶伶：《日本修宪与民族保守主义思潮》，《当代亚太》2007 年第 3 期；张进山：《当代日本的民族保守主义：生成、概念和释疑》，《日本学刊》2007 年第 3 期；吴怀中：《民族保守主义与日本的安全政策》，《日本学研究》，第 18 辑，2008；等等。

② 吴怀中：《中国的日本政治研究 30 年综述——以纪念〈日本学刊〉创刊 30 周年为主线》，《日本学刊》2015 年增刊，第 37~38 页。

年代研究生毕业后进入研究机构的学者大多出身于史学专业或外语专业，例如20世纪90年代以来领军中国日本政治研究及中日关系研究的蒋立峰教授、武寅教授等人都是以史学方法为主展开日本政治研究，可以说自有其学术上的合理性与学科背景的必然性。王振锁从日本政治史出发，研究自民党政治源流与今天日本政治生态的来龙去脉，也是战后政治史意义上的成果。李阁楠从日本"脱亚"到"回归亚洲"的历史变迁视角分析了日本政治历史演变过程。即便是国际政治专业出身的林尚立教授的《政党政治与现代化——日本的历史与现实》①　一书也在一定程度上采用了历史分析的学术方法。

　　第二，阶级分析方法和经济分析方法。20世纪80年代至21世纪初期，阶级分析方法和经济分析方法在中国研究界占有重要位置。其原因是年纪稍长的中国学者熟悉阶级分析的社会划分，擅长用阶级分析方法解读社会矛盾运动的成因与走势，面对"一亿国民总中流"的均质化日本社会，时有从社会阶层角度研究日本政治的作品出现。进入21世纪后，或许是受日本学者小林良章（采用计量政治学方法）、渡边雅男（主张阶级分析方法）等人研究影响，从事日本社会研究的周维宏教授、胡澎研究员等分别从阶级划分及社会阶层角度论述过日本社会政治。此外，吴怀中研究员在《试析日本政党政治的三大结构性问题》②　里将"无党派阶层"作为特定视角。随着全球化加速和经济市场的全球化，政治经济学成为比较政治学研究的新兴领域，从政治制度、经济制度出发的分析方法在学界也渐成趋势。毕竟，政治学的本质是研究利益分配的学问，利益实现过程又是将决策机构制定的法律贯彻到社会生活中的过程，因此自然引出了制度主义研究方法、政治过程研究方法以及与之相联系的特定问题研究。

　　第三，制度主义研究方法、政治过程研究方法及专题研究。率先使用这些方法的王新生教授注重日本政治研究中的过程分析，又重视研究首相官邸主导型决策过程的形成，其研究较好地弥补了中国日本政治研究系统

---

① 林尚立：《政党政治与现代化——日本的历史与现实》，上海人民出版社，1988。
② 吴怀中：《试析日本政党政治的三大结构性问题》，《当代世界》2018年第10期。

性、整体性不足的缺憾。进入 21 世纪前后，日本政治过程、政治决策体制、外交决策体制的相关研究开始大量出现。其中，郭定平《论日本首相权力一元化》[①] 一文指出，自 20 世纪末期以来，日本通过一系列政治与行政改革，推动从"官僚主导"向"政治主导"转变，形成了首相权力一元化的新政治体制。徐万胜的政治过程研究也极为深入，指出安倍晋三第二次执政后其决策过程呈现出官邸主导、政官合作、政高党低、朝野交错的特征，从而导致了"强首相"这一趋势。梁云祥撰文《冷战后日本外交政策决策体制的变化及其特点和原因》[②]，指出冷战后国际政治格局变化的客观形势与日本谋求"政治大国"的主观愿望相结合，使冷战后的日本外交更具政治化的色彩，逐渐开始形成"多方参与、集中决策"的新体制。同一时期，中国社会科学院日本研究所的张伯玉、张勇、张晓磊、何晓松等学者先后推出不同成果，体现出制度主义研究方法和政治过程全方位的日本政治研究盛况。由于政治改革和行政改革是冷战后日本政治体制改革最重要的系统性工程，而改革又是由政治家群体、重要政治人物推动完成，所以日本政治人物研究也随之进入中国日本政治研究视野。其中，吴寄南研究员的"日本青年政治家研究"[③] 从新一代日本政治人物崛起过程入手，深刻分析研究了 21 世纪的日本政治斗争。此外，吴寄南研究员针对日本政界中"台湾帮"生成过程的研究也是日本政治研究中极为重要的成果。

第四，调查研究方法和专项研究方法。这是中国的国家智库对日本政治研究的重要方法。因为智库对另一国家的政治研究是以深刻认识了解对方，为本国政策咨询服务为目的的。因此下马观花做实地调研，借助直接的政要访谈、开展智库交流、寻访征求对方国家政治学者的分析意见等，可以更为直接、便捷地获取所需信息。这方面需要强调的是，中国学者的日本政治专题调研是在深厚学术研究基础上以广阔的视野开展的，得出的

---

① 郭定平：《论日本首相权力一元化》，《东北亚学刊》2018 年第 2 期。
② 梁云祥：《冷战后日本外交政策决策体制的变化及其特点和原因》，《日本学刊》1997 年第 2 期。
③ 吴寄南：《日本新生代政治家：21 世纪"日本丸"掌舵人》，时事出版社，2002。

结论往往超出一般意义的专项分析，而成为系统性剖析研究对象国发展战略的本质分析。例如，杨伯江研究员从亚太大国关系角度出发，研究日本在国际秩序变革中的观念与应对，进而深入剖析其国家战略变迁的深层原因。刘江永教授从国家安全理论出发，研究了日本与东亚地区的安全关系变化，对钓鱼岛主权争端、琉球问题等做出了成果斐然的研究。王绍普研究员从东北亚国际关系出发，研究了战后日本防卫政策变化与亚太借鉴合作问题。胡令远教授的"战后日本社会思潮研究"、《印太战略议程设置与推进：日本外交的新态势》① 等研究从社会意识深层及外交战略的折射，深入观察了日本政治转变新趋势。上述各类研究成功运用调查研究的方法，确保了调研成果能够去粗取精、去伪存真，最终以客观、理性的判断得出科学结论，既服务于政策制定，又促进了学术发展，因此调查研究也是中国日本政治研究领域最为重要的方法之一。

此外，谈到政治学研究，不能不提到数字时代的新议题。近年来，数字技术与社交媒体的普及改变了政治参与和政治活动的方式，带动了计量政治学者做相关的专门研究。例如，2018 年邵建国、张择旭撰文《日本政治已是"首相官邸主导"模式了吗？——基于数据的实证分析》②，从日本各省厅向国会提交的立法草案数量、公务员人数增加情况、审议会设置数量和召开次数三方面进行统计分析，得出了内阁府和内阁官房占据优势这一令人信服的结论。近年来，中国的日本研究青年学者研究，尤其是近年的日本政治研究类博士学位论文中，开始运用自然语言处理技术和机器学习算法，分析和解释政治文本的海量数据，从中获取有关日本政府、政党甚至政治家个人和公众的政治态度与偏好以及政治立场的变动信息，并做进一步洞察。在研究国际关系的新一代政治学者中，这种将定性分析与因果推断方法结合的研究方法被称为"过程追踪"（process tracing），旨在通过系统性地追踪一个事件或行为的形成过程来识别因果机制。鉴于

① 胡令远、殷长晖：《印太战略议程设置与推进：日本外交的新态势——以反恐问题的阑入为中心》，《复旦学报》（社会科学版）2021 年第 6 期。
② 邵建国、张择旭：《日本政治已是"首相官邸主导"模式了吗？——基于数据的实证分析》，《国际论坛》2018 年第 6 期。

日本政治研究青年学者在这方面的努力还处于萌芽期的尝试阶段，本文就不一一尽述了。

今天中国的日本政治研究正处于百花齐放的繁盛阶段。本文作为"述要"不过是管中窥豹略见一斑。很多著名学者的研究未能逐一提及，新一代青年才俊的研究更是无法尽数，笔者在此深表歉意。

日本政治研究中的过程分析方法

王新生 *

政治学研究方法大体上可分为制度分析与过程分析，前者注重明文规定，后者关注实际运转。1908 年美国政治学家本特利出版的《政治的过程》[①] 首次将过程当作政治分析的核心，1951 年杜鲁门的《政治过程：政治利益与公共舆论》进一步发展了该分析方法，侧重政治行为体在政治系统输入与输出过程中发生的一系列互动行为。2000 年日本有斐阁出版了由伊藤光利、田中爱治、真渕胜三人撰写的《政治过程》，该书内容涵盖了舆论与投票、利益集团与政党、议会与立法、官僚与决策过程、政治过程中的整合等。尽管如此，有关政治过程分析的范围和对象仍然是需要深入探讨的课题。

实际上，直到今天在日本政治研究中仍然存在较多的制度分析。因为政治制度是政治行为和政治角逐的规则，政治系统成员的政治活动以及各个政治主体之间的协调与抗争是按照政治系统中公认的各种规则进行的，否则政治过程就会处于无序状态，政治系统也就失去了存在的基础。因此，即使分析日本的政治过程，也是在政治制度基础上进行的。

政治过程是指在一个政治共同体中，各个政治主体（选民、利益集团、政党、行政官僚乃至新闻媒体等）主要围绕利益分配实施的一系列政治互动行为。换句话说，政治过程是政治系统对政治共同体成员提出的

* 王新生，北京大学历史学系教授，主要研究方向为日本历史与日本政治。
① Arthur Fisher Bentley, *The Process of Government: A Study of Social Pressures*, Chicago: University of Chicago Press, 1908.

利益要求做出必要的反应，制定相应的法律、法规、政令等并贯彻到社会生活中，接受政治共同体成员监督的一系列政治行为，即从政治共同体成员之一选民的利益表达开始，经过利益集团的利益聚合、以政党为单位的决策者的利益决定、以行政官僚为主的利益实现、新闻媒体承载的利益反馈、选民及利益集团再一次进行利益表达的一个完整乃至循环的过程。

　　具体说来，政治共同体成员的利益表达是政治过程的起点，政治过程的其他环节（例如利益聚合、利益决定、利益实现、利益反馈等）都是为满足或抑制某种利益需求而开展的政治活动。选民的利益表达十分重要，一方面，这是政治系统运转的原始动力；另一方面，政治共同体成员向政治系统提出利益要求并得到实现时，政治共同体成员对政治系统的认同感及支持度得到增强，有助于政治系统的稳定，若利益要求未实现，政治共同体成员会丧失参与政治的兴趣，拒绝参与政治过程，结果引起政治系统的不稳乃至政局动荡。更为重要的是，尽管普通的政治共同体成员可以通过各种渠道、各种方式进行利益表达，但将自己的利益要求反映到利益决定过程并得到实现的主要手段是通过投票使自己的政治代表（国会议员）进入直接决策机构（国会）。因此，各个级别的选举是政治共同体成员参与政治并对利益决定过程施加影响的最主要且最重要的方式。也就是说，投票是政治共同体成员表达自己的利益要求、推动直接决策者做出对自己有利的行为、控制政府行为的最有效手段。

　　一方面，每一个政治系统成员的政治资源终究有限，难以对直接决策者乃至利益决定过程产生较大的影响，因而具有相同利益的政治系统成员联合起来，就能形成一个较大的利益集团，从而集中政治资源，通过聚集选票、提供政治资金、个人联系等手段对政治过程施加有效的影响；另一方面，政治系统成员的利益要求千差万别，即使在一个利益集团内部也有不同的利益要求，因而利益集团又具有利益聚合的功能，也就是将集团内部的许多利益要求聚合成最能体现该利益集团成员共同愿望、为数不多的利益要求，这样既容易为决策机构所受理，又可以集中自己的政治资源对利益决定过程形成更大的压力，以便实现自己追求的目标。

　　政党也具有利益聚合的功能，但与利益集团仅对利益决定过程施加影响的政治行为不同的是，政党则通过参加立法机构成员的选举使其成员成为直接决策者，在实行议会内阁制的国家中，政党还要尽可能地增加本党直接决策者的人数，从而可以占据议会中的多数议席，以便作为执政党主导利益决定过程。为达到此目的，政党力图使自己的纲领或政策主张尽可能地容纳更多选民的利益要求，努力扩大自己的支持阶层。因此，政党的成员规模不仅比利益集团大，而且利益聚合的范围也比利益集团更广泛。

利益决定过程也称作决策过程，是将政治系统中大量存在并经过聚合的利益要求转化为法律的过程，该过程通常是由政治系统中的立法机构完成的。政党作为这一过程中的主要角色，利用社会公认的竞争准则，相互进行不断的协商甚至抗争，最终对利益实现的顺序达成一定的妥协。拥有议会少数席位的在野党虽然不能主导利益决定过程，但可以利用制度上的规定通过各种方式影响这一过程，以便使自己代表的那一部分利益要求尽可能地优先得到确定及实现。

利益实现过程是将决策机构制定的法律贯彻到社会生活中的过程，因而也称作执行决策过程，这一过程主要由政治系统中的行政机构加以完成。决策机构制定的法律大多比较笼统，这赋予了行政机构在执行法律的过程中较大的裁决权，所以行政机构有时也制定一些法令或条例，以便更好地执行有关决策。与其相应的是，为了防止行政机构过多地使用这种权力，保障利益实现过程的顺利进行即准确执行法律，政治系统中的司法机构承担了监督的功能。但司法机构的监督大多是消极性的，即司法机关一般只是被动地干预利益实现过程。

在一个现代社会中存在各种各样的利益要求，这些利益要求有时处于对立或冲突的状态，即一种利益要求的实现会妨碍另一种利益要求的实现甚至损害其他利益要求。因此，在利益实现过程中必然产生新的问题和新的利益要求，这些新的问题和新的利益要求通过各种渠道（主要是新闻媒体，因而也有观点将新闻媒体作为利益集团、政党、行政官僚之外的第四种政治势力）反馈到政治系统，由此新一轮的政治过程随之开始，政治系统也就不断运转下去。

由此可见，政治过程论是动态地考察与描述政治系统的，这与传统的政治学研究方法有很大的不同。传统的政治学研究方法是静态地分析政治系统，即重点分析政治制度与政治结构，其明显的缺陷就是过于注重形式和法律研究，难以认识与把握千变万化的政治活动和政治系统的本质。更为重要的是，政治制度与政治过程经常发生乖离，尽管有制度性规定，但这样的规定在现实政治生活中没有得到实施，与其相反，没有受到制度规定的政治主体反而在现实政治生活中十分活跃且非常重要。譬如说，战后的《日本国宪法》第41条明确规定"国会是国家权力的最高机关，唯一的立法机关"，尽管如此，在20世纪70年底以前，有关政策立案与审议过程很大一部分在国会之外的非正式场合以非公开方式进行，其中扮演主要角色的是行政官僚与执政党国会议员。即使在国会审议法案时，也通常由高级官僚代替国会议员回答质询。因此，行政机构的官僚在很大程度上主导了政治过程、决策过程。再如，日本至今仍然没有专门的政党法①或者利益集团法，但在现实生活中，这两个政治主体非常重要，甚至可以说在现代政治社会的政治过程中起到主导性作用。

从利益集团参与政治过程及决策过程的角度看，日本农业协同组合（以下简称"农协"）比较具有代表性。"农协"是日本最大的农业和农民团体，农户基本参加，为正式成员，另外还有居住在农村的城市工薪者，通常称为"准成员"。例如，1985年"农协"成员为807万名，其中正式成员为554.2万名，准成员为252.8万名。"农协"拥有协助政府分配农业补助金、垄断农产品流通等特权，还对具体农户负有指导、监督、提供信息、调解纠纷的职能以及向政府提供建议的责任，因而"农协"具有较强的整合能力和政治动员能力，在各级选举中协调成员的政治资源（选票）、将支持"农协"利益要求的候选人选进各级决策机构特别是国会议员。因此，绝大多数的国会议员声称自己代表农民的利益，仅在自民党所属国会议员中就超过370名（1987年）。国会议员组成许多跨党派农林议员集团，如"振兴农林议员协议会"（成员354名，1987年）、

---

① 1994年的《政党补助法》仅规定了领取政府补助金的政党资格，即政党指"拥有5名以上国会议员"或"最近一次大选、最近一次或上一次参议院通常选举中得票超过2%的政治团体"。

"日本农政刷新同志会"（成员 208 名，1987 年）以及"新农政研究会"、"农业再建研究会"、"保障农民健康协会"、"振兴畜产议员联盟"、"振兴蔬菜议员恳谈会"等。"农林族（集团）"议员在国会中的势力很大，有"无敌的农林族"之称。与此同时，"农协"具有协助政府落实农业政策的行政性功能，因而与行政机构特别是农林水产省的关系密切。在 20 世纪 80 年代后半期"泡沫经济"形成时期，大藏省特意批准"农协"系统金融机构向不动产金融机构贷款，农林水产省甚至保证"农协"投入的资金能够得到回收。"泡沫经济"崩溃后，执政的自民党与行政机构在民众的强烈反对下仍然动用政府财政对"农协"金融机构提供补贴。即使在长期执政的自民党下台、政局大变动的 1993 年，参加大选的 7 个党派也无一例外地主张保护国内农业、反对农产品进口自由化。2015 年《新农协法》生效实施之前，"农协"是左右政府农业政策的重要利益集团之一。

从政党参与政治过程及决策过程的角度看，尽管在国会中以"会派"为单位分为不同的政治集团，但基本上以政党为中心。自 1955 年两大保守政党合并以后直到 1993 年，执政的自民党在国会参众两院拥有过半数席位，即使按照多数表决通过的基本原则，凡自民党认可的法案一般均能通过国会的审议而成为法律。处于少数派的在野党不仅因它们的政策立案能力较差，而且因为它们缺乏使自己提出的法案通过国会审议的实力，自 1955 年到 1985 年的 30 年间，由在野党联合提出、执政党加以修正并得到国会审议一致通过的法案只有 1978 年的《女性教职员哺乳期补助法》。这种现象并非否定在野党在决策过程中的作用，综观自民党执政 38 年间的日本立法过程，尽管由行政机构起草、执政党事前审议的法案国会通过率高达 85%，但仍然有 15% 的法案因在野党的坚决抵抗而成为废案，而且这些废案通常是政府和自民党的重要法案。即使在通过的法案中，大多数也按照在野党的要求做过某些修正甚至重大修正。

传统的政治学研究方法将政治现象分割成许多部分（例如政治结构、国家宪法、社会团体、选举制度、政府、政党、国会、司法等）加以分别研究，然后再进行综合分析。尽管如此，由于不能阐述各个部分相互之间的有机联系，因而难以说明政治现象与整个社会生活之间的密切关系。政治过程论在较大程度上克服了这一缺陷，因为政治过程论强调政治系统内部各个政治主体之间的互动作用，即政治系统的每项决策均是各个政治主体不断接触甚至冲突最终做出让步或达成妥协的结果。由于某一项决策是引发新一轮政治过程乃至决策过程的动因，"政治过程论"有助于了解各种政治现象乃至某项决策的来龙去脉及其发展趋势。

毋庸讳言，政治过程论也有缺陷。首先，作为一种行为主义政治学研究方法，过于注重政治活动和政治行为的分析，忽略了这些活动和行为背后复杂的文化因素、价值观念、社会制度背景，因而难以合理地解释某些政治现象。也就是说，政治过程论将各种政治现象均看作功利性行为，而忽略了意识形态的作用，在各种社会阶层甚至阶级、各种社会制度并存的当今世界，这种分析方法必然有其局限性。其次，政治过程论容易使政治研究落入具体问题的陷阱而不能自拔，结果造成只见树木不见森林的局面，只有令人窒息的数据而没有科学性论断。更为重要的是，政治过程论是将现存政治制度为既定政治制度作为前提的，也就是把现存的政治系统看作在性质上万古不变的政治系统，即使存在某些问题也是操作不当或程序紊乱引起的，这种为现存统治秩序服务的观点显然是错误的。任何社会阶段都存在制度性弊病和不合理的部分，正是在克服这些弊病和不合理部分的过程中，人类社会才不断地进步。因此，如何在政治过程论和政治制度、政治结构分析相结合的基础上对当代日本政治进行研究仍然是学界在理论方法领域需要深入探索的课题。

中国自主知识体系构建视角下的日本政治研究创新路径

郭定平[*]

当代中国的日本政治研究可以清晰地追溯到 1964 年中共中央关于加

* 郭定平，法学博士，复旦大学国际关系与公共事务学院教授，主要从事比较政治学特别是现代东亚政治的比较研究。

强外国问题研究的指示并在复旦大学等高校建立国际政治系开展相关研究。随着 1972 年中日邦交正常化，特别是 1978 年《中日和平友好条约》的签订和中国改革开放政策的实施，中国的日本政治研究得到快速发展，在学科建设、人才培养、学术出版等方面均取得了显著成绩。但是，在日本政治研究的学术创新和原创理论贡献方面，中国的日本政治研究并没有形成重大的标志性成果。特别是与 2022 年 4 月习近平总书记提出加快构建中国特色哲学社会科学、构建中国自主知识体系的要求相比，中国的日本政治研究仍然存在较大的差距。下面结合个人的学习体会和研究心得，从中国自主知识体系构建的视角，就中国的日本政治研究创新路径略陈管见。

（一）增强学科意识，推动日本地域研究与学科学术研究的良性互动

在中国的日本政治研究中，长期以来存在一种脱离政治学学科的偏向，总是倾向于把日本政治研究整体置于区域研究的视野和框架之中。虽然日本学界曾经讨论过如何推动区域研究与学科研究的良性互动和有机融合，甚至一度提出要加强学科建设，但是进展和成就并不明显。这种问题的形成主要源于一定的历史背景，具有某种路径依赖的倾向。开展日本研究的主要路径是收集资料、了解情况、分析动向、提出对策，因此日语语言是关键，很多日本研究学者具有日语语言学习的背景。如今虽然越来越多的日本政治研究学者可能毕业于政治学专业，但是一旦进入研究工作岗位，多半还是从区域研究的视角进行日本政治研究。一个基本的事实是很多从事日本政治研究的学者只参与日本学会的活动，并不热衷于政治学会或国际政治学会的活动。

现代政治学研究迫切需要推动学科研究与区域研究的良性互动和有机融合。一方面，任何地域政治研究都要有现代政治学的概念和理论指导，吸收和借鉴现有研究成果；另一方面，运用区域政治研究成果检验和修正现有政治学理论，从而丰富和发展政治学理论。因此，维持国别区域研究与学科学术研究之间的一种"创造性张力"（creative tension）非常重要。

实际上，政治学理论和知识体系都是源于国别区域政治发展经验，从古希腊亚里士多德的《政治学》到当代罗伯特·达尔的《谁统治：一个美国城市的民主和权力》，从查默斯·约翰逊的《通产省与日本奇迹：产业政策的成长》到吉列尔莫·奥唐奈的《现代化和官僚威权主义：南美政治研究》，均以国别区域政治发展经验为研究对象提出了各自的创新理论，从而对政治学的理论发展做出了重要贡献。

东京大学名誉教授蒲岛郁夫（现为熊本县知事）在哈佛大学攻读博士学位的时候，学习的专业是政治经济学，他的导师团队包括鼎鼎大名的亨廷顿、维巴、赖肖尔等学者。蒲岛郁夫结合自己的东亚研究特别是日本政治研究，有创新、有发展，有些还挑战了前人的研究成果，进而发展了政治学理论。其中他做出最为重要的贡献就是提出了"支持发展参与模式"（supportive participatory model of development）。亨廷顿在《变化社会中的政治秩序》一书中提出，现代化会导致不稳定，因为现代化会动员参与，在制度化水平还不够高的时候，越多的参与会带来越多的破坏性，进而影响政治稳定。亨廷顿的这一理论在政治学界几乎成为通识。但是，蒲岛郁夫分析战后日本政治发展的经验，对这一理论发起了挑战，他运用大量的实证资料，在世界政治学最著名的旗舰刊物《世界政治》（*World Politics*）上发表了长篇论文论证了他的观点。他认为，日本农民高度的政治参与有助于自民党政权的长期稳定，进而推动了战后的经济高速增长，其中的核心概念就是"支持发展参与模式"。亨廷顿看到了蒲岛的研究后，在他所著的书里也承认这样的研究是有价值的。他说："关于怎样使经济目标的实现与政治目标的实现互相调和的跨学科研究较为罕见。蒲岛郁夫指出了怎样才能调和民主、增长与平等的矛盾。"[①] 这种学术挑战就使政治学的研究向前推进了一步。这一案例给我们的启示是非常深刻的，即国别区域研究只有置于特定的学科视野之下，并与该学科的理论进行有效对话，才能实现学术创新，进而创造新的政治知识。

---

① 〔美〕塞缪尔·亨廷顿等：《现代化：理论与历史经验的再探讨》，上海译文出版社，1993，第 349 页。

（二）提高方法自觉，推动定量研究与定性研究的有机结合

中国的日本政治研究与国际比较政治学研究相比，一个重要差距是缺乏方法论的自觉意识。很多中国的日本政治研究学者只能依靠阅读日本报纸杂志、学术研究著作以及大量网络信息，总体上都是运用别人的研究成果和一些二手文献资料，严重缺乏自己的实地调查研究资料，也没有建立相应的数据库。进入 21 世纪以来，随着中日联系的加强，不少学者可以直接赴日进行访谈，但仅仅依靠访谈资料还是很难取得高质量的研究成果。因此，在日本政治研究过程中，亟须增强方法论的自觉意识，通过大量实地调研和深度访谈，运用一手和二手数据，包括网络大数据，推动定量研究与定性研究的有机结合。

在当代政治学研究中，多样化与科学化的研究方法已经得到大量运用，研究方法的严谨程度和研究成果的质量均得到显著提高。随着学术研究方法训练的普及和国别区域研究数据资料的开放应用，政治学的研究方法已经超越了传统的求同法、求异法，引入了各种以田野调查、访谈观察、数据分析、实验模拟等为基础的定性分析、定量分析以及定性与定量相结合的研究方法，精彩纷呈，兼容并包。近年来，各种以调查统计、互联网大数据为基础的实证研究被大量引入政治学研究，产生了可观的成果。为此，中国的日本政治研究必须进行研究方法的补课和寻求分析框架上的创新，只有这样才能进一步推进前人的研究，以达到理论创新和知识积累的目标。汪卫华在其比较政治学学术史与学科性的反思文章中强调，中国比较政治学亟待从"学科自觉"迈向"话语自觉"与"知识自觉"，在平视西方政治学发展经验与教训的基础上，改变"仰视西学、求取真经"的心态，冷静地比较中外历史经验，直面世界各国政治现实，在中外学术交流对话中构建真正自觉自主的中国比较政治学。① 只有这样，中国的日本政治研究才能形成自主知识体系，不仅为学术进步与理论繁荣做

---

① 汪卫华：《比较政治"学"？——学术史与学科性的反思》，《政治学研究》2021 年第 5 期，第 63~76 页。

出贡献，而且为更加精准认识日本和理解日本奠定坚实基础。

当代政治学研究成果汗牛充栋，有的比较老套，侧重定性研究、历史与制度分析，有些追赶新潮，强调定量研究和数据分析，真正将定量研究与定性研究有机结合并取得成功的例子并不多。罗伯特·帕特南在研究意大利地方政府改革与民主发展过程中将定量研究与定性研究有机结合，分析技术炉火纯青，出版了《使民主运转起来》① 一书，取得了巨大成功并为其带来了崇高的声誉。他不仅花费 20 余年收集了大量数据资料并进行纵向与横向的比较分析，而且将经验研究上升到一般理论，结合意大利南北历史发展的比较分析，创造性地阐释了社会资本在提高制度绩效和推动民主发展中的重要作用，从而形成了新颖独特的政治文化与民主政治发展理论。在日本政治研究中，一些日本学者运用多年积累的数据资料开展学术研究，将定量研究与定性研究相结合，取得了引人瞩目的成果。例如，蒲岛郁夫的《战后日本政治的轨迹：自民党体制的形成与变迁》② 就运用了选举调查数据资料。另一个例子是建林正彦的《政党政治的制度分析：多层政治竞争中的政党组织》③，该书运用了大量自 1976 年开始的历次官僚调查、1978 年开始的历次国会议员调查及其他相关调查数据资料，成为此项研究方法论上的重要特征。中国的日本政治研究缺乏重大理论创新和标志性学术成果的一个重要原因就是尚未建立独立的数据库和形成自己的一手资料来源，很难实现真正的学术突破。

（三）超越民族隔阂，做到政治性与学术性的有机统一

政治学研究具有学术性，也有政治性，中国的日本政治研究尤其如此。中日两国一衣带水，历史文化交流源远流长，其中既有大量可歌可泣的友好交流感人事迹，也有日本对华侵略历史事实。因此，中国的日本政

---

① 参见〔美〕罗伯特·D. 帕特南《使民主运转起来》，王列、赖海榕译，江西人民出版社，2001。

② 参见〔日〕蒲岛郁夫《战后日本政治的轨迹：自民党体制的形成与变迁》，郭定平、田雪梅、赵日迪译，上海人民出版社，2014。

③ 建林正彦『政党政治の制度分析—マルチレベルの政治競争における政党組織—』、千倉書房、2017。

治研究是非常敏感的高危工程，稍有不慎就会遭到左右围攻、上下夹击。如何超越中日之间的民族隔阂，做好日本政治研究，确保政治性与学术性的有机统一，则是开展日本政治研究并产出高质量成果的重大挑战。

应该说，所有政治学研究必须具有学术性，否则我们的政治科学就不能称为"科学"了。反过来说，一切政治学研究不能片面强调政治性，否则就不是在做学问。政治学研究也必须讲政治，体现一定的政治性，否则我们的政治科学就没有"政治"了，就只是一种玩弄文字或数字游戏的钻牛角尖罢了。中国的日本政治研究更要兼顾学术性和政治性，做到二者的有机统一。政治学的学术研究是有国别背景的，日本政治研究也有特定区域特征，因此从某种意义上讲，中国的日本政治研究必须服务于中国的发展，也要有助于制定科学合理的对日外交政策，有助于推动中日关系的健康发展，这其中当然是有"政治"的。所以，要做到学术性与政治性的有机统一，就既不能是"反科学的政治学"（politics against science），也不能是"无政治的政治学"（political science without politics）。在过去相当长的历史时期，中国的日本政治研究很多是政策性的、政论性的，有些甚至是口号式的、口角式的，这些研究就非常缺乏学术性和学理性。当前，中国的日本政治研究亟须加强学术性、学理性，当然也不能走向另一个极端——完全忽略政治性。

要在日本政治研究中做到学术性与政治性的有机统一，中国的日本政治研究学者首先必须提高自己的政治觉悟，坚持马克思主义的指导地位，自觉运用马克思主义历史唯物主义与党的创新理论的世界观和方法论指导自己的学术研究，立足中国，胸怀天下。其次，不能在日本政治研究中搞泛政治化，不能把一切学术议题和学术观点进行政治化处理。事实上，很多日本政治研究课题如果进行学术化处理，自然就不那么敏感了，也无须被政治化对待。越是政策性、政论性的所谓日本政治研究，越容易遭到政治化处理；越是学术化研究、学理性探讨，越有可能避免政治化处理。日本军国主义的发展和影响是一个很重要的研究课题，具有极强的政治性，也有很大的争议性。按照常规思路进行研究，此类选题很容易形成政论性的和批判性的叙事风格。如果置于比较政治学的学术视野之下，从政军关系或文武关系的视角进行学理探讨，则会产出很不相同的理论成果，并形成一定的知识积累。

构建中国的日本政治研究的自主知识体系是一项复杂的系统工程，也是一个长期的日积月累的过程，需要常抓不懈、久久为功。但是，也必须有紧迫感和责任感，从现在做起、从具体的课题抓起。要构建自主知识体系，中国的日本政治研究需要有自己的问题意识、自己的研究视角、自己的思想资源、自己的理论框架和自己的独特资料来源。只有基于中国自己的概念和理论、资料和方法，系统科学地回答日本政治发展的基本规律等根本问题，中国的日本政治研究才能自豪地屹立于世界哲学社会科学的学术之林。

政治过程论与战后日本政治研究

徐万胜[*]

自 20 世纪 80 年代初期至今，伴随着中国的改革开放进程、社会科学发展以及中日双边关系的深化，"战后日本政治研究"成为中国日本学界最为活跃的领域之一，取得了较为丰硕的研究成果。其中，部分论著通过运用政治过程分析方法，推动"战后日本政治研究"不断取得进展。因此，政治过程论成为中国学者研究战后日本政治的主要理论方法。

所谓政治过程，是由政治行为体在政治系统输入与输出过程中发生的一系列互动行为构成的。作为政治过程论的奠基之作，二战后，美国学者戴维·杜鲁门的《政治过程：政治利益与公共舆论》将美国政治和政府阐释为不同利益集团间相互作用的产物。这不仅与此前传统的"法律—制度研究范式"大相径庭，而且推动了行为主义政治学研究的兴起。

在中国，较为系统地运用政治过程分析方法研究战后日本政治发端于20 世纪 90 年代。王新生的《现代日本政治》[①] 应是这一领域的首部代表

＊　徐万胜，国防科技大学国际关系学院教授，主要从事日本问题与东亚地区安全研究。
①　王新生：《现代日本政治》，经济日报出版社，1997。

性专著。该著作系统地分析了利益集团、行政省厅、执政党、在野党、大众传播媒介等政治行为体及其对政治过程的影响，探讨了选举投票、行政指导、对外政策以及 1986 年销售税政策的政治过程，是全面了解战后日本政治的基础性著作。

进入 21 世纪初期，中国学者运用政治过程分析方法研究战后日本政治的论著不断涌现，其议题大多紧贴日本国内政局及政治过程的发展变化。从选题上看，这些论著主要体现出以下四种研究路径。

研究路径之一，围绕"日本政府决策过程模式"展开。

冷战后，日本国内相继推行了国政选举、中央省厅及特殊法人等各项制度改革，其核心价值取向是实现政治主导。各项制度改革成效的累积必然促使"日本政府决策过程模式"发生重大变化。对此，中国学者用"官邸主导"来认知并界定这一决策过程模式的变化。例如，王新生《首相官邸主导型决策过程的形成及挫折》① 一文认为，20 世纪 90 年代以来的日本政治、行政等领域的改革使首相官邸成为决策过程的中心，并分析了产生此种变化的各项制度性背景及政治家个人因素。徐万胜《安倍内阁的"强首相"决策过程分析》② 一文认为，2012 年 12 月上台执政的安倍晋三内阁的决策过程呈现出官邸主导、政官合作、政高党低、朝野交错的特征，从而导致了"强首相"的发展趋势。此外，部分论著还以某项政策法案的制定过程为中心，验证了日本首相官邸主导决策模式的运用。③

研究路径之二，围绕"政治行为体间互动关系"展开。

在参与日本政治过程的各类行为体中，政治家（特别是执政的自民党政治家）与官僚均占据重要地位，二者互动形成所谓"政官关系"。长期以来，自民党政权框架下的政官关系是战后日本政治研究的核心议题。并且，在政府决策过程中，是"政治家主导"还是"官僚主导"，也是日

---

① 王新生：《首相官邸主导型决策过程的形成及挫折》，《日本学刊》2008 年第 3 期。

② 徐万胜：《安倍内阁的"强首相"决策过程分析》，《日本学刊》2014 年第 5 期。

③ 参见何晓松《试析日本首相官邸主导政治——以安保法案决策过程为中心》，《日本研究》2016 年第 2 期；从伊宁、张晓磊《岸田内阁官邸主导决策特征及其实施困境——以"经济安保法"的出台过程为例》，《日本问题研究》2023 年第 1 期。

本政官关系研究领域中争论不休的焦点问题。前述提出的"官邸主导"决策则是由首相官邸内的政治家与官僚联手进行的"混合型"主导模式。伴随 2009 年 9 月民主党上台执政，与官僚相对应的执政党政治家则由"自民党政治家"转换成"民主党政治家"，从而又为中国学者基于政官关系视角研究日本政治提供了新空间。例如，吴寄南《民主党执政后的政官关系》① 一文认为，民主党执政后日本"官僚主导"统治结构受到严重冲击，但"政治主导"改革在官僚的抵制下逐渐变质。徐万胜《政官关系与日本民主党政权的政策决定》② 一文认为，政官关系定位不准，不仅导致民主党政权的政策决定过程反复变化，也削弱了其决策效益与执政能力。

研究路径之三，围绕"行为体的政治过程影响"展开。

行为体参与并影响政治过程的目标往往在于实现自身的利益诉求。利益集团及利益政治既是政治学理论研究的重要领域，也是西方国家政治实践的具体体现。在战后日本政治研究领域，作为典型研究范式，中国学者一直致力于探讨财界团体、业界团体及"族议员"等对政策决定过程的影响。③ 其中，臧志军等撰著的《冷战后的财界与日本外交》④ 全面梳理和分析了冷战结束后财界影响日本对外政策的资源、方式、手段，揭示了日本对外政策过程中财界的影响方式及其特点，在相当程度上弥补了国内外学界的研究空白。在利益集团之外，中国学者关注的"行为体"范围亦有所扩大。例如，张勇、孟繁超的《政策推手：日本首相外交安保团队与对外决策过程》⑤ 将影响对外决策过程的行为体聚焦到首相的外交安

① 吴寄南：《民主党执政后的政官关系》，《日本学刊》2011 年第 5 期。
② 徐万胜：《政官关系与日本民主党政权的政策决定》，《日本问题研究》2013 年第 3 期。
③ 参见徐万胜《利益诱导与自民党政权——以自民党农林族议员为视角》，《日本学刊》2002
年第 3 期；吴寄南《日本"新国防族"的崛起及其影响》，《日本学刊》2003 年第 5 期；张
云《经团联在政府决策中的作用——以日本自由贸易协定政策出台为例》，《日本学刊》
2008 年第 1 期；徐万胜《论利益集团与日本民主党政权》，《日本学刊》2011 年第 2 期；蔡
亮《试析农业利益集团对日本政治的影响——兼论"农协"在反 TPP 活动中的政治影响
力》，《日本学刊》2012 年第 5 期；田凯、邵建国《日本财界的政治影响力分析——以日本
的 TPP 政策制定过程为例》，《辽宁大学学报》（哲学社会科学版）2015 年第 5 期。
④ 臧志军、包霞琴、郑浩澜：《冷战后的财界与日本外交》，上海人民出版社，2013。
⑤ 张勇、孟繁超：《政策推手：日本首相外交安保团队与对外决策过程》，《日本学刊》2021 年
第 6 期。

保团队，在一定程度上突破了传统的利益政治研究范式。潘妮妮《社交媒体对日本政治决策过程的渗透——基于对"#抗议检察厅法修正案"事件的考察》① 一文则指出了日本政治决策过程所处环境的新变化，即面临网络社交媒体的渗透。

研究路径之四，围绕"某项政策议题决定过程"展开。

中国学者从政治过程的视角研究日本政府的某项政策议题，通常习惯于关注日本国内存有较大意见分歧的政策议题，以便分析各行为体如何进行政治博弈。21 世纪以来，相关论著主要涉及日本"有事立法"、邮政民营化、EPA 农业保护政策、安倍政府"安保立法"等议题。② 此外，李梅、张勇《新古典现实主义视阈下的日本对华外交政策调整——以"购岛"决策为中心的考察》③ 一文运用新古典现实主义的理论方法，将日本国内决策过程置于国际体系变动的背景下，进一步丰富了政治过程的研究范畴。

在了解上述基本研究路径的基础上，运用政治过程分析方法来研究战后日本政治，还需把握好以下四个关键要素。

首先，政治过程与政治制度的结合。政治过程分析方法虽与此前传统的"法律—制度研究范式"大相径庭，且在一定程度上弥补了该研究范式的缺陷，但其有效运用仍需与政治制度研究方法相结合，而不是彼此割裂开来。显然，任何政治过程的展开都处于相关政治制度的规范之下。"在分析日本的政治过程时，首先介绍其政治制度和政治结构是必要的，这不仅有助于一般读者更好地了解这个国家的各种政治现象，也可以发现

---

① 潘妮妮：《社交媒体对日本政治决策过程的渗透——基于对"#抗议检察厅法修正案"事件的考察》，《日本学刊》2020 年第 6 期。

② 参见高洪《日本"有事立法"中的政治力学管窥》，《日本学刊》2003 年第 4 期；刘轩《搁浅的改革：日本邮政民营化的政治博弈与制度安排》，《现代日本经济》2015 年第 4 期；李明权、张晓娜《日本 EPA 农业保护政策形成过程的演变及其原因分析——以首相和农业保护三集团的相对影响力变化为中心》，《日本学刊》2021 年第 2 期；王生、赵师苇《安倍政府时期的反安保运动分析——以政治过程理论为视角》，《东北亚论坛》2017 年第 6 期。

③ 李梅、张勇：《新古典现实主义视阈下的日本对华外交政策调整——以"购岛"决策为中心的考察》，《日本研究》2018 年第 4 期。

其政治制度的弊病。"① 例如，郑励志主编的《日本公务员制度与政治过程》② 在全面论述日本公务员相关制度规定的基础上，探讨了公务员在政策决定过程中与其他政治行为体之间的相互关系。因此，我们有效运用政治过程分析方法的基础之一，应是全面了解并掌握有关日本国家政治制度的理论知识。

其次，行为体概念内涵的准确界定。准确界定行为体概念内涵是研究其对政治过程影响及相互间关系的前提条件。例如，我们在推动有关日本政官关系研究的进程中，必须紧紧把握住"政"与"官"的所指对象范围。众所周知。在日本，政界与官界是两个不同的概念。"政界"主要是指从事国会政治活动的政党和国会议员集团；而"官界"则是指从事行政管理活动的省厅和高级行政官僚集团，且与"公务员"概念内涵基本上一致。同样，冷战后日本国内推行各项制度改革的核心价值取向就是实现"政治家主导"。这里的"政治家"并非指"执政党"内的，而是指加入"内阁"的。此外，由于中文中亦存在"官僚"等与日语完全相同的概念表达方式，我们在概念的运用上更要极力避免所指对象的模糊，避免其作为政治学用语与作为社会生活用语的内涵混淆。

再次，行为体影响决策的结果研判。某些行为体为实现自身利益诉求，往往致力于影响政府决策。行为体影响政府决策的结果究竟如何，是政治过程分析的难点所在。研判此种影响结果，我们并不能简单地将行为体"利益诉求"与政府"施政纲领"加以比较而得出结论，即以二者内容重合度高低来研判影响程度大小，应在阐释行为者参与决策过程机制及其利益诉求"变现"机理的基础上得出科学结论。

最后，实证分析与战略思维的结合。政治过程分析方法的主要特点是注重实证分析。但实证分析有时过于偏重政治过程的"细枝末节"，结果是陷入"只见局部不见整体"的困境。因此，实证分析的运用仍应在宏观的战略思维框架之下，在遵循基本规律的前提下深入挖掘、论证。

---

① 王新生：《现代日本政治》，第 24 页。
② 郑励志主编《日本公务员制度与政治过程》，上海财经大学出版社，2001。

总之，政治过程既是战后日本政治研究的方法，也是议题。借助政治过程分析方法，近 30 年来中国学界在战后日本政治研究领域已取得了较为丰硕的成果。当然，在诸如日本与其他国家间的政治过程比较、日本地方自治体层面上的政治过程等研究领域，也存在研究不足或是空白。作为一种分析方法，政治过程论正在将"国际体系刺激""网络社交媒体"等新要素纳入关注范围。今后，政治过程分析方法的完善与日本政治过程实践的推移都将推动该领域的研究工作进一步深入发展。

（审校：陈　祥）

战后日本政治思潮与保守主义

〔日〕米原谦　熊淑娥 译*

内容摘要： 本文简要地概述了战后初期至 20 世纪 70 年代日本政治思潮的变迁。"和平"与"民主主义"两个词语是战后日本思潮的象征。日本人自然地接受二者所表达的价值观的时段是为"战后"时代，其中代表性的人物是谓"战后启蒙思想家"或"进步知识分子"。他们倡导的"和平"论在 20 世纪 50 年代初关于媾和条约的论争中受到了保守主义的批评，并在 20 世纪 60 年代随着经济增长下的社会变迁和战争记忆的日益淡化而失去了紧迫性。战后之初日本对"民主主义"的理解是与西方现代性的个人主义密不可分的，但"大众社会化"的趋势和新中间阶层的增长使西欧模式的现代化在日本人的意识中不再是一个目标。日本保守主义对"战后"价值观的怀疑始于反对美国占领军主导制定的新宪法，以及批判媾和条约与"安保斗争运动"，其中掺杂着对日本传统的执念、对欧美价值观的抗拒和国际冷战背景下的反共主义。换言之，日本保守主义是反美和亲美的复合物。反美与亲美同时存在是日本保守主义的心理特征，这种特征持续至今。最终，引领战后思想方向的知识分子在 20 世纪 70 年代初退出了舞台，保守对革新的对抗结构随之失去平衡，保守主义的讨论视角也发生了变化。随着日本"经济大国"的自我意识确立和西欧模式言论的退潮，一些在过往曾被批判为"半封建"的事物、现象重新获得了肯定性的评价。

关　键　词： "悔恨共同体"　"1955 年体制"　和平问题谈话会　丸山真男　村上泰亮

---

* 米原谦，日本大阪大学特聘教授，主要研究方向为日本政治思想史。熊淑娥，中国社会科学院日本研究所助理研究员，主要研究方向为日本思想史。

日本于 1945 年战败，至今已经过去 78 年，然而"战后"一词仍保持着生命力。这是日本作为第二次世界大战战败国所特有的现象，其原因主要在于日本强烈意识到战后与战前、战时之间的政治社会结构落差。单就日本而言，可以用"和平"与"民主主义"两个词语来概括"战后"价值观的特征。而且，对"战后"一词做何理解和持何种态度，换言之，如何评价"战后"所代表的价值观，使日本的"战后"思想出现了不同程度的对立和分化。例如，1945 年 12 月岩波书店创刊的月刊综合杂志《世界》是战后和平主义的核心媒体，至今仍坚持其立场。但通过其 2022 年 11 月号特辑的标题"押注战后民主主义"可以看出，编者所言"战后民主主义尚未被推翻"的字里行间呈现出一种"坚守孤垒"的悲壮感。

在日本，有像《世界》杂志一样坚持在"战后"的延长线上来理解现代的立场，或者认为至少要积极地继承"战后"价值观的立场。然而在当下这只是少数派，大多数人认为"战后"已经结束，如今正处于后"战后"时代。那么，"战后"是何时结束的？最早触及这一问题的事例出现在 1956 年经济企划厅的《经济白皮书》中，其"结语"部分的那一句"现在已经不再是'战后'"的表述相当有名。这句话本意是指日本经济在战后所特有的"复苏的活力几乎已经被耗尽"。不过，与这一预测相反，日本在此后 15 年多的时间里继续保持着经济高速增长。那么白皮书的预测错了吗？答案是否定的。白皮书认为，"现代化（转型）"是未来增长的必要条件。虽说各种有利条件或许共同促进了这一时期日本经济的增长，但不可否认的是，社会的"现代化"应当是其中一个重要因素。因此，"战后"的真正结束应该是在"现代化"[①] 结束的 20 世纪 70 年代。

[①] 本文日文原文中出现了"近代化"、"近代"、"近代日本"、"前近代"、"现代"、"后现代"（post modern）等词。日本历史语境中的"近代"（modern age）大致是指 1868 年明治维新至 1945 年第二次世界大战日本宣布战败投降的时期，"现代"大致是指二战战后或"1955 年体制"形成后至今的时期。根据文脉，侧重于日本历史时期时，分别译作"近代"和"现代"；侧重于人文社会科学中的主题、观念、思潮、实践等时，"近代化"（modernization）和"近代"（modernity）分别译作"现代化"和"现代性"；专著、论文、刊物等文献题名中出现时，一律遵从原文，便于读者查证。——译者注

接下来，本文拟从这一视角出发，勾勒出战后初期至 20 世纪 70~80 年代日本政治思潮的概貌。

一　"战后"时代的来临

（一）"悔恨共同体"

丸山真男（1914~1996）在《近代日本的知识人》（1977）中指出，近现代日本知识分子在形成单一共同体意识的过程中出现过三个高涨期，即明治维新（1868）到 1887 年前、1920 年至 20 世纪 30 年代初期以及二战战败后的一段时间。第一个时期一般被称为"明治启蒙"，在第二个时期马克思主义受到知识分子的广泛欢迎，第三个时期被丸山命名为"悔恨共同体"。所谓"悔恨共同体"是基于共同的感情所形成的集团，即"对未来憧憬的喜悦之情和对过去战争的忏悔之情，也即解放感和自责感难解难分地交织在一起"的感情。① 这种共同的感情指的是人们共同拥有的一种自我批评意识，因为人们或是积极或是消极地配合了战争，又或是即便采取了不合作态度，也都未能组织起有效的反战运动。

"悔恨共同体"这一概念所覆盖群体的政治立场形形色色，年龄分布也不同，正如荒正人（1913~1979）反复提倡的"三十岁一代的使命"所示，其核心成员的年龄为 30 多岁。对此，荒正人在《近代文学》第二期登载的《第二青春》中阐述道，他们这一代人青春时期接受马克思主义洗礼，其后目睹法西斯主义兴起且经历"转向"②，随之抱着必死的觉悟奔赴战场，战后则是直面民主主义。③ 三十岁一代人的年龄在 1931 年九

---

① 丸山眞男「近代日本の知識人」、『丸山眞男集　第 10 巻』、岩波書店、1996、254 頁。
② "转向"一词指当时日本的共产主义者、社会主义者等在面对军国主义的权力压迫时主动或被动地放弃信仰。——译者注
③ 1946 年 1 月，在《近代文学》杂志即将创刊前的一次会议上，包括荒正人在内的 7 名同道将他们的文学立场总结为 8 点，其中第 8 点是"三十岁一代的使命"，所以"三十一代的使命"说并非荒正人的个人见解。

一八事变爆发时为 15~25 岁。比他们年长的上一代人在战争开始前思想已经定型，比他们年少的下一代人则是一群天真地相信"大日本帝国战争目标"的"法西斯少年"。

由于年长的那一代人在战争期间已活跃在各自领域，他们即使不是军国主义的支持者，至少也曾被迫"转向"或与当局合作。而三十岁一代人仅凭着"在战争期间尚寂寂无闻"的借口便免于被追究战争责任，因而在战后言论空间中获得了一席之地。他们被称为"战后启蒙思想家"或"进步知识分子"，这两种称呼起初带着敬意，后来则带着蔑视。丸山真男是这一代人的意见领袖，他这样描述自己的经历："马克思主义的'学问'深深地扎根于我的精神生活，同时我也亲身体验了寒战的感觉，即昭和初期的'意识形态'——从共产主义乃至自由主义——在眼前匆匆退潮的感觉。"① 从 20 世纪 30 年代开始的那 15 年间，这一代人体验了各种思想的兴衰起落过程，因此，当"历史告一段落"时，他们认为必须让联合国驻日盟军总司令部（GHQ）"施舍的自由"真正地在人们心中扎根。

（二）新宪法：天皇与放弃战争

1945 年 10 月，根据 GHQ 的民主化命令，日方认识到有必要对现行的《大日本帝国宪法》（明治宪法）做出某种程度的修改，为此国务大臣近卫文麿和政府的宪法问题调查委员会准备了一份修正案，但这份保留了明治宪法主体框架的修正案没有获得 GHQ 的支持。次年 2 月，GHQ 民政局根据"麦克阿瑟三原则"② 起草了一份宪法修正案并交给日本政府。日本政府几乎原封不动地接受了 GHQ 的宪法修正案，并于 3 月 6 日将其作为政府的《宪法修正草案要纲》予以公布。接着，根据明治宪法的修改程序，在众议院和贵族院分别审议通过后，日本政府于 11 月 3 日颁布了

① 丸山眞男「思想史の方法を模索して」、『丸山眞男集　第 10 卷』、317 頁。
② 1946 年 2 月，驻日盟军总司令麦克阿瑟命令其下属就新宪法草案进行讨论，并提出了制定宪法的 3 个原则：①保留世袭天皇的元首地位，但天皇须依照宪法行使职权，顺应国民基本意志；②放弃战争权，不保有军队；③废除一切封建制度。

新宪法，并于翌年即1947年5月3日正式施行。

　　宪法审议时的最大争议是，随着身为"统治权总揽者"天皇的地位转变为"象征"，那么"国体"是否也随之发生了变化？许多国会议员对这种象征天皇制——天皇只被赋予形式上的权限——感到悲愤，但众议院宪法改革特别委员会委员长芦田均表示，尽管意味着主权所在的"政体"发生了变化，但"全体国民以尊崇天皇为核心团结一致"的日本"国体"并未改变。在国会外，为近卫文麿起草宪法修正案的佐佐木惣一（1878~1965）与伦理学家和辻哲郎（1889~1960）二人之间的论争趋于白热化。和辻主张，在天皇是国民在文化上的统一的具体体现这一意义上，"国体"没有改变。而自由主义法学家佐佐木则认为，从主权的意义上看，"国体"已经改变。佐佐木在贵族院的质询中谴责新宪法草案删除了"万世一系"一词，并明确表示反对新宪法草案。

　　自由民主党将修宪作为党的基本方针之一，而修宪的核心是第九条即放弃战争条款。然而，当初在宪法草案的审议过程中，针对第九条提出疑问的只有两人，分别是刚刚在战后首次众议院选举中首次赢得席位的日本共产党的野坂参三，以及贵族院议员、东京帝国大学校长南原繁。野坂将战争区分为"自卫战争"和"侵略战争"，并认为"自卫战争"是"正义的战争"。但时任首相吉田茂批评野坂的论述"有害无益"，因为多数战争是以"自卫"的名义进行的。野坂的演说随即淹没在倒彩声和怒吼声之中。20世纪80年代，虽然有保守派论客江藤淳批评宪法第九条是一个"限制主权条款"，但在战后初期新宪法出台之际没有人表达过类似观点。当时保守派民族主义者的关注点集中在维护天皇制上，而未能组织起对美国——这个曾经的敌对国且是当下的占领者——的抵抗。这为后来保守派采取亲美路线，而与之对抗的左翼势力主张反美或中立的路线埋下了伏笔。

　　当时，大多数国会议员虽然间接地知悉宪法修正案是GHQ起草的，但仍然保持了沉默。因为虽然采取了"象征"这一形式，但美方毕竟倾向于保留天皇制，他们担心倘若反应不当则可能刺激到对方。南原繁是天皇制的支持者，1946年他在贵族院演讲时，谴责政府未能自主制定符合当下客观现状的修正案，其结果是日本被迫接受了美方强加的宪法草案，可谓"国民的耻辱"。他还力陈日本没有义务放弃作为"普遍原则"的自卫权，而是应该付出"血和汗的牺牲"来为世界和平做出贡献。然而，就在这场贵族院演讲两个月后的 11 月 3 日，南原繁在新宪法颁布典礼上的演讲中转而认为放弃军备和交战权是在国民层面上对过去战争的"赎罪"，是日本民族面向人类的理想所展露出的决心。[①]

二　保守与革新

（一）和平问题谈话会

日本与二战战胜国缔结媾和条约的动向出现在 1949 年下半年。当时的吉田茂内阁决定只与西方阵营媾和，并向美国提供军事基地。对此，反对政府媾和方针的知识分子于 1950 年 1 月在《世界》杂志上发表了《和平问题谈话会对媾和问题的声明》，主张全面媾和、坚持中立、反对提供军事基地。和平问题谈话会的 56 名成员由东京和京都的大学教师等组成，其中既有曾任币原喜重郎内阁文部大臣的安倍能成，也有"劳农派"马克思主义者大内兵卫，而且年龄层次丰富，从三十几岁到六十几岁。这就是丸山真男所谓的"悔恨共同体"，作为其核心成员发挥作用的是丸山、清水几太郎（1907~1988）等人。《世界》发表谈话会声明后不久，南原繁在东京大学毕业典礼上批判了"片面媾和论"，吉田茂首相指责这是"曲学阿世"。谈话会随后又在《世界》杂志 12 月号上发表了《三论和平》一文。作者之一的丸山真男在其执笔部分指出，现代战争是意味着要全体国民付出牺牲的总体战，而能造成更大规模牺牲的核武器的出现则令任何战争目的都失去了正当性。他还主张，以美、苏为中心的两个阵营的意识形态对立是固化且不可共存的想法是错误的，唯有中立才是世界和平的正道。

---

① 『南原繁著作集　第 7 巻』、岩波書店、1973、86 頁。

丸山之所以会站在"非武装中立"的理想主义立场，不仅因为他从学生时代起就阅读马克思主义文献而对社会主义有一种亲近感，还因为他认识到如果与以吉田茂为代表的保守势力步调一致，则会助长战前军国主义势力的复活。正如坂本义和所言，"就内政所做的'现实主义'式的形势判断，是以就国际政治所做的'理想主义'式的发言来表现的"。[1] 换言之，丸山认为，为了推动日本的民主主义的发展，应该支持那些"相对左"的力量。然而，战前的自由主义者认为，共产主义是左翼极权主义，他们批判和平问题谈话会的声明是在容忍共产主义，并批驳中立主义是一种幻想。如此一来，"悔恨共同体"便瓦解了。于是，战前便已是自由主义者的那些人加入了反共的保守主义阵营，战后的自由主义者则同社会党（尤其是左派）和共产党相伴相随，知识分子内部也形成了"保守"与"革新"相对峙的"1955 年体制"。

（二）全面媾和、非武装中立

提倡非武装中立的和平主义论者并非没有意识到他们的主张在冷战时期的国际环境下过于理想主义。战前曾经是社会主义活动家、战后则是社会党左派的理论家山川均（1880～1958），1951～1952 年连续在《世界》杂志上发表"媾和论"，后结集成《日本的再军备》一书[2]。他的主张如下：对于选择全面媾和还是片面媾和，诚然全面媾和最为理想，但如果排除片面媾和这一选项，而一味地坚持全面媾和的话，眼下日本被占领的状态或将长期持续。如此一来，可能会引发日本国内的民族主义情绪高涨，反动势力恐将趁机复活。因此，应当把全面媾和论理解为一种牵制吉田茂内阁那充满"小妾奴性"的媾和方法的战术。

上述务实的思维方式亦可见于山川的"非武装中立论"。虽说放弃武装所造成的军力真空的确可能导致共产主义势力（具体指苏联）的介入，但恢复军备也可能造成国内反动势力死灰复燃。由于后者在"当前阶段

① 坂本義和「日本における国際冷戦と国内冷戦」、坂本義和『地球時代の国際政治』、岩波書店、1990、160 頁。
② 山川均『日本の再軍備』、岩波新書、1952。

当前形势"下更具危险性,所以应该暂时坚持"非武装"。如果遭遇入侵,则可要求联合国提供集体安全保障。至于"中立",山川均则解释说,我们不能"陶醉"于"中立"这两个字,必须从维护世界和平的角度"冷静地做出判断"。

1950年成立的日本劳动组合总评议会(简称"总评")以及其支持的社会党(左派)在整个20世纪50年代以全面媾和、坚持中立、反对为美国提供军事基地和非武装为口号,不断扩大其势力。然而在这个过程中,"非武装中立"被确立为金科玉律,也丧失了山川均所倡导的务实思维。日本在缔结媾和条约的同时,还缔结了《日美安保条约》,之后又建立了自卫队。尽管理念与现实的差距不断扩大,但主张"非武装中立论"的人没有提出具体的政策来填补这一差距。虽说坂本义和的《中立日本的防卫构想》(1959)曾经提议在日本驻扎一支由中立国部队组成的联合国警察部队,但这项提议并未超越山川均在20世纪50年代初的倡议。

(三)和平论批判

若要列举反对进步主义者所主张的全面媾和、坚持中立和非武装的代表人物,当数小泉信三(1888~1966),他在这个问题上的代表著作即《和平论》(1951)[①]。20世纪20年代,当马克思主义在知识分子中越发风靡时,小泉就价值理论与山川均、河上肇和栉田民藏等马克思主义者展开了论战。战后马克思主义再次复兴时,他出版了《共产主义批判常识》(1949)和《我与马克思主义》(1950)[②]。这两本批判社会主义和马克思主义的书广为流传。小泉的论述是在西方社会思想史的背景下理解马克思主义,尽管并非单纯的意识形态批判,但他洞察到主张全面媾和的那些人的心底隐藏着的"亲苏反美的小算盘"。他首先指出,在当前的国际形势下不可能实现全面媾和,并认为鉴于眼下日本只有两个选项,即继续被占领或片面媾和,所以即便国家不能完全独立,也应该先选择片面媾和。接

---

① 收录于『小泉信三全集　第15卷』、文藝春秋、1967。
② 两书均收录于『小泉信三全集　第10卷』、文藝春秋、1967。

着，他又以苏联 1945 年单方面废除《日苏中立条约》为例，阐述了在美苏对抗的国际局势中保持中立是不现实的。简而言之，小泉力陈不能只寄希望于厌战情绪，只有制定基于"冷静而准确的认识"之政策才能实现和平。

福田恒存（1912～1994）则从与小泉信三略显不同的角度批判了和平论。1954～1955 年，福田多次批评那些与和平论为伍的知识分子"只会从'未来'来理解'现在'"。其思想主旨在于，西欧的进步主义者认为"未来"是一种假设，而日本的"文化人"则认为一切皆已被验证。[①] 他指出和平论毕竟是一种"未来设计"，当后发国家的知识分子"设计未来"时，势必站在共产主义的立场之上。简而言之，主张和平论的人"热衷于以富含逻辑和理性的方式"去对抗"不合逻辑且不合理的"现状。相比之下，福田本人并未采取"设计未来"的立场，而是根据"过往已暴露出来的人性现实"判断出未来战争不可避免，所以与美国合作对日本而言更加"划算"。福田进一步认为，宪法第九条不是理想主义的声明，充其量只是一种"谢罪"表现。而且，由于和平意味着没有战争，所以现实只不过是一种"冷和平"。因此福田主张，尽管为了和平而努力的行为是有价值的，但认为和平本身具有价值则是一种错误理解。

福田感觉到，对于未能阻止过去那场战争而产生的"负罪感"才是和平主义的动机，并为那些"从'未来'出发来设计'现在'"的进步主义者的思维态度感到焦虑。经济学家大熊信行（1893～1977）曾因战争期间的言论被开除公职，他也在《绝后的"和平思想"》（1957）中讥讽道，在媾和条约即将缔结之际突然出现了"数量惊人"的和平论者。[②] 大熊称，贵格会（Quker）和托尔斯泰提出的绝对和平主义的前提是对国家的否定，相较之下日本的和平主义者宣扬的和平主义似乎不仅基于个人信条层面，以国家为主体也是可能存在的。大熊揭露出那些在战争期间从事写作活动的人曾以某种方式协助战争，他们在战后不认真反省过去，反而

---

① 更多内容可参见福田恒存『平和の理念』、新潮社、1977。
② 大熊信行的系列论文收录于大熊信行『国家悪—人類に未来はあるか—』、論創社、1981。

轻松地倡导和平论的行为，只是在一味地逢迎"丧失了忠诚"的国民心理。重要的是，人们无法脱离国家而生存，所以问题的核心是如何建立一个和平政府。但正因为人们一直惰于这种政治思考，所以才让"国家放弃国防才是和平的保证"这种论调流行于世。

（四）现实主义

全面媾和运动中诞生的革新势力在整个 20 世纪 50 年代不断壮大，在 1960 年反对修订《日美安保条约》运动中达到高潮，此后便走向衰落。在此期间，"和平"对"冷战"、"独立"对"对美从属"、"民主主义"对"政治反动"、"社会主义"对"垄断资本主义"这一系列相对理念的复合体是革新势力的支撑力量。[①] 其中，社会主义理念原本就是一个次要因素，而岸信介内阁的下台与经济增长又弱化了革新势力对"政治反动"和"对美从属"的危机意识。最终，革新势力只好寄希望于对"和平"的渴望这一支撑力，尽管这份支撑力在 20 世纪 60 年代后也日渐衰弱。

高坂正尧在《现实主义者的和平论》（1963）中批判了坂本义和的《中立日本的防卫构想》，并指出正是"中立至上主义"使"和平论"丧失了活力。[②] 换言之，和平主义者的中立论仰仗的是"和平＝中立"这一"逻辑过于跳跃的方程式"，其结果是不得不放弃通过缓和远东的紧张局势来实现渐进式和平的努力，甚至与政府之间也陷入毫无妥协余地的对抗关系当中。大约半年后，高坂在另一篇论文《外交政策的缺位与外交讨论的缺失》中指出，社会党的政策纲领本应描绘出一幅与人们生活密切相关的社会主义的具体图景，但由于其"能力不足"而过度侧重于"非武装中立论"，结果反而越发远离政权。正如高坂所说，和平运动因为固执于"绝对和平"的理念而与现实越来越脱节，当这种脱节程度严重到难以填补时，和平运动就完全丧失了支撑力。

永井阳之助在《和平的代价》（1967）中做出了与高坂观点相似但更

---

① 参阅清水慎三『戦後革新勢力—史的過程の分析—』、青木書店、1966。
② 高坂正尧的系列论文收录于『高坂正堯著作集　第 1 卷』、都市出版、1998。

加精辟的论述。永井认为日本正"封闭在一种孤立主义的情绪当中"，并批判"非武装中立论"犹如"圆豆腐"一般自相矛盾。[①] 永井认为，国防并不只是为了本国。在他看来，以本国之力培养能给周边友善的第三方国家提供最低限度安全感的政治安全性和抵抗力，这是所有现代国民为了和平应尽的最低限度的义务。如果日本没有了国防力量，那么本地区的力量平衡就会被打破，届时猜忌、疑虑都可能滋生开战风险。永井还解释说，就像年轻女性修饰仪容是一种礼节一样，日本也有必要保有适度的自卫武装力量。

与高坂一样，永井也对社会党进行了批判。在他看来，革新势力在外交和国际政治领域中"始终唱着激进主义的高调，无谓地阻碍国家共识的形成"，但在国内政治领域，他们的思维仍然停留在 19 世纪的框架内，可谓"极端保守"的"现实主义"。[②] 所以永井主张，从本质上讲，任何政府在选项有限的外交层面都必须坚持"现实主义"，而在内政层面则必须坚持"真正的革新"。

三 高速经济增长及其后的时代

（一）大众社会论

一般认为，"1955 年体制"一词来自升味准之辅的《1955 年的政治体制》一文[③]。升味在文中明确指出，该体制看似是由保守势力合流成立的自民党与左右两派统一后的社会党所形成的"保守对革新"的"两大政党制"，实际上明显是得票率二比一的"自民党独大的体制"。1955 年以后，由于经济快速增长带来的大规模人口流动，以及城市新中间阶层[④]

---

① 参阅永井陽之助『平和の代償』、中央公論社、1967、64 頁。
② 永井陽之助『平和の代償』、105 頁。
③ 此文原刊于《思想》1964 年 6 月号，后收录于《现代日本的政治体制》，可参阅升味準之輔『現代日本の政治体制』、岩波書店、1969。
④ 指战后不断增加的白领等薪金工作者，对应于战前主要由商人、手艺人构成的城市"旧中间阶级"。——译者注

的增长，日本社会发生了剧变，从战前就存在的统治结构迅速消失。这使战后启蒙思想所提出的"从前现代到现代"的现代化构想随即失效。

所谓的现代主义者倾向于把日本社会看成一个过度"落后"的社会。其依据是马克斯·韦伯的"现代性"概念和"讲座派"马克思主义者的历史观。其中，"讲座派"马克思主义者将明治维新及至二战的历史性质定义为绝对主义。可是神岛二郎（1918~1998）反对这种观点，并试图论证日本快速现代化、资本主义化的成功是基于社会的传统秩序原理。根据神岛的说法，近代日本的正统性原理来源于村落共同体的秩序。[①] 传统村落随着现代化而解体，但其秩序原理仍基于"第二村落"[②] 这一形式在社会不同层面扩大和再复制，进而在城市中体现为由独立个人组成的"群化社会"。神岛的理解是，在战后才真正开始的大众社会化浪潮其实早在明治末期至大正时代便已经开始了。他认为"西欧式的市民社会"或"大众社会"这般概念并不完全适于理解日本的情况，故称之为"群化社会"。可以说，神岛清楚地意识到战后启蒙思想中现代主义模式的局限性。

"大众社会论"形成的契机是《思想》杂志1956年11月号刊发的特辑，其中松下圭一（1929~2015）的《大众社会的形成及其问题》一文尤其引人关注。该文认为，资本主义从工业资本向垄断资本阶段的过渡将导致"社会形态"从"古典的市民社会"转型为"大众社会"。就"大众社会论"而言，松下的论述是独特的，因为他将"大众社会论"纳入了马克思主义的理论框架，其基础是列宁的《帝国主义论》和费边社理论家格雷厄姆·沃拉斯（Graham Wallas，1858-1932）的《伟大的社会》（*The Great Society：A Psychological Analysis*）。松下的思想立足于马克思主义，但又与日本共产党对立，他被升味准之辅形容为"无教会派列宁主

---

① 参阅神岛二郎『近代日本の支配構造』、岩波書店、1961。

② 神岛二郎所说的"第二村落"也称作"拟制村"，是"第一村落"（＝自然村）的要素被观念化之后的产物。神岛认为，"第一村落"的形态随着经济发展和城镇化而消亡，但其衍生出的"第二村落"（＝拟制村）却仍然存在。更详细内容可参阅神岛二郎『近代日本の精神構造』、58-71頁。——译者注

义者"①，这一表述可谓精妙绝伦。

松下最初是从约翰·洛克政治思想研究者的立场出发，认为洛克所描绘的市民社会的理念具有贯通历史的意义。因此，他通过"大众社会论"批判了"从前现代到现代"的现代主义历史发展观，同时主张通过划设"近代-现代"这一新的历史阶段来实现马克思主义阶级意识下的"市民社会"理念的重生。20 世纪 60 年代初，松下提出了他的"结构改革论"，此后便不再使用马克思主义词汇。同时，他开始专注于地方自治体的改革论，并于 1970 年 5 月发表了研究成果《关于市民最低生活保障（civil minimum）的思想》。他在 1966 年 6 月的《"市民"类型的人的现代可能性》② 一文中这样写道："现今已是战后的第二十个年头，日本大众社会形态的扩张中正产生'市民'类型的人。以此大众社会形态为前提的'市民'的形成，不同于明治以来的启蒙理论所设想的路线，即并非由'村落'自下而上地发生根本性变革，而是那种自上而下的大众社会在战后的扩张过程为'市民'类型的人的集中出现做好了准备。"③

经济增长帮助新中间阶层实现了经济自立，并由此促进了其政治自立。教养的提升和闲暇时间的增加更是使他们培养出"社交性"和自由、平等的感觉。即使考虑到神岛二郎所谓的"第二村落"的再复制因素，也无法否定这些变化促使"市民的自发性"意识扩散到整个社会。可以说松下的理论成功地预言并促进了 20 世纪 60 年代末期至 70 年代初期大城市中"革新自治体"的出现。

（二）在亲美与反美之间

20 世纪 60 年代日本经济增长带来的人口流动改变了社会结构，由自民党和社会党主导的"保革对峙"体制也在迅速变化。与此同时，那些曾经占据论坛主流高呼"战后启蒙"的论客开始退场。至此，以"现代化"为整个社会课题的时代已然结束，一股以"保守"自居的势力开始抬头。

---

① 升味準之輔『現代政治と政治学』、岩波書店、1964、358 頁。
② 日文原文为"「市民」の人間型の現代的可能性"。——译者注
③ 松下圭一『現代政治の条件』（増補版）、中央公論社、1969、212 頁。

　　德富苏峰（1863～1957）是一位自明治 20 年代（1887～1897）起便活跃的记者，在二战期间是一位狂热的"反美主义"者。根据德富苏峰在战败初期的日记所载，"日美同盟"这一想法在他脑中萌生是在 1946 年 5 月。由于此时日本已经成为"美苏两大势力的必争之地"，所以他认为"万不得已之际，比起依附苏联，我们更应该与美国为伍"。[①] 也就是说，若是为了对抗共产主义，日本甚至能与昔日宿敌——美国携手合作。这倒不是因为美国是理想的盟友，只不过是与苏联相比，他认为日本尚能够"接受"美国。德富苏峰这种对美国"爱恨交织"的感情至今仍为许多保守派思想家所共有。

　　曾经对 1960 年反对日美安保运动有过共鸣的江藤淳自 1962 年 9 月起在美国东部名校普林斯顿大学访学了大约两年时间。留美期间，江藤发现日美经济依然存在相当大的差距，而且美国人对日本人的歧视也还没有消失。在回国后不久写就的《美国和我》一文中，江藤提到了美国内战，特别是南北战争中战败的"南方"仍然保留了其"生活方式"这一点。然而，日本人则是在 1853 年马修·佩里率领黑船到来后"亲手摧毁了自己的生活方式"，所以他为日本人自我认同的丧失而叹息。[②]

　　江藤在几年后撰写的《成熟与丧失——"母亲"的崩溃》（1967）中使用埃里克·H. 埃里克森（Erik H. Erikson）的"自我认同"概念分析了所谓"第三新人"的作品。江藤认为，近代日本青年通过攀登社会的阶梯而获得"成功"的过程，即抛弃自己的成长环境，也就是脱离由母亲所象征的传统的过程。大体来说一个人除非抛弃滋养他的本土文化并掌握西方知识，否则无法出人头地。然而，当江藤这样讨论"母性"的丧失时，他实际上也强烈地意识到"父性"的缺失。按照江藤的说法，在武士阶级统治的时代里，父权原理占据支配地位。但伴随现代化的进程，日本人开始为老一辈的"父亲"感到羞耻，"父亲"的存在感也逐渐减弱。如果不否定"父亲"所象征的传统价值观并接受新的价值观，

---

① 『德富蘇峰終戰後日記 II』、講談社、2006、297、345 頁。
② 『江藤淳著作集　第 4 卷』、講談社、1967、52 頁。

个人就无法在变革的时代中生存。换句话说，在现实的父亲背后，还有一位应当被视为模范的伟大"父亲"——西欧的形象在日本投下了浓重的阴影。

江藤引用远藤周作的作品作为素材，做出了如下叙述。由于战败，"西洋""占领"了我们，"曾经完美地构成日本社会父权原理核心的那位君主（中略）此时却站在一位——作为父亲之上的'父亲'而出现的——高大的外国人身边一言不发。（中略）我们感受到某种'欺骗'的同时，也接受了这个新外国人'父亲'强加于我们的世界观。在体会到一丝不可名状的痛苦的同时，我们也否定了'母亲'，也就是我们一直以来习惯的生活价值"。①无须多言，江藤在此想起的是麦克阿瑟同昭和天皇的合影，抨击了日本人屈从于美国的权威，陶醉于经济的发展，却由此丧失了自己的"国家"。战后的工业化、高速增长、城市化将日本人的"母性"特质连根拔起，结果就是"如今的日本人，既无'父'也无'母'"。②

江藤的这般分析也许会让人感觉他在夸大美国的实际影响。但是，江藤的不满正在于此。在江藤看来，战后日本人对于美国价值的内化毫无自觉，因而丧失了自我认同。若用德富苏峰式的表述来说，就是日本人在内心深处已经被彻底地"美国化"。可以想象的是，江藤将采用何种政治话语来描述日本的这幅自画像。江藤在《"过家家"的世界结束之时》（1970）一文中指出，在日本人的"意识深处"总是潜藏着"美国"二字。也就是说，由于"美国"时常夹杂在日本人的"意识"和"现实"之间，所以日本人没有办法切身感受到"现实"，而只能生活在如同"过家家"的世界里。

日本人要怎样才能摆脱这个"过家家"的世界并"回归自我"？答案非常简单，拒绝美国的庇护即可。但战后日本的保守主义者总是在此陷入根本性的二律背反。因为只要日本拒绝美国的庇护，就会从根本上动摇日本的安全保障体制。废除《日美安保条约》则将使日美关系陷入决定性危机，因此

---

① 江藤淳『成熟と喪失―"母"の崩壊―』（新装版）、河出書房新社、1988、173–174頁。

② 江藤淳『成熟と喪失―"母"の崩壊―』（新装版）、149頁。

这成为政治禁忌。江藤在知悉此情况的基础上主张，假如日本在经济层面的让步和美国在军事层面的让步能够互换的话，就能够形成"新同盟关系"。当日本人的国民自负心得以满足，"'过家家'的世界"也行将结束。

然而，江藤的这种论述实际上陷入了循环论证。正因为他所谓的"假设"难以实现，所以保守派才能安然于一种近乎屈从的"亲美"状态，革新派才能一边怀揣着对美国的依附心理一边高喊"反美"口号，并由此形成了"'过家家'的世界"。只要日本增强自己的经济实力就会减少对美国的依赖，这种想象是并不保守的乐观，但现实是日本的经济增长导致美国越发要求日本增强其军事力量，结果反而进一步加深了日本在安全保障层面对美军的依赖。

（三）后现代

江藤淳在1970年发表上述评论时，可能高估了当时日本的经济实力。其实，正是从这一时期开始，日本被冠以"经济大国"的名号。起初有人对这一名号持怀疑态度，但经历两次石油危机之后，任何人都不得不承认日本是名副其实的"经济大国"。曾经有一个时期，战后启蒙人士认为日本战后发展的理想模式是西欧模式，他们认为必须让西欧"现代"的个人主义和民主主义精神在日本社会生根。这种所谓的"现代主义"结合"讲座派"马克思主义的天皇制理论，使"日本是一个落后的社会"的见解传播开来。但是，当日本进入发达国家行列后，以西欧为唯一的现代化模式、以"赶超"为目标的后发国家思维便失效了。

在这一时期，村上泰亮、公文俊平和佐藤诚三郎合著了《作为文明的家族社会》① 一书。村上等人以"相对化"视角看待近现代的西欧，以此批判了"单线发展论"，并以比较文明论的手法讨论了"现代性"。在该书中，村上等人还将从古代到现代的日本历史纳入视野，历时性地叙述了

---

① 1979年出版单行本，但部分内容从1975年起以单篇论文形式发表。另外，虽然这本书是以三人合著的形式出现的，但村上是此学说的主要人物，因为《村上泰亮著作集》第4卷中收录了一篇内容主旨相同的英文文章和未发表的相关论文。具体可参阅『村上泰亮著作集　第4卷』、中央公論社、1997。

"家族"原理在政治、经济和社会层面所产生的影响，并断言这种影响如今已然达到临界状态。这部 600 页的大作立意宏大，内容难以简单地概括，但意图很明确。首先，"现代化"意味着工业化，至于个人主义和民主主义并非必要因素，而一直以来被批判为"半封建"的事物却是战后日本经济空前增长的重要因素，因此应该重新评估日本的"现代化"。

村上等人首先区分出两种社会类型，即氏族社会和家族社会。氏族社会是氏族型，即将拥有共同祖先因而具有血缘关系的意识作为集团统合的原理，产生于日本古代，随着律令制的导入而达到顶峰，之后走向衰落。家族社会的特点是超血缘性①、谱系性、职阶制和自立性。因此，家族社会不仅可以将没有血缘关系的人会聚于集团内部，而且广泛地采纳了养子制度（超血缘性）。此外，虽然集团首领原则上由父系嫡子来继承（谱系性），但集团内部又按照农业、军事等特定功能来分工和划分等级。家族型集团的原型是较少受到宫廷势力束缚的关东武士集团（具体表现为镰仓幕府），自给自足的经济实力和自我防卫的军事实力是其基本特点（自立性）。它在江户至明治维新时期达到了顶峰，当时已经呈现出一个统一国家的形态，而如何克服其自立性所导致的分权特点曾是一项重大课题。

不难想象的是，上述家族社会的四个特点（原理）中的后两项尤其有利于现代化（＝工业化）的发展。村上等人将分配制度、政治统一和现代官僚制、教育和学术的制度化、生产企业以及企业和家庭（即生产群体和消费群体）的分离作为工业化的基本体系，进而又认为"工具性能动主义"的价值观（目的理性意识）不可或缺。换言之，在所谓的"现代化"过程中，个人主义不是工业化的必备要素，反倒是集体主义在工业化过程中更能发挥优势，而且这种优势在江户时代末期已经在相当程度上得到了体现。

明治以后，日本开始举国推崇"家族国家"这一理念，并通过民法

---

① 在后来发表的一篇英文论文中，村上援引许烺光（Francis L. K. Hsu）的学说，将家族集团的特点描述为结合了血缘和契约两个方面的共同体。具体可参阅『村上泰亮著作集 第 4 卷』、32 页。

中所规定的户主权力，将"家族"的概念制度化。这些都是进步主义者在诟病近代日本是"半封建"时的依据。村上等人就此解释道，对"家族国家观"的强调只出现在国家处于非常时期的 20 世纪 30 年代，而且户主制度是为了避免工业化所带来的混乱而不得不与"家族"观念妥协的结果。他们继而评价道，家族社会的观念在企业界延续最深，所谓的"日本式经营"形成于 20 世纪 20 年代，战后则幸免于美国占领军的改革并依然发挥着强大的作用。

村上等人将工业化归结为个人化、国民国家化和自在化三个概念。一方面，他们刻意回避了"个人主义"一词转而使用"个人化"——通过建成"富足社会"来扩大个人行动选择的范围。"国民国家化"指工业化进程所带来的文化和教育的统一，同时也代指政治权力需考虑如何争取国民支持这一课题。以上两个概念描述的都是在工业化之前不存在的现象。另一方面，工业化需要理性地考虑和选择用来达成目的的手段，但当工业化达到饱和状态时，人们就会开始追求及时行乐，而不是为了达成目标去坚持和努力。村上等人将这种现象称为"自在化"。当然，这样的个人化和自在化会削弱那种"以公司为家"的企业认同①。

进入 20 世纪 80 年代，日本政府面临着国际社会要求其做出与本国经济实力相匹配的"国际贡献"以及改革其独特商业惯例等外部压力，国内方面，内阁虽然拥有较高的支持率，但在选举时陷入了胜选和败选循环的怪圈。村上泰亮的著述《新中间大众时代》（1984）解释了这个现象，即过去中产阶级在政治、经济、文化等各个方面都有他们能够自认为是"中产"的指标和意识。然而，在此意义上的阶级界限如今已经消失，在舆论调查中则出现了"总体上都自认为是中流"（"总中流

---

① 在一份未发表的草稿《家族社会的变迁》（1992）中，村上提出了"村落原则"概念，具体可参阅『村上泰亮著作集　第 4 卷』、200 页。正如研究者普遍指出的那样，从日本近世到近代，村落共同体实行的是"平等主义自治"，也就是说即使存在贫富之差，其成员仍具有平等的发言权，且决策原则为"全员一致"。这基本上是在维持现状的基础上，把政治事务交由武士负责的一种村落自治。因此，当这种"村落型民主主义"随着人口流动而进入城市时，人们会变得只关心"身边的和平"，而面对安全保障问题和国际争端时则会陷入"过于天真的理想主义"。结果，家族企业走向衰落，"村落型民主主义"也无法有效应对国际化。所以村上在其暮年所描绘的未来世界是极其阴暗的。

化"）的倾向。不过，这并不意味着阶层已经消失，而是产生了一种"高社会地位≠高收入群体"的非结构化现象。这些新中间阶层拥有较高学历，基本上都希望能够维持当下"富足"的生活，所以他们同时具有批判性和自保性。在政治上他们支持保守党，但对现状变化反应敏感，并予以批判。所以，他们的选票会暂时流向在野党，从而极大地左右选举结果。

结　语

综上所述，我认为自战败到20世纪70年代初期（具体指石油危机导致的经济高速增长期的结束）的这段时间可称为"战后"。本文在概述这一时期的政治思潮动向的同时，介绍了20世纪70年代后的思想言论，这些言论意在确认"战后"的终结。简而言之，"战后"时代始于那些把现代西欧视作榜样的现代主义者的言论，但当经济增长带来了社会转型，"现代"随即以一种与他们的预期（或期待）不同的方式实现后，所谓的"战后"便结束了。

就政治思潮而言，在"战后"这个时代中，17~18世纪的西欧启蒙思想被认为是"现代"的原型，这一观点与马克思主义结合后，人们普遍相信历史是在不断进步的。"战后"也是一个美国在国际政治中占据压倒性地位的时代，其间资本主义经济将依靠大规模生产和大规模消费循环实现永久增长的观点不曾受到怀疑。然而，这些希望和理想自20世纪50年代起遭到保守主义人士的深深怀疑，20世纪70年代以后，社会的整体氛围已经明显反转，最终在21世纪已经过去1/5的今天，以"战后"为前提的一切事物都变得不足为信。

（审校：孟明铭）

混合选举制对日本政党体系的影响力研究[*]

蔡 亮 李慎璁[**]

内容摘要： 自迪维尔热命题问世以来，关于选举制度与政党体系互动关系的讨论此起彼伏，目前学界对多数决定制已基本达成共识。混合选举制是二战后新兴的选举制度，经过 70 多年的发展，目前全球 185 个选举制度相对完整独立的国家中，采用混合选举制的有 32 个。自 1994 年进行选举制度改革至今，日本已完成了 9 届混合制下的众议院大选，逐渐成为实行这一制度的典型国家。本文选择日本作为混合选举制研究对象，在量化分析的基础上，讨论混合选举制对政党体系的影响能力，不仅包括强度，还含有方向。本文采用相关分析与回归分析的量化研究方法，通过横向与纵向的比较，评价混合选举制对日本政党体系的影响力水平，以"假设-演绎"法，计算不同选区类型、议席分配方式、混合制联结方式的"有效政党折损率"和政党"偏差度贡献率"，确定其影响力的作用方向。获得相关结论后，基于选举政治学的视角考察自公联盟既有的合作成果，判断两党联盟的未来前景。

关 键 词： 混合选举制 政党体系 日本 政党联盟

选举制度对于政党体系具有塑造能力，多数代表制（小选区制）促进两党制，比例代表制则有利于多党竞争，那么结合二者的混合选举制将

---

[*] 本文为国家社会科学基金项目"日本对华外交的战略意图与实践困境研究"（项目批准号：22BGJ057）的阶段性研究成果。

[**] 蔡亮，法学博士，上海国际问题研究院东北亚研究中心主任、研究员，主要研究方向为日本政治与外交；李慎璁，山东大学政治学与公共管理学院国际政治专业博士研究生，主要研究方向为日本的选举制度与政党体系。

带来怎样的影响？从制度设计来观察，日本是典型的混合选举制国家，著名政党政治学者乔瓦尼·萨托里认为，日本的政党体系为主导党体制①，并明确将自民党诞生的 1955 年作为该体制在日本的起始年。虽然这一政党体系的诞生与成长环境是中选区制，但在当前的混合选举制下，它依旧保持了稳定。那么，是混合选举制对政党体系的影响能力过于微弱抑或作用力效果显现的周期较长导致其没有改变？还是混合选举制非但不会改变反而会强化政党体系？进一步而言，当前政党体系下的自公执政联盟是如何合作应对选举的？本文将围绕这些问题展开论述。

一　相关研究概况

实践中离不开精确的数量统计与比较，选举制度与政党体系之间的关系一直是实证研究中量化分析的主要应用命题，前人的耕耘已开垦出本领域的基本研究思路，激励着后来人的进步，下文做简要梳理。

（一）选举制度相关研究

系统性的选举制度研究肇始于 1941 年②，代表性成果是费迪南德·赫门斯的《民主或无政府：比例代表制研究》。③ 此书首次将选举制度与政党体系相关联，提出：比例代表制容易导致政党数量激增，使国家陷入混乱的无政府状态，最终导致独裁统治。作者将"魏玛德国"的民主政治崩溃归因于极端比例代表制，认为它造成了议会中党派林立、内阁更迭频繁、民主无序低效，从而给了纳粹崛起的机会。此外，他还点评了英国的

---

① 萨托里对"主导党体制"所做的定义是："只要大党持续地获得选举的胜利多数（席位的绝对多数）的支持，在这一意义上它就是主导党体制。"参见 Giovanni Sartori, *Parties and Party Systems: A Framework for Analysis*, Colchester: ECPR Press, 2005, p. 173。

② 在此之前，1867 年，约翰·密尔就认识到选举制度与政党体系之间存在密切联系，并提出倘若英国采用比例代表制，则两党制将被破坏。1869 年，亨利·德鲁普提出，正是相对多数当选制导致了两党竞争。不过，在当时，这些都只是零散的观点，未曾展开系统性的分析与论证。参见 William Riker, "The Two-Party System and Duverger's Law: An Essay on the History of Political Science", *American Political Science Review*, Vol. 76, No. 4, 1982。

③ Ferdinand Hermens, *Democracy or Anarchy: A Study of Proportional Representation*, South Bend, Ind.: University of Notre Dame Press, 1941.

多数代表制，认为当时英国有序的两党竞争与稳定的一党内阁就是这一选举制度的功劳。1951 年，迪维尔热的《政党：现代国家中的组织与行动》[①]出版，两条引发后世热烈讨论和积极回应的"迪维尔热定律"就此诞生，即相对多数决定制有助于促成两党体系，两轮投票制和比例代表制则有助于促成多党体系。1967 年，道格拉斯·雷伊的《选举法规的政治效果》开启了选举制度与政党体系关系领域的量化研究。[②] 在该书中，作者对 20 个西方民主国家 1945~1965 年的议会选举进行了实证分析，通过引入新的研究变量修正了"迪维尔热定律"，指出：除非有地方性的强大的少数党存在，否则相对多数当选制总是和两党竞争[③]相关联。而且，他经过研究，认为任何选举制度都偏袒大党，且多数代表制的偏袒性相较比例代表制更为强烈。此外，道格拉斯·雷伊的另一项学术贡献是将选举制度细分为三大要素——选区规模、选票结构和当选规则，并提出了两个评价选举制度的新指标——选举比例性和政党分化程度。[④] 1984 年，阿伦·利普哈特的《民主政体：21 个国家的多数与共识政府模式》重新对选举制度做了分类，即将选举制度分为多数代表制、半比例代表制和比例代表制，并提出了一系列重要结论。第一，所有选举制度都会产生比例性偏差；第二，所有选举制度都会使"议会有效政党数"少于"选举有效政党数"；第三，所有选举制度都有可能塑造未获半数以上选票而赢得半数以上席位的政党。利普哈特认为，相较比例代表制，多数代表制强化了这三种趋势。[⑤] 1994 年，利普哈特在另一部著作《选举制度与政党体系：1945~1990 年 27 个民主国家的实证研究》中，为选举制度与政党体系关系领域研究引入了一个

---

① Maurice Duverger, *Political Parties: Their Organization and Activity in the Modern State*, translated by Barbara and Robert North, London: Methuen, 1954.

② 雷伊对本领域量化研究的具体贡献是提出了政党分化指数，计算公式为：$F = 1 - \sum p_i^2$，当 p_i 为 i 政党的得票率时，F 代表选举中政党分化指数；当 p_i 为 i 政党的议席率时，F 代表议会中政党分化指数。

③ 两党竞争是雷伊提出的又一量化标准，即议会中两个大党席次率之和大于 90% 且第一大党席次率不大于 70%。

④ Douglas Rae, *The Political Consequences of Electoral Laws*, New Haven: Yale University Press, 1967.

⑤ Arend Lijphart, *Democracies: Patterns of Majoritarian and Consensus Government in Twenty-one Countries*, New Haven: Yale University Press, 1984.

关键概念——非比例性，将其界定为选举制度影响政党体系的中间变量。利普哈特还在雷伊的基础上补充了一系列影响选举制度的因素，包括选举门槛、附加席位、议会规模、政党联合名单、总统选举制度等。[1]

（二）混合选举制相关研究

冰岛是目前已知最早采用混合选举制的国家[2]，而德国（联邦德国）自第二次世界大战结束后确立混合选举制以来，在相当长时间内是“独树一帜”的存在，以至于被视作多数代表制或比例代表制的特例。目前，向混合选举制转型的国家可大致分为三类。第一类以日本、意大利、委内瑞拉、新西兰等国为代表，其共同特点包括：①从历史来看，都经历了较长的民主选举时期；②就动机而言，政府的责任与效率是推动选举制度转型的重要因素；③混合选举制转型始于某场政治危机或经济危机。[3] 第二类是苏联解体后东欧地区转型国家，现实环境要求它们必须在极短时间内做出抉择。[4] 第三类以韩国、菲律宾、墨西哥等国为代表，大都经历了从威权政治向民主政治的转型，这些国家往往在威权时期就已经有反对党存在，并能够在当时的选举制度下合法地与执政党进行一定程度的竞争。[5]

马修·舒加特和马丁·瓦滕贝格的《混合选举制度：两种规则的优质结合体？》是第一部专门、系统性探讨混合选举制的著作。作者高度评价了混合选举制的理论价值与现实意义，认为它能够将多数代表制与比例代表制的优点有机结合，是一种更加进步的选举制度。书中将混合选举制分为联立制与并立制，认为前者对政党体系的影响接近比例代表制，有利于小党生存，而后者则更接近多数代表制，不利于小党生存。总的来看，

---

① Arend Lijphart, *Electoral Systems and Party Systems*：*A Study of Twenty-seven Democracies 1945-1990*, Oxford：Oxford University Press, 1994.

② 德意志帝国时期，符腾堡州曾在 1906~1918 年采用半混合制选举州议会。

③ 何俊志：《混合选举制的兴起与当代选举制度的新发展》，《经济社会体制比较》2007 年第 6 期，第 65~71 页。

④ 包刚升：《选举制度的复合化：基于第三波民主化国家的实证研究》，《政治学研究》2019 年第 4 期，第 13~29 页。

⑤ 何俊志：《混合选举制的兴起与当代选举制度的新发展》，《经济社会体制比较》2007 年第 6 期，第 65~71 页。

混合选举制对政党体系的影响介于比例代表制与多数代表制之间，实践中更容易形成政党联盟的竞争局面。①

艾里克·赫伦和西川美沙在《并立式混合选举制度中的互动效应与政党数量》一文中指出，混合选举制下的多数代表制与比例代表制相互影响，比如比例代表选区的存在会使选民减少对选票被浪费的担心，"迪维尔热定律"中的心理因素会减弱，进而提高小党在多数代表选区的得票率。② 罗伯特·莫泽和伊桑·沙伊纳的观点则与此相反，他们在《混合选举制度与选举制度效应：控制比较与跨国分析》一文中对十几个采用混合选举制的国家进行比较研究，指出：即使在混合选举制度下，多数代表制和比例代表制也是各自发挥作用，而且这种发挥是一种彻底的、极致的发挥，并不会因为对方的存在而受到制约或削弱。③ 对比这两种观点，可以认为，艾里克·赫伦和西川美沙认为，多数代表制与比例代表制的混合对选举产生了各自原本影响力之外的第三种力，而罗伯特·莫泽和伊桑·沙伊纳则认为不存在第三种力，混合选举制对选举产生的影响就是两种制度各自影响力的最大值之和。

皮帕·诺里斯的《选举工程：投票规则与政治行为》以180多个国家和地区的选举制度为研究对象，展开了跨国比较与量化分析，他得出的结论是：在议会有效政党数方面，采用多数代表制国家的平均值为2.42，采用比例代表制国家的平均值为4.45，采用混合选举制国家的平均值为3.54，介于前两者之间。④

王业立在《比较选举制度》⑤ 中重点讨论了日本和德国等的混合制经验，认为采用日式并立制最终将形成两大党制，德式联立制为小党保留了

---

① Mathew Shugart and Martin Wattenberg, eds., *Mixed-Member Electoral Systems: The Best of Both Worlds ?*, Oxford: Oxford University Press, 2001.

② Erik Herron and Nishikawa Misa, "Contamination Effects and the Number of Parties in Mixed Superposition Electoral Systems", *Electoral Studies*, Vol. 20, No. 1, 2001.

③ Robert Moser and Ethan Scheiner, "Mixed Electoral Systems and Electoral System Effect: Controlled Comparison and Cross-National Analysis", *Electoral Studies*, Vol. 23, No. 4, 2004.

④ Pippa Norris, *Electoral Engineering: Voting Rules and Political Behavior*, Cambridge: Cambridge University Press, 2004.

⑤ 王业立：《比较选举制度》（第5版），五南图书出版公司，2008。

成长空间，比日式并立制更加符合多元团体参与政治活动的民主内涵。吴东野的《"单一选区两票制"选举方法之探讨：德国、日本、俄罗斯选举之实例比较》① 一文，通过考察德、日、俄三国的混合制经验，发现：德国实行联立制，其选举比例性达到了较高水平；日本采用并立制且小选区数量大于比例选区，这造成了较大的比例性偏差。他还指出，德式联立制相较日式并立制能够给予选民更强烈的"分裂投票"诱因，因为联立制下选民的"第二票"将决定政党的总席次，所以即使进行"分裂投票"也不会给偏好的政党带来过多不利影响。

何俊志在《混合选举制的兴起与当代选举制度的新发展》② 和《选举政治学》③ 中详细介绍了作为一种选举制度类型的混合制，包括它的缘起、发展、分布、模式等。作者分析了众多采用混合制国家的经验，提出"大多数实践这种制度的国家，一般都会在经过数轮的选举之后，逐渐形成两大政党联盟的局面"。同时，作者以意大利为例进行补充说明："制度设计的原初意图和意外后果都是存在的。这种双重后果同时存在的结果说明，混合选举制度对于实现一个国家政党力量的分化与重组的效果较为明显，但在实现某种具体政治目标上的效果则仍然还依赖其他条件。"④ 作者认可了混合选举制在政党力量的分化与重组和增强一国政党政治活力方面的显著效果。不过作者认为民主竞争和政治稳定的实现仍与一国采用的政府形式和运用新选举制度后所形成的政党格局的联系更为紧密。因此，混合制究竟是 21 世纪"最好"的制度，还是世纪之交民主转型的权宜之计，抑或集体博弈后产生的"最坏"制度？回答这个问题需通过实践后果和运作机制对其进行更深入的考察。

包刚升的《选举制度的复合化：基于第三波民主化国家的实证研究》⑤ 一文选取了 73 个第三波民主化国家作为研究对象，通过定量分析，发现：

① 吴东野：《"单一选区两票制"选举方法之探讨：德国、日本、俄罗斯选举之实例比较》，《选举研究》1996 年第 1 期。
② 何俊志：《混合选举制的兴起与当代选举制度的新发展》，《经济社会体制比较》2007 年第 6 期，第 65~71 页。
③ 何俊志：《选举政治学》，复旦大学出版社，2009。
④ 何俊志：《选举政治学》，第 98 页。
⑤ 包刚升：《选举制度的复合化：基于第三波民主化国家的实证研究》，《政治学研究》2019 年第 4 期，第 13~29 页。

首先，比例代表制是第三波民主化国家中分布最广的选举制度，但其应用并没有带来普遍的极化多党制，因为它们的比例代表制是复合型比例代表制，即通过缩减选区规模与设置当选门槛来降低比例代表制的选举比例性，从而防止出现碎片化的政党体系；其次，混合选举制崛起，原因在于第三波民主化国家希望通过制度设计兼顾政府效能与代表性；最后，选择混合制的国家在决定混合比例时大多倾向于加重多数决定制的分量，或寻求两种制度的平衡，只有极少数偏向了比例代表制。

张鑫在《混合选举制度对政党体系之影响：基于德国和日本的比较研究》① 中利用选举比例性这一关键的中间变量，考察选举制度与政党体系的因果关系。作者打破了既有的对混合制以制度原理为导向的传统分类法，从实际选举结果出发，以比例性为标准，开创了新的混合制分类与分析模式——非比例制、低比例制、中比例制、高比例制。作者质疑"混合制的政治效果介于多数代表制与比例代表制之间"这一研究假说，通过对德国与日本两个实例的分析，得出结论：①非比例制有助于促成两党体系；②低比例制有助于促成准两党体系；③中比例制有助于促成有限多党体系；④高比例制有助于促成极端多党体系；⑤混合制对政党体系之影响取决于选举比例性。②

综上所述，学界围绕混合选举制与政党体系关系所开展研究的特点有3个。①以实证研究尤其是案例研究为主，通过选择一个或多个国家作为具体研究对象，以个案的类比、归纳、总结获得关于混合选举制的政治效果的结论。②定量是重要的研究方式。以得票率、议席率为基础的选举制度研究，天然具有适合定量分析的条件，且定量分析能够使所获得的结论更加直观、具象、有说服力，补充了理论研究对政治现实的预测能力。③以混合制为中心研究对象的学术成果数量有限。既有研究大多以选举制度为视角，对其类型之一混合制进行分析与讨论，同时站在类比的立场上根据所获得的相关结论，评价混合制相对其他两种制度的效果和影响，但

---

① 张鑫：《混合选举制度对政党体系之影响：基于德国和日本的比较研究》，天津人民出版社，2018。
② 在该书中，作者出于研究需要，对萨托里的政党体系分类学说做了修改。

收缩视角、聚焦混合制的研究尚有不小的发展空间。本文不是以并列选项考察多数决定制与比例代表制，而是以组成部分认识混合制下的多数代表制与比例代表制。如果说多数代表制与比例代表制像一座房子，落成后，只能通过改变粉刷的颜色进行微调，不然就要推倒重建，那么混合制就像积木，可以拆解，替换不想要的部分，也可以按照设计者的构思重新组装。混合制的灵活多变使它具有更多可能性，也带给研究者更多的分析思路，不过就像房子与积木的对比那样，混合制的稳定性如何，会不会牵一发而动全身？解答这些问题也是本文的努力方向。

二　混合选举制对日本政党体系的影响力强弱评析

（一）日本的选举制度及量化标准

日本采用两院制议会制度，立法权由众议院掌握，因此本文关于日本选举制度及政党体系的讨论以众议院为基础。

1994年，日本对《公职人员选举法》① 做出重大修改，确立了众议院实行小选区比例代表并立选举制。相比过去实行的中选区选举制，混合选举制具有一系列优势。首先，两票制使选民可分别表达自己的候选人偏好和政党偏好，有助于选民意愿的充分表达，能够有效提升民主质量。其次，在"相对多数决定制+比例代表制"的组合模式下，小选区能够建立选民与候选人间的直接联系，选民可明确知晓自己的利益由谁代表、自己的诉求可向谁提出，也有利于当选者更好地了解当地社情民意，更有针对性地为选民提供服务；比例代表选区则有利于凝聚政党，形成更强的向心力，促进政党政治发展。再次，比例代表制的引入从整体上提升了选票价值，减少了选票的浪费，保障了民意的多样化表达。最后，选举制度改革在一定程度上能够减小造成不同选区间选票价值不同的"定数格差"，有利于推进实现"同票同值"。

与此同时，混合选举制也存在一些缺点。例如，不同选区出身的议员负

①　1950年4月，《众议院议员选举法》、《参议院议员选举法》和地方选举法规合并为统一的《公职人员选举法》。

责的方向不同，小选区议员只由选民根据相对多数原则选出，因此倾向于对选民负责；比例代表选区议员需要进入政党名单才能获得选举资格，且其排位顺序也将极大地影响最终当选机会，因此比例代表区议员更倾向对政党负责，以保障自己能够获得稳定的选举资格和尽可能大的当选机会。此外，小选区对减小"定数格差"提出了更高的要求。实行混合选举制后，日本全国各地的选区边界变动明显且更加频繁，相关的勘定、修正工作耗费了大量的人力、物力及财力。进一步而言，相比联立式混合选举制①，日本实行的并立式混合选举制的优势在于，虽是制度叠加，但小选区和比例代表选区分开计票，因此选举规则对选民而言简洁易懂；其缺点在于，比例代表选区的选票不具有补偿性，无法弥补小选区中的比例性偏差，也挤压了小党的生存空间。

选举虽然是代议制民主中必不可少的关键环节，但无论制度设计如何完善，其选举结果都必然意味着一部分民众的利益无法被充分代表。非比例性就是衡量这种"没有被充分代表"的程度的选举制度量化指标，它并非选举制度的内在属性，而是一种外在效果。同一类型的选举制度可能因应用环境的不同而表现出不同的非比例性结果，即使在同一环境下，也可能会因选举时间的不同而出现不同结果。反过来说，不同时间、不同环境、不同类型的选举制度之间有可能表现出相同的非比例性结果，因为非比例性是对选举结果的描述，而非对选举制度具体规则的描述。

对于单个政党而言，其得票率与议席率之差便是对其自身而言的选举制度非比例性。而计算整个选举制度的非比例性时，如果只是将各个政党的非比例性加和，便无法对严重偏差和细微偏差进行区分。只有在两党参与竞选的相对多数决定制下，一个得票比例为51：49的巨大偏差度选区与一个99：1几乎不存在偏差度的选区，对整个选举制度的非比例性的贡献单位②是

---

① 联立式与并立式是混合选举制最主要的两种制度联结方式，德国是采用联立式混合选举制度的代表性国家。联立式的最大特征在于选举区和比例代表选区统一计票，比例代表选区的选票具有补偿性，在一定程度上可以弥补选区中的比例性偏差，有利于小党的生存；但对普通选民而言，联立式制度下的选举规则比较复杂难懂。

② 上述两种情况下，民意受忽视的程度是不一致的，受忽视更严重的选区在非比例性计算中应得到更多关注，也就是加强权重。"贡献单位一致"是指，虽然贡献的绝对数量不一致，但无论严重程度如何，都以"1"为单位（0.49 * 1 和 0.01 * 1），加权后是平方单位（0.49 * 0.49 和 0.01 * 0.01），如第一种情况的贡献单位是 0.49，第二种的贡献单位是 0.01。

一样的，但很显然，这两个选区中的选民"没有被充分代表"的程度相去甚远。因此，对不同的偏差程度进行加权是学界普遍认可的解决方案，它能让较大偏差所占的比重远远超过较小偏差，能够满足这一要求的运算方式便是"平方"。1991年，迈克尔·加拉格尔提出了"最小平方数"，又称"加拉格尔指数"[1]，实现了对不同程度的偏差进行区别对待。本文选择以这一方式计算的非比例性为衡量选举制度的量化指标，具体公式如下：

$$G = \sqrt{\frac{1}{2} \sum (V_i - S_i)^2} \qquad (1)$$

G 表示最小平方数，V_i 表示政党 i 的得票率，S_i 表示政党 i 的议席率。依据这一公式进行计算，二战后日本历届众议院大选的非比例性如表1所示。

表1 二战后日本历届众议院大选的非比例性

单位：%

届次	单记不可转移投票制	届次	单记不可转移投票制	届次	小选区比例代表并立制		
					小选区	比例代表选区	全国
第22届	5.10（限制性投票制）	第31届	6.46	第41届	15.82	2.96	10.89
		第32届	9.02				
第23届	3.95	第33届	7.00	第42届	15.57	2.49	11.53
第24届	9.53	第34届	7.44	第43届	10.64	4.01	8.51
第25届	3.45	第35届	4.00	第44届	23.00	4.65	15.65
第26届	3.73	第36届	6.59	第45届	22.47	5.85	15.12
第27届	4.13	第37届	4.27	第46届	28.55	3.91	20.03
第28届	3.58	第38届	7.22	第47届	22.81	4.41	16.31
第29届	6.23	第39届	6.73	第48届	23.00	3.64	16.39
第30届	5.15	第40届	6.36	第49届	14.73	5.45	11.43

资料来源：张鑫：《混合选举制度对政党体系之影响：基于德国和日本的比较研究》，天津人民出版社，2018，第177、183页；「選挙関連資料　衆議院議員総選挙·最高裁判所裁判官国民審査結果調」、総務省ホームページ、https：//www.soumu.go.jp/senkyo/senkyo_s/data/shugiin/ichiran.html。

---

[1] Michael Gallagher, "Proportionality, Disproportionality and Electoral Systems", *Electoral Studies*, Vol. 10, No. 1, 1991.

（二）日本的政党体系及量化标准

有效政党数是评价政党体系最常用的量化指标[1]，但是采用有效政党数作为量化指标的相关研究普遍存在一个共性——考察对象不唯一。有效政党数有多种计算方式，利普哈特推崇的是"拉克索·塔格佩拉指数"，由马尔库·拉克索和赖因·塔格佩拉在 1979 年提出[2]，它并非计算有效政党数的唯一可选公式，超级分化指数即"怀根指数"[3] 和"莫利纳指数"[4] 也具有相同功能，超级分化指数对小党十分敏感，"莫利纳指数"则能凸显大党优势。一般而言，相同条件下，超级分化指数所得有效政党数最大，"莫利纳指数"所得有效政党数最小，"拉克索·塔格佩拉指数"所得有效政党数居中。

具体就日本而言，乔瓦尼·萨托里在《政党与政党体制：一个分析框架》中认为，"1955 年体制"确立以后，日本就是明显的主导党体制。[5] 从众议院选举的得票数来看，尽管自民党的"一党优位"地位以 1993 年为分水岭发生了巨大改变，也两度成为在野党，但日本的政党体系并没有动摇。在二战后的 28 次大选与 57 届内阁中，议会最大党的稳定性为 75%，内阁第一执政党的稳定性为 75.44%，占据这一明显优势的政党便是自民党。如果进一步将考察时间范围限定至自民党诞生后，那么这两项指标将分别上升至 95.45% 和 89.58%，更充分证明了日本是典型的优势政党体系。所以，在以有效政党数分析日本政党体系时，"莫利纳指数"的描述较"拉克索·塔格佩拉指数"更为贴切。

"莫利纳指数"的计算公式是：

---

[1] Arend Lijphart, *Electoral Systems and Party Systems: A Study of Twenty-Seven Democracies, 1945-1990*, p. 69.

[2] Markku Laakso, and Rein Taagepera, "'Effective' Number of Parties: A Measure with Application to West Europe", *Comparative Political Studies*, Vol. 12, No. 1, 1979.

[3] John K. Wildgen, "The Measurement of Hyperfractionalization", *Comparative Political Studies*, No. 4, 1971, pp. 233-243.

[4] Juan Molinar, "Counting the Number of Parties: An Alternative Index", *American Political Science Review*, Vol. 85, No. 4, 1991, pp. 1383-1391.

[5] Giovanni Sartori, *Parties and Party Systems: A Framework for Analysis*, p. 172.

$$NP = 1 + \frac{(\sum_{i=1}^{n} P_i^2) - P_{Max}^2}{(\sum_{i=1}^{n} P_i^2)^2} \tag{2}$$

当 P_i 为第 i 个政党的得票率时，NP 所得结果为选举有效政党数；当 P_i 为第 i 个政党的议席率时，NP 所得结果为议会有效政党数。

"拉克索·塔格佩拉指数"的计算公式是：

$$Nv = \frac{1}{\sum V_i^2} \qquad\qquad Ns = \frac{1}{\sum S_i^2} \tag{3}$$

Nv 为选举有效政党数，Ns 为议会有效政党数；V_i 为第 i 个政党的得票率，S_i 为第 i 个政党的议席率。

依据"拉克索·塔格佩拉指数"与"莫利纳指数"，对二战后日本历届众议院大选议会有效政党数进行计算，结果见表2。

表2　二战后日本历届众议院大选议会有效政党数

届　次	有效政党数（个）		分歧程度（％）
	拉克索·塔格佩拉指数	莫利纳指数	
第 22 届	5.76	3.71	35.52
第 23 届	4.02	3.50	13.01
第 24 届	2.77	1.30	52.95
第 25 届	3.06	1.58	48.48
第 26 届	3.86	2.14	44.47
第 27 届	3.67	2.56	30.30
第 28 届	1.98	1.50	24.38
第 29 届	2.00	1.39	30.39
第 30 届	2.15	1.45	32.44
第 31 届	2.41	1.52	36.81
第 32 届	2.50	1.30	47.91
第 33 届	2.67	1.50	43.90
第 34 届	3.18	1.78	43.97
第 35 届	3.30	1.74	47.32
第 36 届	2.74	1.42	48.21
第 37 届	3.24	1.73	46.61
第 38 届	2.58	1.29	49.84

续表

届 次	有效政党数（个）		分歧程度（%）
	拉克索·塔格佩拉指数	莫利纳指数	
第 39 届	2.71	1.59	41.25
第 40 届	4.20	1.85	56.03
第 41 届	2.94	1.97	33.16
第 42 届	3.17	1.81	43.02
第 43 届	2.59	1.95	24.60
第 44 届	2.27	1.31	42.36
第 45 届	2.10	1.28	38.94
第 46 届	2.45	1.20	51.02
第 47 届	2.42	1.23	49.17
第 48 届	2.46	1.20	51.19
第 49 届	2.69	1.41	47.49

注："分歧程度"指两种公式对议会有效政党数进行计算的结果分歧，具体计算方式为二者结果之差除以"莫利纳指数"计算结果。

资料来源：张鑫：《混合选举制度对政党体系之影响：基于德国和日本的比较研究》，天津人民出版社，2018，第 160~161、183 页；「選挙関連資料 衆議院議員総選挙·最高裁判所裁判官国民審査結果調」、総務省ホームページ、https：//www.soumu.go.jp/senkyo/senkyo_s/data/shugiin/ichiran.html。

对比表 2 中的计算结果能够明显看出，"莫利纳指数"的数值均小于"拉克索·塔格佩拉指数"。在"莫利纳指数"的描述中，日本自 1958 年第 28 届众议院大选后便一直处于稳定的一党优势状态，这正是自民党 1955 年成立后参加的第一次大选。相比"拉克索·塔格佩拉指数"，"莫利纳指数"更擅长描述大党的优势地位，这一点在二者分歧程度最严重的第 40 届众议院总选举的实际议席分配情况中表现得非常明显。1993 年 7 月 18 日，日本举行第 40 届众议院大选，在 511 个席位中，自民党有 223 席，占 43.6%；社会党有 70 席，占 13.7%；新生党有 55 席，占 10.8%；公明党有 51 席，占 10.0%；日本新党有 35 席，占 6.8%；民社党有 15 席，占 2.9%；新党先驱有 13 席，占 2.5%；社会民主联合拥有 4 席，占 0.8%；日本共产党有 15 席，占 2.9%；无党籍有 30 席，占 5.9%。[1] 应用"拉克索·塔格佩拉指数"计算可知，在此次选举中存在 4.2 个有效政党，即 4 个实力较为均衡

---

[1] 「選挙の歴史」、NHKホームページ、https：//www.nhk.or.jp/senkyo/database/history/。

的政党与其他极小型小党，属于典型的均势多党体系。"莫利纳指数"的计算结果却为 1.85 个有效政党，这意味着存在一个明显处于优势地位的政党，其实力与剩余全部政党的实力总和基本相当，是显著的优势政党体系。当然，这个结果也有可能代表着两个实力接近的政党，即两党或准两党体系，不过结合现实情况可知，日本并非只有两党参与竞选，故排除这一可能性。无论是根据第一至第四大党的议席率差距还是第一与第二大党的差距，就议会实力而言（不考虑政策方面的讨价还价与威胁恐吓能力），很难将这 4 个政党或 2 个政党视为同等水平，因为最大党的议席率明显接近半数，意味着它的实力基本与其他政党的实力总和相当，且第二大党的议席率甚至连第一大党的 1/3 都没有达到。因此，"莫利纳指数"的描述更加贴近日本的实际情况。

从公式本身来说，"拉克索·塔格佩拉指数"之所以会与"莫利纳指数"存在严重分歧，是因为前者对政党数量的关注超过了政党体量，它在计算过程中加大了"数量"的权重，不可避免就会降低政党体量的权重。举例说明，假设 A、B、C、D、E 5 个政党的议席率分别为 a、b、c、d、e，此时议席率的平方和为 $S_1 = a^2 + b^2 + c^2 + d^2 + e^2$；假设后来 D、E 两党合并，组成 X 党，4 个政党的议席率就变成了 a、b、c、$(d+e)$，平方和为 $S_2 = a^2 + b^2 + c^2 + d^2 + e^2 + 2de$；由于 a、b、c、d、e 不可能小于零，所以 S_2 必然大于 S_1，取倒数后，N_1 必然大于 N_2，也就意味着有效政党数变少。上述假设充分说明，众多小党独立参选时的有效政党数一定大于联合参选。换言之，参与竞选的政党的绝对数量本身比其在议会中所拥有的相对实力更能影响最终有效政党数量。虽然从 N_1 到 N_2 符合假设条件下政党数量的变化，但问题是单独参选的小党真的比合并后的相对大党更"有效"吗？现实中，日本频繁发生政党分裂重组，议席率的平方和也相应地从 S_2 变化到 S_1，但这往往发生在实力比较弱小甚至可以说非常弱小的政党身上，也就是说，它们从小党变成了更小党。自民党建立的初衷便是右翼大联合，其建立后虽经历了数次分裂，主体却从未动摇。既然如此，对日本来说，从小党到更小党，应当被视为有效政党数增加吗？本文认为，由于"一党优位"所带来的最大党与小党间显著的实力差距，运用"拉克索·塔格佩拉指数"计算日本有效政党数时存在明显的局限性，参与选举或取得议席的政党并不一定都是"有效"政党。

总体而言，"拉克索·塔格佩拉指数"计算得出的有效政党数对参选政党数更为敏感，而"莫利纳指数"更擅长描述最大党的优势程度。以"莫利纳指数"计算的有效政党数更贴近日本政治实际，因此本文主要以"莫利纳指数"的计算结果为参考。

（三）选举制度对政党体系影响能力的横向对比

接下来将集中在两个领域围绕选举制度对政党体系的影响能力进行横向对比，首先是选举制度本身所属的政治制度领域，其次是政治之外的经济、社会领域。

1. 政治制度领域

利普哈特提出，民主国家共同具备的 10 项民主特征可分为两个维度（见表 3），其依据是，每一维度内部的民主特征相互间关联密切，维度之间的关联性则十分微弱（见表 4）。

表 3　民主特征的两个维度

"行政机关-政党"维度		
分类依据	多数民主模式	共识民主模式
内阁类型	一党多数内阁	多党联合内阁
立法权与行政权力量对比	行政机关相对立法机关居优势地位	行政机关与立法机关权力平衡
政党体系	两党制	多党制
选举制度	相对/绝对多数当选制	比例代表制
利益集团	自由竞争、多元主义	相互协调、合作主义
"联邦制-单一制"维度		
分类依据	多数民主模式	共识民主模式
权力分立	中央集权单一制	地方分权联邦制
立法权分布	一院集中	两院分享
宪法性质及修宪难度	柔性宪法,简单多数	刚性宪法,特定多数
合宪裁定权归属	立法机关	最高法院/宪法法院
中央银行独立性	依赖行政机关	独立的中央银行

资料来源：Arend Lijphart, *Patterns of Democracy: Government Forms and Performance in Thirty-six Countries*, New Haven: Yale University Press, 2012, pp. 1-8.

表 4 民主特征的相关系数

民主特征	议会有效政党数	最小获胜一党内阁	行政机关优势地位	选举制度非比例性	利益集团多元主义	央地分权	两院制	宪法刚性	司法审查	中央银行独立性
议会有效政党数	1.00									
最小获胜一党内阁	-0.85**	1.00								
行政机关优势地位	-0.79**	0.78**	1.00							
选举制度非比例性	-0.57**	0.58**	0.55**	1.00						
利益集团多元主义	-0.61**	0.71**	0.51**	0.61**	1.00					
央地分权	0.26	-0.26	-0.08	-0.15	-0.23	1.00				
两院制	0.09	-0.03	0.10	0.09	0.07	0.70**	1.00			
宪法刚性	-0.08	0.00	0.11	0.17	0.01	0.56**	0.39*	1.00		
司法审查	-0.24	0.17	0.18	0.36*	0.26	0.47**	0.41*	0.46**	1.00	
中央银行独立性	-0.04	-0.15	-0.02	-0.12	-0.10	0.60**	0.38*	0.38*	0.34*	1.00

注：* 表示统计显著性达到 5% 水平（单侧检验）；** 表示统计显著性达到 10% 水平（单侧检验）。

资料来源：Arend Lijphart, *Patterns of Democracy: Government Forms and Performance in Thirty-six Countries*, New Haven: Yale University Press, 2012, pp. 241-242。

本文的研究对象政党体系属于"行政机关-政党"维度，这一维度中相互关联的民主特征包括内阁类型、选举制度、政党体系、利益集团和行政机关优势地位，它们各自的量化标准及计算方式如表 5 所示。

表 5 "行政机关-政党"维度中民主特征的量化标准及计算方式

民主特征	量化标准	计算方式
政党体系	议会有效政党数	$N = 1/\sum S_i^2$
内阁类型	最小获胜一党内阁指数	一党过半数内阁出现频率
行政机关优势地位	行政机关优势指数	内阁平均寿命
选举制度	非比例性指数	$G = \sqrt{1/2\sum(V_i - S_i)^2}$
利益集团	利益集团多元主义指数	塞厄罗夫 5 分制量表

注：①由于利普哈特在《民主的模式：36 个国家的政府形式和政府绩效》一书中未给出利益集团多元主义指数的具体计算方式，也就是塞厄罗夫 5 分制量表的详细评分标准，因此本文暂不考虑利益集团与政党体系间的相关性和解释力。②本文关注的是混合选举制对政党体系的影响能力，所以相关分析与回归分析的数据样本均来自日本选举制度改革后即从 1994 年至今的历次大选，考虑到 2021 年第 49 届大选并不包含完整的内阁生命周期，无法计算内阁类型比例，因此，本文最终锁定的数据样本范围是第 41~48 届大选。③S_i 为第 i 个政党的议席率，V_i 为第 i 个政党的得票率。

资料来源：Arend Lijphart, *Patterns of Democracy: Government Forms and Performance in Thirty-six Countries*, New Haven: Yale University Press, 2012, pp. 63-67, 86-87, 116-123, 144-146, 162-166。

利普哈特采用的"最小获胜一党内阁指数"，与"拉克索·塔格佩拉指数"和"莫利纳指数"一样，都是描述内阁类型的众多公式中的一种，可以根据现实情况和实际需要进行相应调整。实行混合选举制时期的日本内阁所表现出的鲜明特色是"单独半数联合内阁"，即一党在已经独立掌握议会过半数支持的情况下，依然联合其他政党组建超大型内阁。虽然这种类型的内阁首次出现是在中选区时代，即1949 年大选形成的第 49 届内阁，但纵观整个大选区与中选区时代的38 届内阁，联合内阁只有 9 届，单独半数联合内阁仅 1 届。在 9 届联合内阁中，有 4 届形成于二战刚刚结束的 20 世纪 40 年代末，其时社会百废待兴，制度急需重建，人心不稳，面对新的国家、新的身份、新的制度，广大日本民众一时间迷茫而不知所措，导致投票结果分散，单个政党的议会支持力量薄弱，不联合的话根本无法建立起稳定运行的政权。并且，当时各派政治势力尚不成熟，独立行政、抵抗风险的能力较差，无力应对在野势力，所以联合内阁不仅是必需的，而且必要。还有 4 届联合政权产生于 20 世纪 90 年代初，此时正值选举制度改革的前夜，中选区制行将就木，混合选举制已在酝酿，各个政党正经历混乱的分裂重组，党员脱党离党行为屡见不鲜。1993 年至 1994 年的细川护熙内阁、羽田孜内阁都是联合了自民党外的数个政党进行联合执政。这些政党联合的目的是实现政权轮替，终结了自民党长达 38 年的执政垄断。不仅如此，大选区与中选区时代的联合内阁大都符合"最小获胜联合内阁"理论的描述，即内阁中仅包括获得议会过半支持的必要政党，换言之，无论实力差距多么悬殊，内阁中缺少了任何一党都不能构成议会半数支持。不过，就日本的实际情况而言，内阁大党与小党间实力差距非但不悬殊，甚至大党自身根本不具备显著优势。1946 年的第 46 届联合内阁中，最大党议席率仅为 30.3%，整个联合内阁的议席率也只有 50.4%；而在 20 世纪 90 年代，细川八党联合内阁中最大的社会党的议席率仅为 13.7%。由此可见，在大选区与中选区时代，联合内阁的建立或是迫于时代压力，或是寻求半数支持，或是为了终结垄断，都在不同程度上带有"不得已而为之"的色彩。

与大选区和中选区时代的"迫不得已"形成鲜明对比的是混合选举制下的"钟爱有加"。从第 83 届至第 101 届的 19 届内阁中，仅在选举制度改革后初期出现过一次一党独立内阁，其他 18 届均为联合内阁，其中 13 届是单独半数联合内阁，占比达到 72%；即使是没有达到单独半数的 5 届联合内阁，最大党议席率也非常接近 50%。此时期的单独半数联合内阁不似大选区与中选区时代的"昙花一现"，已经稳定、持续地运行了 17 年，至今仍在继续。因此，对于日本混合选举制而言，以"单独半数联合内阁指数"作为观察内阁构成的量化指标，较之利普哈特使用的"最小获胜一党内阁指数"更具针对性。

综上可知，日本当前的一党优势体系所潜藏的政治制度领域影响因素包括选举制度、内阁类型和行政机关优势地位。接下来将分别采用相应的量化指标即非比例性指数、"单独半数联合内阁指数"和"内阁平均寿命"进行定量研究，验证选举制度对政党体系影响力的存在性，相关分析与回归分析结果参见表 6 和表 7。

表6 相关分析：一党优势体系的政治制度领域影响因素

指数	选举制度	内阁类型	行政机关优势地位
拉克索·塔格佩拉指数	-0.56	-0.83*	0.07
莫利纳指数	-0.93*	-0.98*	-0.14

注：*表示统计显著性达到5%水平。

资料来源：张鑫：《混合选举制度对政党体系之影响：基于德国和日本的比较研究》，天津人民出版社，2018，第160~161、183页；「選挙関連資料　衆議院議員総選挙·最高裁判所裁判官国民審査結果調」、総務省ホームページ、https://www.soumu.go.jp/senkyo/senkyo_s/data/shugiin/ichiran.html。

表7 回归分析：一党优势体系的政治制度领域影响因素

指数	选举制度	内阁类型	行政机关优势地位
拉克索·塔格佩拉指数		0.69	
莫利纳指数	0.86	0.97	

资料来源：张鑫：《混合选举制度对政党体系之影响：基于德国和日本的比较研究》，天津人民出版社，2018，第160~161、183页；「選挙関連資料　衆議院議員総選挙·最高裁判所裁判官国民審査結果調」、総務省ホームページ、https://www.soumu.go.jp/senkyo/senkyo_s/data/shugiin/ichiran.html。

　　如表6所示，有效政党数与选举制度非比例性、"单独半数联合内阁指数"呈负相关，在以"拉克索·塔格佩拉指数"计算时，有效政党数与"内阁平均寿命"呈正相关，以"莫利纳指数"计算时有效政党数与"内阁平均寿命"则呈负相关。政党体系与选举制度和内阁类型两项民主特征的关系密切，与行政机关优势地位的关联则显微弱。无论是以"拉克索·塔格佩拉指数"计算的有效政党数，还是以"莫利纳指数"计算的有效政党数，与选举制度和内阁类型间的相关系数绝对值均在0.5以上，并且都通过了置信度检验，证实关系的确存在；而以两种方式计算的有效政党数与行政机关优势地位的相关系数，P值大于0.1未通过检验，说明二者虽能通过给定的样本数据计算出相关系数，但实际中是否真的存在相关关系还不能确定。

　　明确相关关系后，则需要进一步讨论关系中自变量与因变量的归属。根据利普哈特在《民主的模式：36个国家的政府形式和政府绩效》一书中的阐释，选举制度与政党体系的相关关系中，选举制度为自变量，政党

体系为因变量；内阁类型与政党体系的相关关系中，政党体系为自变量，
内阁类型为因变量。[①]

　　第一组相关关系中变量的划分在迪维尔热命题问世后就已经形成。
1951 年，迪维尔热在其著作《政党：现代国家中的组织与行动》中提出：
相对多数决定制有利于促成两党体系，两轮投票制和比例代表制有利于形
成多党体系。[②]迪维尔热对此的解释分为"心理因素"与"机械因素"两方
面。在"心理因素"下，迪维尔热假设所有选民均为理性选民，他们期待
手中选票能够最大化地影响选举结果，而不是被白白浪费。出于这种考虑，
选票最终会向边际候选人集中。边际候选人指实力接近当选最后一名与落
选第一名的候选人。由于相对多数决定制只产生一位胜利者，所以边际候
选人也就是实力排在第一位、第二位的两名候选人，而能够推举这类候选
人的政党一般也是实力数一数二的政党。因为对于小党来说，它们所掌握
的政治资源不足以支撑其进行充分的选举动员，也没有办法在选民群体中
为其候选人展开广泛的宣传，选民不认识、不了解小党候选人，投票时自
然也不会认为小党候选人有实力达到第一、第二的位次，相反还会觉得投
票给小党的候选人对改变选举结果毫无意义。选民不想浪费选票，那么为
何不在边际候选人当中选择自己相对不讨厌的政党或候选人呢？"机械因
素"指选举制度本身的规则设计，相对多数决定制的唯一获胜者结局，注
定这是一场赢者通吃的选举，且大多数情况下，"机械因素"是一种"马太
效应"，即得票率高，议席率比得票率还高，得票率低，议席率比得票率还
低。选举制度非比例性就是一种反映这种"马太效应"强弱的选举制度量
化指标，选举制度非比例性越大，"马太效应"越强，制度对大党的偏向越
明显，对小党的歧视越严重。长此以往，相对多数决定制下，选票一直向
第一、第二大党集中，大党不断成长、壮大，而小党在选举中不具备竞争
力，慢慢衰落或合并组建更强大的政党参与竞争。比例代表制大大改善了

---

①　Arend Lijphart, *Patterns of Democracy: Government Forms and Performance in Thirty-six Countries*,
New Haven: Yale University Press, 2012, pp. 60-157.

②　Maurice Duverger, *Political Parties: Their Organization and Activity in the Modern State*, translated
by Barbara and Robert North, London: Methuen, 1954.

选票浪费的情况，也就是说，在比例代表制下，选民所投的每一票都将对选举结果产生一定的影响。因为比例代表制是根据各党所获选票数量按比例分配席位，对大党而言，更多的选票意味着更多的席位，对于小党而言，更多的选票则意味着更大的机会。这种制度在一定程度上保障了选民可以按照自己的本心进行投票，也给予了小党生存空间，因此有利于形成多党体系。

除此之外，本文认为选举制度能够作为自变量的另一个原因是，选举制度是人为设计、规定的，能够直接调整、更改。换言之，在理想状态下，选举制度的影响因素只有"人"而已。不过，一般来说，政党体系是不会被规定的，一国不能直接立法决定本国的政党数量及政党体系，政党体系只能是自发形成的。所以，政党体系在成长过程中所受的外界影响力自然就是自变量。

第二组相关关系中，自变量与因变量的归属较为明确。内阁是由政党组建的，在一党制国家，联合内阁不可能存在。况且，根据"联合内阁理论"，一般情况下，内阁在组建过程中都会遵循"最小获胜原则"，即仅包括获得议会半数支持的必要政党①。因此，存在单独半数的优势政党体系倾向于建立一党多数独立内阁，不存在单独半数的均势政党体系则倾向于建立各种类型的多党联合内阁。至于如何选择联合组阁的合作对象，对于选择标准或者说顺序，不同联合内阁理论给出的解释不同，具体如表8所示。

表 8 "联合内阁理论"的基本内容

理论体系	组织标准	原则
最小获胜联合内阁	获得议会多数支持不可缺少的政党	权力最大化
最小规模联合内阁	最小获胜联合内阁+议会支持尽可能少	影响力最大化
最小政党数目联合内阁	最小获胜联合内阁+政党数目尽可能少	谈判成本
最小范围联合内阁	最小获胜联合内阁+政策偏好尽可能近	政策偏好
关联最小获胜联合内阁	最小获胜联合内阁+依据政策偏好接近程度依次联合	政策偏好
政策取向联合内阁	最小获胜联合内阁+"中枢政党"联合左右	政策实施

资料来源：Arend Lijphart, *Patterns of Democracy: Government Forms and Performance in Thirty-six Countries*, New Haven: Yale University Press, 2012, pp. 80-85。

---

① 假如缺失某个政党，便无法组建获得半数支持的稳定内阁，那么这个政党就是必要政党。

在政治制度领域的横向比较中，根据利普哈特提出的同一维度内部民主特征关联密切的结论，本文筛选出可能影响日本政党体系的四项民主特征。由于量化规则不清，本文暂时搁置了对利益集团多元主义的考虑；通过相关分析的计算结果，本文排除了日本行政机关优势地位，它与日本政党体系的关联微弱；通过自变量与因变量的划分，本文排除了内阁类型，因为本文关于影响力的研究方向是其他因素对政党体系的影响力，并非政党体系对其他因素的影响力，内阁类型与政党体系的关系就属于后者。需要注意的是，在选举制度与政党体系的相关关系置信度检验中，以"拉克索·塔格佩拉指数"计算的议会有效政党数并没有通过检验，这说明，就日本而言，混合选举制或许不具有影响参与竞选的政党数量的能力，但能够在很大程度上影响大党的优势地位。

综上，政治制度领域横向对比的最终结论是，在日本，选举制度是唯一能够作为自变量对政党体系变动做出解释的政治制度，且选举制度主要影响的是政党体系中大党的优势地位，而非参与竞选的政党数量。如图 1 所示，混合选举制对目前日本一党优势体系中最大党实力的变动的解释比例为 86%，选举制度非比例性每上升 1 个百分点，最大党与其他政党的实力对比就会提升 0.09①。

2. 经济、社会领域

在经济、社会领域中，各项因素的统计数据以都道府县为单位，为了使横向对比能在同一水平上进行，需将选举制度与政党体系的关联也转换为其在都道府县层面的表现。但是，由于日本的选举制度为小选区比例代表并立制，其中比例选区议席的分配超越了都道府县边界，也就是说，虽能以都道府县为单位计算各政党得票率，却无法计算议席率，这就使选举制度的量化指标——选举制度非比例性——无法在都道府县层面计算。由于比例代表议席产生的最小单位是比例选区，所以在经

---

① 此处 0.09 的单位，计算意义上是"个有效政党"，结合回归方程系数（负）和"莫纳利指数"特点（侧重描述政党间实力差距），可得出结论：选举制度非比例性每上升 1 点，以相对实力为衡量标准的有效政党就会减少 0.09 个，所以对最大党来说，它相对于其他政党的优势就又提升了 0.09。

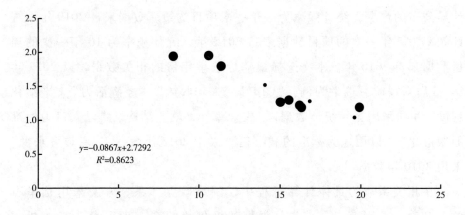

$$y=-0.0867x+2.7292$$
$$R^2=0.8623$$

图 1　日本选举制度对其政党体系的解释能力

资料来源：张鑫：《混合选举制度对政党体系之影响：基于德国和日本的比较研究》，天津人民出版社，2018，第 160~161、183 页；「選挙関連資料　衆議院議員総選挙・最高裁判所裁判官国民審査結果調」、総務省ホームページ、https：//www.soumu.go.jp/senkyo/senkyo_s/data/shugiin/ichiran.html。

济、社会领域的横向比较中，本文以 11 个比例选区为单位计算选举制度非比例性与议会有效政党数，并通过相关分析和回归分析计算二者的关联程度与解释能力。

在经济、社会领域的横向比较中，本文选择的影响因素来自人口、经济、劳动、教育、行政 5 个方面，依据的是日本政府对其社会因素所做的分类。具体而言，人口方面的对比因素为老龄化程度和城市化水平，经济方面的对比因素为都道府县生产总值和人均收入，劳动方面的对比因素为就业率和就业结构，教育方面的对比因素为居民受教育水平，行政方面的对比因素为经济活力。计算使用的数据样本来自日本统计局网站公布的官方数据[①]，各项目统计频率不一致，县内生产总值、县民人均收入、财政力指数、65 岁以上人口占比皆是一年一更新；失业率、县人口集中程度、县用地集中程度、各产业就业人口比例则是 5 年一统计；最终学历人口的统计间隔长达 10 年。截至 2022 年 8 月日本统

---

① 「社会・人口統計体系」、政府統計の総合窓口ホームページ、https：//www.e-stat.go.jp/stat-search/files? page=1&toukei=00200502。

计局公布的数据，统计频率为一年一次项目的最新数据来自 2019 年，统计频率为 5 年一次的项目数据来自 2015 年，统计频率为 10 年一次的项目数据来自 2010 年。本文选择最靠近选举年份的相关数据，以 2017 年第 48 届众议院总选举为例，"GDP""人均收入""经济活力""老龄化程度" 4 项采用当年统计数据，"失业率""就业结构""以人口为标准的城市化""以用地为标准的城市化"采用 2015 年数据，"受教育水平"采用 2010 年数据。

　　在相关系数的具体计算过程中，围绕政党体系，本文采用选举有效政党数，原因有二。首先，根据迪维尔热的"心理因素"与"机械因素"理论，在"投票—计票—分配"两个阶段、三项环节中，第一个阶段选民的投票行为会受心理因素影响，即最大化利用选票的期待，除此之外还包括选民自身的性别、年龄、学历、经济条件、就业状况、居住环境等经济、社会属性的影响；而在第二个阶段对议席进行分配的过程中，影响因素不仅叠加了前一阶段的，还新增了选举制度的非比例性。由此可见，对政党体系的两项量化指标——选举有效政党数与议会有效政党数而言，前者主要受选民的经济、社会属性以及"不浪费"心理的影响，后者则不仅受选民个人的心理和经济、社会属性因素影响，还会受到选举制度因素的影响。因此，选择选举有效政党数作为评价政党体系与相应经济、社会因素相关关系的指标，能够排除选举制度因素的干扰。其次，经济、社会方面各项因素的量化标准的计算结果来自都道府县维度，而在日本现行的选举制度下，比例代表议席的产生超越了都道府县边界，因此无法以其为单位计算议会有效政党数。

　　量化分析共分两轮，第一轮是相关分析，比较经济、社会因素和选举制度因素与政党体系的关联密切程度；第二轮是回归分析，筛选第一轮中通过置信度检验的经济、社会因素，将其作为自变量，比较经济、社会因素和选举制度因素对政党体系变动的解释能力。两轮量化分析结果分别见表 9、表 10。

表 9　经济、社会领域的相关分析：日本选举制度对政党体系影响能力的横向对比

影响因素	指数	第 44 届	第 45 届	第 46 届	第 47 届	第 48 届	第 49 届
GDP	拉·塔	−0.09	0.08	0.47 *	0.36 *	0.28 **	0.32 *
	莫利纳	−0.01	−0.21	0.47 *	0.32 *	0.36 *	0.45 *
失业率	拉·塔	0.50 *	0.46 *	0.31 *	0.50 *	0.38 *	0.47 *
	莫利纳	0.43 *	0.13	0.15	0.28 **	0.26 **	0.41 *
老龄化程度	拉·塔	0.02	−0.10	−0.65 *	−0.55 *	−0.53 *	−0.47 *
	莫利纳	−0.06	0.30 *	−0.50 *	−0.36 *	−0.40 *	−0.48 *
城市化（人口）	拉·塔	0.04	0.20	0.61 *	0.54 *	0.42 *	0.56 *
	莫利纳	0.10	−0.23	0.59 *	0.44 *	0.39 *	0.66 *
城市化（用地）	拉·塔	−0.02	0.16	0.44 *	0.42 *	0.31 *	0.41 *
	莫利纳	−0.02	−0.17	0.51 *	0.37 *	0.40 *	0.59 *
人均收入	拉·塔	−0.36 *	−0.19	0.24	0.03	0.05	0.11
	莫利纳	−0.21	−0.40 *	0.30 *	0.10	0.16	0.15
经济活力	拉·塔	−0.28 **	−0.08	0.50 *	−0.92 *	0.29 **	0.28 **
	莫利纳	−0.15	−0.36 *	0.52 *	0.30 *	0.32 *	0.40 *
就业结构	拉·塔	0.13	0.07	−0.36 *	−0.25 **	−0.23	−0.40 *
	莫利纳	0.10	0.28 **	−0.40 *	−0.20	−0.21	−0.47 *
受教育水平	拉·塔	−0.12	−0.05	0.38 *	0.30 *	0.23	0.50 *
	莫利纳	−0.11	−0.28 **	0.44 *	0.17	0.22	0.48 *
选举制度	拉·塔	−0.82 *	−0.89 *	−0.89 *	−0.75 *	−0.60 **	−0.76 *
	莫利纳	−0.67 *	−0.89 *	−0.85 *	−0.85 *	−0.83 *	−0.79 *

注：＊表示统计显著性达到 5% 水平（单侧检验），＊＊表示统计显著性达到 10% 水平（单侧检验）。

资料来源：「社会・人口統計体系」、政府統計の総合窓口ホームページ、https：//www.e-stat. go.jp/stat-search/files？page＝1&toukei＝00200502；「選挙関連資料　衆議院議員総選挙・最高裁判所裁判官国民審査結果調」、総務省ホームページ、https：//www.soumu.go.jp/senkyo/senkyo_s/data/ shugiin/ichiran.html。

表 10　经济、社会领域的回归分析：日本选举制对政党体系影响能力的横向对比

影响因素	指数	第 44 届	第 45 届	第 46 届	第 47 届	第 48 届	第 49 届
GDP	拉·塔			0.22	0.13	0.08	0.10
	莫利纳			0.22	0.11	0.13	0.20
失业率	拉·塔	0.25	0.21	0.09	0.25	0.15	0.22
	莫利纳	0.19			0.08 **	0.07	0.16
老龄化程度	拉·塔			0.43	0.30	0.28	0.22
	莫利纳		0.09	0.25	0.13	0.16	0.23

续表

影响因素	指数	第 44 届	第 45 届	第 46 届	第 47 届	第 48 届	第 49 届
城市化 （人口）	拉·塔			0.37	0.30	0.18	0.31
	莫利纳			0.35	0.20	0.16	0.44
城市化 （用地）	拉·塔			0.19	0.17	0.10	0.17
	莫利纳			0.26	0.13	0.16	0.35
人均收入	拉·塔	0.12					
	莫利纳		0.16	0.09			
经济活力	拉·塔	0.08 **		0.25	0.85	0.08	0.08
	莫利纳		0.13	0.27	0.09	0.10	0.16
就业结构	拉·塔			0.13	0.06		0.16
	莫利纳		0.08 **	0.16			0.23
受教育水平	拉·塔			0.14	0.09		0.25
	莫利纳		0.08 **	0.19			0.23
选举制度	拉·塔	0.68	0.80	0.79	0.56	0.36 **	0.57
	莫利纳	0.45	0.79	0.73	0.72	0.69	0.62

注：** 表示统计显著性达到 10% 水平（单侧检验）。

资料来源：「社会·人口統計体系」、政府統計の総合窓口ホームページ、https：//www. e-stat. go. jp/stat-search/files？page＝1＆toukei＝00200502；「選挙関連資料　衆議院議員総選挙·最高裁判所裁判官国民審査結果調」、総務省ホームページ、https：//www. soumu. go. jp/senkyo/senkyo_s/data/shugiin/ichiran. html。

　　观察表 9 可知，首先，从横向来看，与各项经济、社会因素相比，选举制度与政党体系间的相关关系更密切。其次，就相关关系稳定性而言，选举制度具有十分明显的稳定性，关联水平始终保持在 60% 及以上。经济、社会因素与政党体系间的相关关系具有两个特点：①关联性不断加强，以 2012 年第 46 届大选为界，此前两届大选中，各项经济、社会因素与政党体系间的关联性极其微弱，而此后的 4 届大选（包括第 46 届）中，各项经济、社会因素与政党体系间的关联密切程度有了显著的提升；②各项经济、社会因素中，不存在某一项能够与政党体系保持稳定联系的因素，往往是在某届大选中某项因素与政党体系表现出强烈的相关关系，而在下一届大选时其相关关系又变得极其微弱。最后，在置信度水平上，量化分析所包含的全部 6 届大选中，选举制度与政党体系间的相关关系均通过了置信度检验，而没有一项经济、社会因素与政党体系间的相关关系能够通过全部的 6 次置信度检验。由此可以看出，虽然在某届选举中可能会出现比选举制度与政党体系之间关联更密切的经济、社会因素，但这种关联性并不稳定，因此无法确定下一届选举中这项相关关系会不会继续存在；相比经济、社会因素，选举制度与政党体系之间的关系不仅是强烈的，而且是稳定的、长期的。表 10 中回归分析的 R^2 也显示，选举制度对政党体系变动的解释能力明显强于各项经济、社会因素，所有经济、社会因素中仅有一项的 R^2 超过了 0.5，而选举制度对政党体系变动的解释比例仅有两次没有达到 50%。

　　进一步而言，通过对比表 9、表 10 中分别以"拉克索·塔格佩拉指数"和"莫利纳指数"计算的选举有效政党数，可以发现，在经济、社会因素与政党体系相关关系方面，前者的计算结果所显示出的相关性明显强于后者，说明社会、经济因素与参选政党数量之间的关联性要强于与第一大党优势程度的关联性。这一点在 R^2 中亦得到体现，即经济、社会因素解释参选政党数量变化的能力强于解释第一大党得票率变动的能力。但在选举制度与政党体系关系方面，情况刚好相反，"莫利纳指数"计算结果更具说服力。这也证明了选举制度与最大党优势之间的关联性强于参选政党数量，且就 R^2 而言，相较参选政党数量，选举制度更擅长解释最大党实力的变化。

（四）选举制度对政党体系影响能力的纵向对比

　　纵向对比指的是选举制度中不同类型之间的对比，如中选区制，即单记不可转移投票制——限制性投票制的特例。限制性投票制与相对多数决定制一样，选民投票给候选者个人，票数最多者当选；两者的不同之处在于，选民手中的选票数量小于选区规模，且两者之间差距越大，限制性投票制的实际结果就越远离相对多数决定制而靠近比例代表制，利普哈特将这种制度定位为准比例代表制。当限制性投票制下的选民手中选票数量为 1 时，就变成了单记不可转移投票制。而中选区时代，日本各选区的平均规模为4个①，与之匹配的单记不可转移投票制，属于准比例代表制范畴。

　　1994年开展选举体制改革后，混合制下的众议院大选共举行了9届，为保证采样均衡，中选区制的相关数据选取自最靠近1994年的9届大选。此处选择的政党体系量化标准为议会有效政党数，因为相比选举有效政党数，议会有效政党数更接近政党体系实际情况。分别对政党体系与中选区制和混合选举制的关联性进行相关分析与回归分析，具体结果见表11。

表11　选举制度对政党体系的影响力纵向对比

选举制度	相关系数		R^2	
	拉克索·塔格佩拉指数	莫利纳指数	拉克索·塔格佩拉指数	莫利纳指数
中选区制	−0.47	−0.59**		0.35**
混合制	−0.57**	−0.87*	0.33**	0.76*

　　注：*表示统计显著性达到5%水平（单侧检验），**表示统计显著性达到10%水平（单侧检验）。

　　资料来源：张鑫：《混合选举制度对政党体系之影响：基于德国和日本的比较研究》，天津人民出版社，2018，第160~161、183页；「選挙関連資料　衆議院議員総選挙·最高裁判所裁判官国民審査結果調」、総務省ホームページ、https://www.soumu.go.jp/senkyo/senkyo_s/data/shugiin/ichiran.html。

　　表11中相关分析与回归分析的结果显示，选举制度非比例性与议会有效政党数为负相关，随着选举制度非比例性上升，议会有效政党数将减少。比较相关系数绝对值可以发现，中选区制与政党体系的关联密切程度明显小于混合选举制。而且，在中选区制下，以"拉克索·塔格佩拉指数"计算的结果并没有通过置信度检验，说明现实中二者是否真的存在相关关系是不能确定的。在混合选举制下，无论以何种方式计算的有效政党数，均表现出与选举制度存在强相关关系，并且通过了置信度检验，其中以"莫利纳指数"计算的有效政党数与选举制度非比例性之间甚至达到了87%的反向变动相关，置信度达99.99%以上。此外，回归分析的R^2显示，在以"莫利纳指数"计算的情况下，混合选举制对政党体系变动的解释比例能够达到76%，而中选区制对此的解释能力却连混合选举制

---

　　①　日本中选区的议席规模具体包括2个、3个、4个、5个、6个，平均数为4个。

的一半都不能达到。

概言之，混合选举制对日本一党优势体系的影响能力强于中选区制，混合选举制的非比例性越大，优势政党的地位越稳固。

三 混合选举制对日本政党体系的影响力方向评析

本文将从三个方面对混合选举制的影响力方向进行研究，分别是"有效政党折损率"、议席分配方式和混合制结合方式。

（一）量化标准创新

为加强量化研究的针对性，本文希望设计一个新的选举制度评价指标——有效政党折损率，即在从选举有效政党向议会有效政党转换的过程中有效政党的消耗程度，计算公式为：

$$LP = 1 - \frac{\sum V_i^2}{\sum S_i^2} \qquad (4)$$

V_i 表示第 i 个政党的得票率，S_i 表示第 i 个政党的议席率。

这一新的量化标准的研究意义在于：当存在两个选举有效政党数或议会有效政党数接近[1]的选举制度时，单纯比较某单一类型的有效政党数已不再能够获得关于"选举制度的政党体系倾向"的结论，"有效政党折损率"通过计算有效政党从得票向议席转换过程中被折损的程度，可揭示出该选举制度实际的政党体系倾向。"有效政党折损率"越高，选举制度的大党偏向性越强，意味着它将发挥巩固优势政党体系的作用；"有效政党折损率"越低，说明该选举制度给予小党的生存空间越大，有利于维持均势政党体系。

这一指标的理论依据是票形分布与议席分配的非比例性，迪维尔热与

---

[1] 不同类型的选举制度，由于各项具体规则的设计不同，有可能在计算中表现出相近甚至相同的有效政党数。下文的核心思路就是改变选举制度中的某个组成元素，以考察选举效果和政党体系效果的相应变化。

雷伊都分别在其著作中对此进行过论述。迪维尔热的解释基础是"心理因素"与"机械因素"，雷伊则把它们称为"基部效应"与"末端效应"，[①] 但两位学者强调的都是"投票—计票—分配"这一流程中影响力的累加。如前所述，在迪维尔热的逻辑里，在相对多数决定制下选民在第一轮的投票主要受自身"心理因素"影响，如对选票浪费的担心以及对最大化影响选举结果的期待等。选举有效政党数正是在这一环节中产生，因此它主要受到"心理因素"的影响。而下一阶段，影响"计票—分配"过程所产生的议会有效政党，除了上一阶段的"心理因素"外，还叠加了本环节中的"机械因素"。就本质而言，"机械因素"涉及的主要内容就是"得票—议席"的转化方法。在各党得票数已定的情况下，不同"得票—议席"转化方法会使最终议席的分配结果大不相同。本文设计的"有效政党折损率"测量的便是这种"机械因素"的影响力水平，也就是考察选举制度中"得票—议席"转化方法的相关设计是如何作用于政党体系最终形态的。

"偏差度贡献率"是本文为评价"选举制度对某个单一政党的偏袒或歧视程度"而设计的量化标准，其含义是选举结果中某一政党的"得票—议席"偏差程度，计算公式为：

$$CD_x = \frac{(V_x - S_x)^2}{\sum (V_i - S_i)^2} \tag{5}$$

V_x 表示政党 x 的得票率，S_x 表示政党 x 的议席率；V_i 表示第 i 个政党的得票率，S_i 表示第 i 个政党的议席率。

"偏差度贡献率"的可行性依据来自前文提及的最小平方数，也就是"加拉格尔指数"。其原理是，以各党"得票—议席"偏差度加权求和获得的选举制度非比例性，除单个政党"得票—议席"偏差度的平方，能够得出大选中该党的比例性偏差度在由具体制度设计所造成的整个选举制度非比例性中所占的比重。这一新的量化标准的研究意义在

---

① Maurice Duverger, *Political Parties: Their Organization and Activity in the Modern State*, New York: Wiley, 1963, p. 226; Douglas Rae, *The Political Consequences of Electoral Laws*, pp. 67-68.

于，当不同的选举制度呈现出相近的非比例性时，"偏差度贡献率"在计算各党偏差程度的基础上，可以确定选举制度实际的政党体系倾向。假如大党的贡献率远高于小党，说明此选举制度明显偏袒大党，它发挥着巩固优势政党体系的作用；假如大党、小党的贡献率较均衡，则说明选举制度基本能够做到对待各党"一视同仁"，有利于维持均势政党体系（见表12）。

表 12　混合选举制下的"有效政党折损率"与最大党"偏差度贡献率"

单位：%

届次	有效政党折损率		最大党"偏差度贡献率"
	拉克索·塔格佩拉指数	莫利纳指数	
第 41 届	27.94	33.45	61.74
第 42 届	30.33	40.85	72.53
第 43 届	20.31	25.29	68.55
第 44 届	29.28	43.29	71.28
第 45 届	33.33	40.47	81.21
第 46 届	50.00	59.11	83.96
第 47 届	41.26	47.41	80.25
第 48 届	41.84	47.60	78.43
第 49 届	31.03	38.70	83.38
平　均	33.93	41.77	75.70

资料来源：张鑫：《混合选举制度对政党体系之影响：基于德国和日本的比较研究》，天津人民出版社，2018，第 160~161、183 页；「選挙関連資料　衆議院議員総選挙·最高裁判所裁判官国民審査結果調」、総務省ホームページ、https：//www.soumu.go.jp/senkyo/senkyo_s/data/shugiin/ichiran.html。

（二）选区类型

为对混合选举制影响政党体系的方向有一个整体把握和判断，本文优先比较了日本过去曾经实行的大选区制和中选区制的"有效政党折损率"与最大党"偏差度贡献率"（见表13）。

表 13　日本大选区制和中选区制下的"有效政党折损率"与最大党"偏差度贡献率"

单位：%

届　次	有效政党折损率		最大党"偏差度贡献率"	届　次	有效政党折损率		最大党"偏差度贡献率"
	拉克索·塔格佩拉指数	莫利纳指数			拉克索·塔格佩拉指数	莫利纳指数	
第 22 届	25.96	28.25	66.92	第 32 届	25.60	27.74	84.13
第 23 届	4.29	11.30	51.27	第 33 届	21.47	19.35	70.30
第 24 届	23.90	37.54	90.20	第 34 届	20.70	19.03	43.01
第 25 届	9.47	10.36	54.44	第 35 届	12.00	10.98	47.53
第 26 届	6.99	15.30	49.20	第 36 届	20.12	18.00	68.26
第 27 届	7.79	10.50	26.38	第 37 届	10.74	7.30	26.35
第 28 届	11.21	4.55	53.41	第 38 届	22.75	19.99	81.18
第 29 届	16.67	6.50	43.34	第 39 届	20.06	18.25	63.76
第 30 届	15.69	9.47	65.62	第 40 届	-6.60	35.44	60.57
第 31 届	20.46	17.39	80.56	平均值	15.51	16.98	66.66

注：第 22 届实行大选区制、第 23～40 届实行中选区制，平均值为第 23～40 届中选区制下数据。

资料来源：张鑫：《混合选举制度对政党体系之影响：基于德国和日本的比较研究》，天津人民出版社，2018，第 151～154、177 页。

比较表 12、表 13 的结果可以看出，无论以"拉克索·塔格佩拉指数"还是以"莫利纳指数"计算所得的"有效政党折损率"，混合制均大于中选区制与大选区制，且最大党在混合制下的偏差度贡献水平也远超中选区制与大选区制。这说明现行的混合制是日本曾采用过的所有选举制度中"机械因素"效果最显著的，是在"计票—分配"过程中最偏向大党的选举制度，它比过去的两项制度拥有更强的一党优势体系强化能力。

接下来，本文在把混合制还原为相对多数决定制和比例代表制的基础上，展开对这一能力的详细分析。首先关注的是不同类型选区的"机械因素"强度（见表 14、表 15）。

表 14　混合选举制下不同类型选区的有效政党数

单位：个

届　次	小选区				比例代表选区				全国			
	选举有效政党数		议会有效政党数		选举有效政党数		议会有效政党数		选举有效政党数		议会有效政党数	
	拉·塔	莫利纳	拉·塔	莫利纳	拉·塔	莫利纳	拉·塔	莫利纳	拉·塔	莫利纳	拉·塔	莫利纳
第 41 届	3.83	2.65	2.36	1.59	4.27	3.31	3.84	3.03	4.08	2.96	2.94	1.97
第 42 届	3.77	2.38	2.36	1.42	5.15	4.03	4.72	3.57	4.55	3.06	3.17	1.81
第 43 届	2.97	2.27	2.29	1.65	3.42	2.99	3.03	2.56	3.25	2.61	2.59	1.95
第 44 届	2.71	2.03	1.77	1.10	3.72	2.70	3.15	2.33	3.21	2.31	2.27	1.31
第 45 届	2.65	2.07	1.70	1.13	3.66	2.25	2.91	1.93	3.15	2.15	2.10	1.28
第 46 届	3.83	2.12	1.57	1.03	5.83	4.24	4.95	3.50	4.90	2.91	2.45	1.19
第 47 届	3.25	1.81	1.69	1.06	4.97	3.26	4.14	2.69	4.12	2.32	2.42	1.22
第 48 届	3.40	1.76	1.71	1.05	4.85	3.24	4.20	2.72	4.29	2.29	2.46	1.20
第 49 届	3.01	1.92	2.12	1.20	4.89	3.02	3.88	2.36	3.90	2.30	2.69	1.41
平均值	3.27	2.11	1.95	1.25	4.53	3.23	3.87	2.74	3.93	2.55	2.57	1.48

资料来源：张鑫：《混合选举制度对政党体系之影响：基于德国和日本的比较研究》，天津人民出版社，2018，第 160~161、183 页；「選挙関連資料　衆議院議員総選挙·最高裁判所裁判官国民審査結果調」、総務省ホームページ、https：//www.soumu.go.jp/senkyo/senkyo_s/data/shugiin/ichiran.html。

表 15　混合选举制下不同类型选区的"有效政党折损率"

单位：%

届　次	小选区		比例代表选区		全国	
	拉克索·塔格佩拉指数	莫利纳指数	拉克索·塔格佩拉指数	莫利纳指数	拉克索·塔格佩拉指数	莫利纳指数
第 41 届	38.38	40.00	10.07	8.46	27.94	33.45
第 42 届	37.40	40.34	8.35	11.41	30.33	40.85
第 43 届	22.90	27.31	11.40	14.38	20.31	25.29
第 44 届	34.69	45.81	15.32	13.70	29.28	43.29
第 45 届	35.85	45.41	20.49	14.22	33.33	40.47
第 46 届	59.01	51.42	15.09	17.45	50.00	59.11

续表

届　次	小选区		比例代表选区		全国	
	拉克索·塔格佩拉指数	莫利纳指数	拉克索·塔格佩拉指数	莫利纳指数	拉克索·塔格佩拉指数	莫利纳指数
第 47 届	48.00	41.44	16.70	17.48	41.26	47.41
第 48 届	49.71	40.34	13.40	16.05	41.84	47.60
第 49 届	29.57	37.50	20.65	21.85	31.03	38.70
平均值	39.50	40.93	14.61	14.98	33.93	41.77

资料来源：张鑫：《混合选举制度对政党体系之影响：基于德国和日本的比较研究》，天津人民出版社，2018，第 160~161、183 页；「選挙関連資料　衆議院議員総選挙·最高裁判所裁判官国民審査結果調」、総務省ホームページ、https：//www.soumu.go.jp/senkyo/senkyo_s/data/shugiin/ichiran.html。

　　从有效政党数的绝对值来看，小选区内基本已经建立了稳定且显著的一党优势体系；而在比例代表选区，以最能反映政党实力差距真实情况的"莫利纳指数"计算的议会有效政党数，也以几乎全部大于 2 的数值传递着本选区内至少存在两个政党且实力均衡的信息。整个众议院全部议席的分配情况则明显与小选区接近，拥有一个优势显著的最大党，但在选票分布上相较前者集中程度有所降低。

　　在从选举有效政党向议会有效政党转化的过程中，小选区造成了比比例代表选区更多的有效政党损耗，小选区的政党损耗是比例代表选区的 2~3 倍。也就是说，小选区政党的选民意志代表性弱于比例代表选区，小选区被忽视选民所占比例比比例代表选区多 1 倍有余。整个混合选举制下的有效政党折损情况明显受小选区影响更甚。以实际政党数量为标准，大约有 33% 的政党没能在议会中获得与其选票相称的议席；以政党实力差距为标准，相比得票率，最大党与其他政党的议席率差距增加了 42%，甚至超越了小选区下的水平。在这种程度的"有效政党折损率"之下来看全国层面的有效政党，已从选举时实力相对接近的 2 个变成议会中优势明显的 1 个。由此说明，混合选举制造成了不少数量的有效政党损耗且大部分产生于小选区，受此影响，议会实际能够代表的民意减少了 30% 以上，这有利于大党确立并保持优势。

接下来，以政党"偏差度贡献率"具体考察不同实力政党对混合选举制非比例性的贡献水平（见表16）。

表16　混合选举制下不同实力政党的"偏差度贡献率"

单位：%

届　次	选区类型	非比例性	第一大党贡献率	第二大党贡献率	最小党贡献率	贡献率极差
第41届	全国选区	10.89	61.74(−)	4.32(−)	4.88(+)	61.03
	小选区	16.00	61.22(−)	3.13(−)	0.16(+)	61.06
	比例代表选区	3.59	18.77(−)	15.52(−)	3.14(+)	47.13
第42届	全国选区	11.53	72.53(−)	0.00(−)	0.56(+)	72.53
	小选区	15.55	66.90(−)	0.20(+)	0.42(+)	66.90
	比例代表选区	2.49	63.41(−)	7.01(−)	8.52(+)	63.41
第43届	全国选区	8.51	68.55(−)	0.02(+)	0.03(+)	68.55
	小选区	10.64	65.23(−)	1.22(+)	2.84(+)	65.23
	比例代表选区	4.01	21.23(−)	35.46(−)	17.10(+)	32.99
第44届	全国选区	15.65	71.28(−)	21.18(+)	0.25(+)	71.28
	小选区	23.01	60.14(−)	34.49(+)	0.12(+)	60.14
	比例代表选区	4.65	48.95(−)	19.06(−)	8.05(+)	48.93
第45届	全国选区	15.12	81.21(−)	13.51(+)	0.02(+)	81.21
	小选区	22.51	68.11(−)	29.43(+)	0.00(+)	68.11
	比例代表选区	5.82	51.88(−)	21.91(−)	0.00(+)	51.88
第46届	全国选区	20.03	83.96(−)	6.97(+)	0.01(+)	83.96
	小选区	28.56	79.45(−)	11.67(+)	0.01(+)	79.45
	比例代表选区	3.92	53.93(−)	12.05(−)	9.92(+)	53.92
第47届	全国选区	16.31	80.25(−)	4.80(+)	0.61(+)	80.25
	小选区	22.81	72.66(−)	8.91(+)	16.51(+)	72.66
	比例代表选区	4.43	55.60(−)	3.17(−)	9.26(+)	55.60
第48届	全国选区	16.39	78.43(−)	1.05(+)	0.18(+)	78.43
	小选区	23.00	72.09(−)	19.64(+)	7.11(+)	72.09
	比例代表选区	3.67	66.11(−)	4.85(−)	4.67(+)	66.02

续表

届　次	选区类型	非比例性	第一大党贡献率	第二大党贡献率	最小党贡献率	贡献率极差
第 49 届	全国选区	11.43	83.38(-)	7.19(+)	0.34(+)	83.38
	小选区	14.73	69.14(-)	24.16(+)	4.15(+)	69.14
	比例代表选区	5.54	63.71(-)	7.61(-)	7.58(+)	63.71
平均值	全国选区	13.98	75.70(-)	6.56(+)	0.76(+)	75.62
	小选区	19.65	68.33(-)	14.76(+)	3.48(+)	68.31
	比例代表选区	4.24	49.29(-)	14.07(-)	7.58(+)	53.73

注：贡献率极差＝该届选举中对选举结果的非比例性，贡献程度最大的与最小的党的贡献率之差的绝对值。

资料来源：张鑫：《混合选举制度对政党体系之影响：基于德国和日本的比较研究》，天津人民出版社，2018，第 160~161、183 页；「選挙関連資料　衆議院議員総選挙・最高裁判所裁判官国民審査結果調」、総務省ホームページ、https://www.soumu.go.jp/senkyo/senkyo_s/data/shugiin/ichiran.html。

　　表 16 显示，在实施混合选举制后的历届日本众议院大选中，第一，最大党一直向选举结果贡献反向比例性偏差，小党则一直贡献正向偏差，在第 41 届至第 49 届日本众议院大选中，无论何种类型的选区，最大党议席率始终大于得票率，最小党议席率始终小于得票率。从结果看，混合制下的两类选区都歧视小党偏向大党。第二大党为不同类型选区提供不同方向的比例性偏差，在小选区主要贡献正向偏差，即得票率大于议席率；在比例代表选区则贡献反向偏差，议席率大于得票率。总体而言，最大党和第二大党对整体选举结果贡献反向偏差。这意味着第二大党在小选区中受歧视，在比例代表选区中受偏袒，但因小选区数量在整个混合选举制中占据主导地位，所以第二大党总体上处于被歧视地位。由此可见，大党在混合选举制下被过度代表，而小党的代表性则不足。第二，在全国层面最大党几乎都能贡献 70% 以上的比例性偏差，甚至最近 5 届（第 45~49 届），这一比例已经接近甚至超过 80%。在不同类型的选区中，最大党在小选区的"偏差度贡献率"普遍在 65% 以上，从最近 5 届的数值来看，这一水平同样提升明显。在比例代表选区，不同届次之间，最大党的"偏差度贡献率"差别较

大，范围跨越 19%~66%。第二大党的偏差度贡献率在不同选区、不同届次之间的波动极大，例如第 42 届和第 43 届大选，在全国层面第二大党几乎可以视为不存在比例性偏差，而到了第 44 届，它却贡献了 20%以上的偏差。在这 9 届大选中，第二大党对混合选举制整体的平均"偏差度贡献率"水平刚超过 5%。最小党的情况与第二大党类似，差别在于，最小党的"偏差度贡献率"虽然存在波动，但一方面不如第二大党那样剧烈，另一方面，其波动在不同选区之间的显著性胜过不同届次，以至于如果不详细区分各类选区不同情况的话，对整个混合选举制来说，小党贡献的比例性偏差基本都不超过 1%。第三，比较不同选区类型，最突出的特点莫过于，相较比例代表选区，最大党在小选区中贡献了更多的比例性偏差，9 届大选中的每一届，最大党对小选区的贡献都超过了 60%。与此相反，小党在比例代表选区中贡献了更多的比例性偏差，大多数接近 10%；而在小选区，最大值出现在第 47届议会选举，达到 17%，其余则基本都小于比例代表选区。

前文在介绍"偏差度贡献率"时提到，这一量化指标的含义从政党方向解释为不同政党的代表性偏差程度，而从选举制度方向解释则是选举制度对不同政党的偏向程度或歧视程度。所以，从选举制度一侧来重新阐释上述计算结果可以得出结论：日本混合选举制是严重偏向大党歧视小党的选举制度，且无论在小选区还是在比例代表选区，这一特征都十分突出，只是相较而言，在比例代表选区的歧视程度更轻。

（三）议席分配方式

为什么日本引入了比例代表制，其混合选举制依旧表现出显著的大党偏向，甚至超越了过去的大选区制和中选区制？日本究竟设计了一种怎样的比例代表制，使其原本能够发挥改善选举制度非比例性的功能大打折扣？

首先，对两类选举制度设置的混合比例是最直接的原因。在日本的混合选举制下，小选区和比例代表选区的议席比例长期维持在 5∶3 左右，而这一混合比例在德国的选举制度中被设定为 1∶1。由此可见，虽然比例代表制拥有强大的提升选举制度比例性的能力，但在日本它没有获得发挥空间。事实上，比例代表制不仅被限制了发挥空间，它原本具有的"强大"能力也被日本通过具体的规则设计大大削弱了。这从议席分配方式和制度联结方式即可见一斑。

从议席分配方式来看，日本依据的是顿特公式，即每一轮议席分配都将政党得票数除以 $s+1$，s 代表该党已获议席数，然后比较计算结果，数值最大的政党获得一个议席，重复此步骤，直至选区内全部议席分配完毕。顿特公式属于议席分配方法中的最大平均数法，同类型的还有圣拉居公式，其分配方式与顿特公式一致，只是每一轮的除数变为 $2s+1$，同样采用混合制的德国就使用这种分配方法。圣拉居公式还有一种改良版，即第一轮的除数规定为 1.4，其余规则不变。在现实中，改良版比原版的应用率更高。[①]

除最大平均数法外，比例代表选区的议席分配还可采用最大余数法，包括黑尔基数、族普基数和因姆皮利亚里基数。以黑尔基数为例，选区总票数除以选区规模的商即为黑尔基数，其含义是赢得本选区内一个席位所需的票数；接着，将各党得票数除以黑尔基数，所得商的整数部分为第一轮分配中该党所获议席数，如有剩余席位则进行第二轮分配，此时比较小数部分，根据剩余议席数量从大到小进行分配。族普基数和因姆皮利亚里基数的分配规则与黑尔基数一致，只不过除数分别变为选区规模+1和选区规模+2。[②]

接下来以 2021 年日本第 49 届众议院大选中东北选区的情况为例，演示 5 种议席分配方法的具体操作过程及最终结果（见表 17）。

按照表 17 演示的详细分配规则，第 49 届众议院大选各党所获议席进行重新分配（见表 18）。

---

①　Arend Lijphart, *Electoral Systems and Party Systems: A Study of Twenty-seven Democracies 1945–1990*, pp. 153–154.

②　Arend Lijphart, *Electoral Systems and Party Systems: A Study of Twenty-seven Democracies 1945–1990*, pp. 154–156.

表 17　第 49 届众议院大选中东北选区依照不同议席分配方式所得选票结果

（1）应用顿特公式的计算结果

除数	社会民主党	公明党	立宪民主党	国民民主党	自由民主党	日本共产党	日本维新会	令和新选组	NHK 党	最大值
1	101442	456287	991505	195754	1628233	292830	258690	143265	52664	1628233
	101442	456287	991505	195754	*1628233*	292830	258690	143265	52664	1628233
2	101442	456287	*991505*	195754	814117	292830	258690	143265	52664	991505
	101442	456287	495752	195754	*814117*	292830	258690	143265	52664	814117
3	101442	456287	495752	195754	*542744*	292830	258690	143265	52664	542744
	101442	456287	*495752*	195754	407058	292830	258690	143265	52664	495752
4	101442	*456287*	330502	195754	407058	292830	258690	143265	52664	456287
	101442	228144	330502	195754	*407058*	292830	258690	143265	52664	407058
5	101442	228144	*330502*	195754	325647	292830	258690	143265	52664	330502
	101442	228144	247876	195754	*325647*	292830	258690	143265	52664	325647
6	101442	228144	247876	195754	271372	*292830*	258690	143265	52664	292830
	101442	228144	247876	195754	*271372*	146415	258690	143265	52664	271372
7	101442	228144	247876	195754	232605	146415	*258690*	143265	52664	258690
	101442	228144	247876	195754	232605	146415	129345	143265	52664	*247876*
席次		1	4		6	1	1			13

注：顿特公式＝得票数/1，2，3，4，5……，选区规模＝13；斜体下划线处为该轮当选者。

（2）应用圣拉居公式（改良版）的计算结果

除数	社会民主党	公明党	立宪民主党	国民民主党	自由民主党	日本共产党	日本维新会	令和新选组	NHK 党	最大值
1.4	72459	101442	456287	991505	195754	1628233	292830	258690	143265	52664
3	72459	325919	708218	139824	1163024	209164	184779	102332	37617	1163024
	72459	325919	708218	139824	542744	209164	184779	102332	37617	708218
5	72459	325919	330502	139824	542744	209164	184779	102332	37617	542744
	72459	325919	330502	139824	325647	209164	184779	102332	37617	330502
	72459	325919	198301	139824	325647	209164	184779	102332	37617	325919
7	72459	152096	198301	139824	232605	209164	184779	102332	37617	325647
	72459	152096	198301	139824	180915	209164	184779	102332	37617	232605
9	72459	152096	198301	139824	180915	209164	184779	102332	37617	209164
	72459	152096	141644	139824	180915	97610	184779	102332	37617	198301
	72459	152096	141644	139824	180915	97610	184779	102332	37617	184779
11	72459	152096	141644	139824	148021	97610	86230	102332	37617	180915
	72459	152096	141644	139824	148021	97610	86230	102332	37617	152096
	72459	91257	141644	139824	148021	97610	86230	102332	37617	148021
席次		2	3		6	1	1			13

注：圣拉居公式（改良版）＝得票数/1.4、3、5、7、9……，选区规模＝13；斜体下划线处为该轮次当选者。

（3）应用黑尔基数的计算结果

	社会民主党	公明党	立宪民主党	国民主党	自由民主党	日本共产党	日本维新会	令和新选组	NHK党	总票数
	101442	456287	991505	195754	1628233	292830	258690	143265	52664	4120670
316975	0.32	1.44	3.13	0.62	5.14	0.92	0.81	0.45	0.17	
第一轮		1	3		5					
第二轮	0.32	0.44	0.13	0.62	0.14	0.92	0.81	0.45	0.17	
席次		1	3	1	5	1	1	1		13

注：黑尔基数=选区总票数/应选席位，选区规模=13。

（4）应用族普基数的计算结果

	社会民主党	公明党	立宪民主党	国民主党	自由民主党	日本共产党	日本维新会	令和新选组	NHK党	总票数
	101442	456287	991505	195754	1628233	292830	258690	143265	52664	4120670
294334	0.345	1.55	3.37	0.67	5.53	0.99	0.88	0.49	0.18	
第一轮		1	3		5					
第二轮	0.345	0.55	0.37	0.67	0.53	0.99	0.88	0.49	0.18	
席次		2	3	1	5	1	1			13

注：族普基数=选区总票数/（应选席位+1），选区规模=13。

（5）应用因姆皮利亚里基数的计算结果

274711	社会民主党	公明党	立宪民主党	国民民主党	自由民主党	日本共产党	日本维新会	令和新选组	NHK党	总票数
	101442	456287	991505	195754	1628233	292830	258690	143265	52664	4120670
第一轮	0.37	1.66	3.61	0.71	5.93	1.07	0.94	0.52	0.19	
		1	3		5	1				
第二轮	0.37	0.66	0.61	0.71	0.93	0.07	0.94	0.52	0.19	
				1	1		1			
席次		1	3	1	6	1	1			13

注：因姆皮利亚里基数＝选区总票数/（应选席位＋2），选区规模＝13。

资料来源：「選挙関連資料　衆議院議員総選挙・最高裁判所裁判官国民審査結果」，総務省ホームページ，https://www.soumu.go.jp/senkyo/senkyo_s/data/shugiin49/index.html。

表18　不同分配方式下各政党所获议席数量

单位：个

分配方式	自由民主党	公明党	立宪民主党	日本维新会	国民民主党	日本共产党	令和新选组	社会民主党
顿特公式	72	23	39	25	5	9	3	0
圣拉居公式	64	24	36	26	6	13	6	1
黑尔基数	62	23	36	26	8	13	7	1
族普基数	63	24	36	26	7	13	6	1
因姆皮利亚里基数	67	23	35	26	7	12	6	0

综合表18以及图2、图3的信息可以发现：①无论以何种方式分配，就议席数量而言，自民党始终是最大党，社民党始终是最小党，立宪民主党、日本维新会、公明党、日本共产党、国民民主党、令和新选组固定排名分列第2位至第7位。②依据顿特公式或因姆皮利亚里基数，能够获得议席的政党只有7个，依据其余3种分配方式则皆有8个政党可以获得议

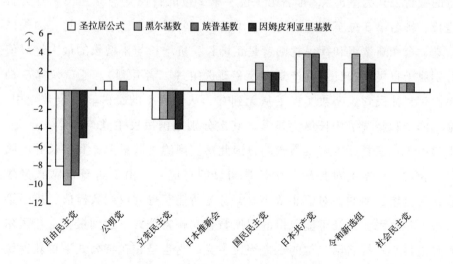

图2　不同分配方式下的议席变动

资料来源：「令和3年10月31日執行　衆議院議員総選挙・最高裁判所裁判官国民審査　速報結果」、総務省ホームページ、https：//www. soumu. go. jp/senkyo/senkyo_ s/data/shugiin49/index. html。

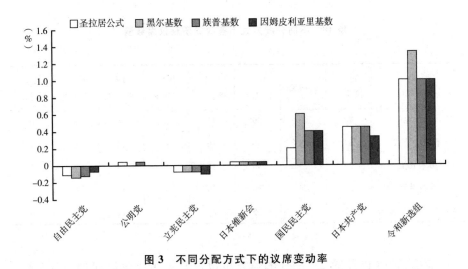

图 3　不同分配方式下的议席变动率

资料来源:「令和 3 年 10 月 31 日执行　衆議院議員総選挙・最高裁判所裁判官国民審査　速報結果」、総務省ホームページ、https：//www.soumu.go.jp/senkyo/senkyo_s/data/shugiin49/index.html。

席。③就不同分配方式下各政党所获议席数的绝对值变动而言，以日本现行的顿特公式为基准①，排名第 1 位、第 2 位的自民党与立宪民主党为负增长，排名第 3 位至第 8 位的日本维新会、公明党、日本共产党、国民民主党、令和新选组和社民党则皆是正增长，负增长与正增长的最大绝对值分别属于自民党和日本共产党、令和新选组（二者并列）。④就议席变动率而言，社民党议席数实现了从无到有、从 0 到 1 的突破。其余政党中，最小的令和新选组增长最为显著，其次分别是国民民主党与日本共产党，不过由于这三党原本就实力微弱，因此落实到绝对数量上，其增长并不明显。相反，议席绝对数量负增长最明显的自民党，由于自身议席数量较多，其负增长率的绝对值非常小。⑤各党所能获得的议席数极值，排名第一位的是自民党，其可能获得的议席数量在顿特公式下达到最大，在黑尔基数下最小；排名第二位的是立宪民主党，它也是在顿特公式下可获得议席最多，在因姆皮利亚里基数下获得的议席最少；第 3 位与第 4 位的日本维新会和公明党在不同分配方式下可获得的议席变化不大；第 5 位的日本

───────────

①　由于顿特公式作为 X 轴体现，图 2、图 3 是相对日本现行的顿特公式的席位增减。

共产党在顿特公式下明显处于劣势，而在另外 4 种分配方式下皆能取得稳定的相对高值；排名第 6 位与第 7 位的国民民主党与令和新选组都是在顿特公式下可获得议席最少，在黑尔基数下可获得议席最多；至于最小的社民党，依据顿特公式与因姆皮利亚里基数，它将无法获得任何席位，而在其余分配方式下则均能获得 1 席。⑥以各分配方式的表现来说，很明显，顿特公式偏向大党、排挤小党，黑尔基数则能够给予小党有效保护，其他 3 种分配方式既支持大党，也在不同程度上对小党表示了友好。⑦从表 18 来看，不同分配方式对议席的最终去向明显具有相当程度的影响力，以自民党为例，虽然其作为第一大党的地位未曾动摇，但依据不同的分配方式可能议席减少 10 个，占比从 41% 下降到 35%。另外，原本作为最小党的令和新选组在议会中的实力可能因为不同的分配方式扩大 1 倍；新的最小党社民党更是据此实现了议席数从 0 到 1 的跨越。由此可见，在相同票数下，不同议席分配公式对政党间实力对比产生的影响力效果显著。

接下来关注不同议席分配方式所形成的议会有效政党数和选举结果非比例性，以及"有效政党折损率"与"偏差度贡献率"（见表 19、表 20）。

表 19 不同分配方式下的有效政党数与"有效政党折损率"

议席分配方式	选举有效政党数(个)		议会有效政党数(个)		有效政党折损率(%)	
	拉·塔	莫利纳	拉·塔	莫利纳	拉·塔	莫利纳
顿特公式			3.88	2.36	20.66%	21.79%
圣拉居公式			4.50	2.82	7.98%	6.54%
黑尔基数	4.89	3.02	4.67	2.96	4.51%	1.90%
族普基数			4.57	2.89	6.55%	4.22%
因姆皮利亚里基数			4.33	2.61	11.46%	13.50%

资料来源：「令和 3 年 10 月 31 日执行　衆議院議員総選挙・最高裁判所裁判官国民審査　速報結果」、総務省ホームページ、https：//www.soumu.go.jp/senkyo/senkyo_s/data/shugiin49/index.html。

依据表 19，从有效政党数与"有效政党折损率"来看，顿特公式造成了最多的有效政党损耗，其次是因姆皮利亚里基数，说明以这两种公式分配政党议席的代表性相对较差，存在大量被忽视的选民；而在黑尔基

表 20　不同分配方式下的非比例性与"偏差度贡献率"

单位：%

议席分配方式	非比例性	自由民主党	公明党	立宪民主党	日本维新会	国民民主党	日本共产党	令和新选组	社会民主党
顿特公式	5.45	65.79(−)	0.80(−)	7.85(−)	0.06(−)	4.69(+)	7.69(+)	7.83(+)	5.28(+)
圣拉居公式	2.02	35.62(−)	19.37(−)	2.54(−)	7.14(−)	14.88(+)	0.23(−)	2.50(+)	17.73(+)
黑尔基数	1.24	10.51(−)	15.47(−)	6.75(−)	19.00(−)	0.04(−)	0.61(−)	0.45(−)	47.17(+)
族普基数	1.67	23.00(−)	28.16(−)	3.69(−)	10.38(−)	5.06(+)	0.33(−)	3.63(+)	25.76(+)
因姆皮利亚里基数	2.87	70.44(−)	2.87(−)	0.08(+)	3.53(−)	1.72(+)	1.13(+)	1.23(+)	19.00(+)

资料来源：「令和 3 年 10 月 31 日執行 衆議院議員総選挙・最高裁判所裁判官国民審査 速報結果」，総務省ホームページ，https://www.soumu.go.jp/senkyo/senkyo_s/data/shugin49/index.html。

数、族普基数和圣拉居公式下，有效政党的身份转换较为顺利，其得票率与议席率匹配程度较高。除此之外，在同一分配方式下，通过"拉克索·塔格佩拉指数"和"莫利纳指数"的"有效政党折损率"还能够看出，高有效政党折损率的议席分配方式对拉开政党实力差距的影响强于削减政党数量的影响，低有效政党折损率的议席分配方式则刚好相反，对政党数量的影响超过了对政党实力的影响。所以，日本选择的顿特公式是一种以拉开政党间实力差距为基础的损耗大量有效政党的议席分配方式。

表 20 中的"非比例性"一列显示的是各议席分配方式所造成的选举制度非比例性，虽然彼此间差距并不大，但在非比例性接近的表面之下，各个政党的代表性偏差程度差异明显，说明选举制度对不同类型政党拥有明显的"好恶"倾向。首先非常明显的是，除黑尔基数外的所有议席分配方式下，大党都贡献负偏差，小党则贡献正偏差，即前者的议席率大于得票率，后者的得票率大于议席率，前者受偏袒，后者遭歧视；只有在黑尔基数分配方式下，实力不同的各政党可获得相对平等的对待。其次，根据最大党"偏差度贡献率"，顿特公式与因姆皮利亚里基数是较为偏向大党的议席分配方式，黑尔基数是较能"一视同仁"地对待各政党的分配方式，族普基数与圣拉居公式则是对小党相对友好的分配方式。

如果进一步讨论各议席分配方式对小党的友好程度，那么，最大平均数法中的圣拉居公式胜过顿特公式，而在最大余数法下，随着基数减小，这种友好程度逐渐变弱。究其原因，在最大平均数法中，除数的增大意味着政党每赢得一个席位，就会在下一轮竞争中处于相对劣势的地位，因而有利于小党获得议席；而最大余数法的基数降低后，大党余数的增长幅度将大于小党，且基数降低导致剩余席位减少，小党依靠余数获取议席的机会相应减少，这些余数很可能代表着小党大部分甚至全部的选票，对小党而言最为不利的情况便是没有剩余议席可供分配，这意味着小党所获全部选票都成了"废票"。[①] 学界关于圣拉居公式与黑尔基数究竟哪种议席分

---

① Arend Lijphart, *Electoral Systems and Party Systems: A Study of Twenty-seven Democracies 1945-1990*, pp. 156-157.

配方式的效果更具比例性尚有争议，不过已经达成一致的是，顿特公式是所有比例代表制议席分配方式中比例性最差的，且与其他公式的差距较大。[①]

概言之，日本为其比例代表选区设计了一套公认的最不利于小党的议席分配规则，使大党在于己不利的选区类型中获得尽可能多的议席。

（四）制度联结方式

混合选举制的结合方式决定了相对多数决定制与比例代表制之间是否存在优先性以及优先性的归属，这将直接影响整个选举制度的比例性，进而影响政党体系。为考察不同结合方式的议席分配效果，本文以德国联立式混合制对 2021 年日本第 49 届众议院大选进行模拟分配，结果发现，日本若实行联立式混合制，自民党的一党独大地位将受到严重冲击（见表21、表22）。

表 21　同届大选联立式与并立式下的议席分配结果对比

单位：个

政　党	联立式席位	并立式席位	差额
自由民主党	158	261	103
立宪民主党	91	96	5
公明党	56	32	−24
日本维新会	64	41	−23
日本共产党	33	10	−23
国民民主党	20	11	−9
NHK 党	6	0	−6
令和新选组	17	3	−14
社会民主党	8	1	−7
无党派	12	10	−2
议会总席次	465	465	0

资料来源：「令和 3 年 10 月 31 日执行　衆議院議員総選挙・最高裁判所裁判官国民審査　速报结果」、総務省ホームページ、https://www.soumu.go.jp/senkyo/senkyo_s/data/shugiin49/index.html。

---

① 张鑫：《混合选举制度对政党体系之影响：基于德国和日本的比较研究》，第 54 页。

表 22 联立式与并立式下各政党代表性偏差度

单位：%

政党	得票率	联立式议席率	并立式议席率	联立式贡献率	并立式贡献率
自由民主党	41.37	33.98	55.70	44.26	81.92
立宪民主党	24.98	19.57	20.65	23.71	7.50
公明党	6.95	12.04	6.88	21.01	0.00
日本维新会	11.19	13.76	8.82	5.36	2.25
日本共产党	5.92	7.10	2.15	1.12	5.67
国民民主党	3.34	4.30	2.37	0.75	0.38
NHK 党	0.83	1.29	0.00	0.17	0.27
令和新选组	2.15	3.66	0.65	1.84	0.90
社会民主党	1.16	1.72	0.22	0.25	0.36
无党派	3.95	2.58	2.58	1.52	0.75

资料来源：「令和 3 年 10 月 31 日执行 衆議院議員総選挙·最高裁判所裁判官国民審查 速報結果」、総務省ホームページ、https：//www.soumu.go.jp/senkyo/senkyo_s/data/shugiin49/index.html。

综上，日本以并立式联结小选区与比例代表选区，使名单席位（比例选区）对选区席位的作用从联立式下的"补偿"（选举比例性）变成了"补充"（小党席位），原因就在于，政党选票失去了在议席分配过程中的优先性，相应的，比例代表原则也不能够再发挥对整个选举制度的主导作用，从而日本的并立式混合制实现了对大党相当程度的偏袒。

以上关于选举制度影响力方向的讨论，本文通过两个新设计的概念——"有效政党折损率"和"偏差度贡献率"，从选区类型、议席分配方法、混合制联结方式三个方面对日本选举制度的影响力方向做出了判断。首先，从选区类型来看，较之比例代表选区，小选区的有效政党表现出了鲜明的数量少、折损率高的特点。从实施混合选举制后日本历届众议院大选中两类选区与全国的有效政党数来看，无论是有效政党的数量还是其折损率的变化，全国整体的变动趋势始终与小选区保持一致。也就是说，由于主要受到小选区影响，日本混合选举制存在较高的"有效政党折损率"，能够直接帮助大党建立并维持自身优势。其次，基于上一条结论进一步讨论选举比例性相对较高的比例代表制在日本混合制中所发挥的具体作用，可以发现，相较小选区，比例代表选区对小党的友好程度大大提升；但在混合选举制的内部比较中，日本选择了公认比例性最差的顿特公式作为议席分配标准。比较 5 种分配方式下的最大党"偏差度贡献率"，顿特公式下，66%的选举非比例性都是自民党贡献的，高出比例性表现最佳的黑尔基数 55 个百分点；而且，在以"拉克索·塔格佩拉指数"计算的有效政党数中，顿特公式是唯一一个数值小于 4 的议席分配方式。由此说明，日本虽然设置了比例代表制，但为它选择了最偏向大党、歧视小党的议席分配方式，比例代表制所能发挥的比例性作用被一下子降至了最低。最后，本文对小选区与比例代表选区在混合选举制中的联结方式进行了讨论，也就是联立式与并立式对政党体系的影响，并得出结论：日本选择并立式制度联结方式，以"莫利纳指数"和"拉克索·塔格佩拉指数"计算的有效政党数几乎都比联立式少一半；"偏差度贡献率"也反映出，并立式混合选举制下自民党一党对选举结果非比例性的贡献程度就达到了 82%，其他所有政党的贡献率加和也"望尘莫及"，这反向说明并立式对最大党的偏袒水平也达到了 82%。这种强度的偏袒之所以能使未获半数选民支持的自民党作为"人造多数"执政，是因为它牺牲了大量小党选民的代表性，将代表性向自民党转移。日本民众或许会突然发现，经过选举制度的一通操作，自己正在被自己并没有投票的政党所代表。

综上所述，小选区对整个日本混合选举制发挥着主导作用，该选举制度拥有较高的"有效政党折损率"，有利于大党维持优势；虽然比例代表选区的设置在一定程度上为混合制提供了比例性，但由于日本采用顿特公式的议席分配方式并叠加并立式的制度联结方式，比例代表选区所能发挥的提升选举比例性作用被一下子降至最低，比例代表制的象征意义远大于实际意义，小党名义上获得的发展空间在具体的制度设计中被压缩至最小。因此，并立式混合制对自民党的一党优势体系发挥着极大的正向巩固作用。

四 选举政治学视角下自公联盟的韧性分析

如前所述，混合选举制对当前日本的一党优势体系具有强化能力。因此，理论上，只要自民党不经历颠覆性选举制度改革或自身陷入分裂，其优势地位就能一直延续。既然如此，自民党为何还愿意与公明党长期维持结盟关系？本文将从选举政治学角度进行简要分析。

（一）投票率

二战后至今，日本共进行了 28 次众议院选举，其投票率变化如图 4 所示。

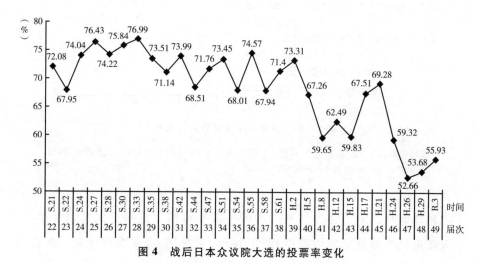

图 4　战后日本众议院大选的投票率变化

注：横轴第一行为选举时间，其中 S 代表昭和，H 代表平成，R 代表令和；第二行为选举届次。1963 年，投票时间延长 2 小时，截至晚间 8 点。1980 年和 1986 年众参两院同日选举。从 1996 年开始，实行小选区比例代表并立制。从 2000 年开始，投票时间延长 2 小时，截至晚间 8 点。从 2005 年开始，推行预先投票制度。从 2017 年开始，选举权年龄下调至 18 周岁以上。

资料来源：「選挙結果　国政選挙における投票率の推移」、総務省ホームページ、https://www.soumu.go.jp/senkyo/senkyo_s/news/sonota/ritu/index.html。

显而易见，日本民众的投票热情逐渐减弱。排除对选举不感兴趣、投票日有工作或其他行程安排以及生病等选民一侧的理由外，从政党一侧来看选民不投票的原因，按照受访者占比从高到低分别有：①没有合适的政

党或候选人；②政党政策、候选人形象雷同，没有自己的特色；③选举无
法改变当前政治现状；④投票与否不会对最终结果造成影响；⑤没有支持
的政党候选人（见图 5）。

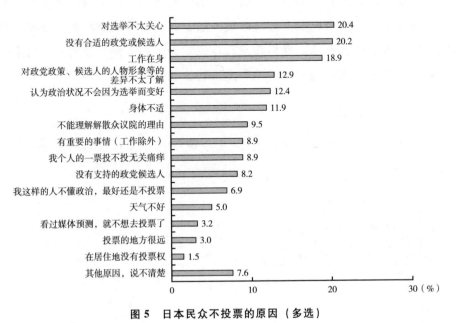

图 5　日本民众不投票的原因（多选）

资料来源：　「目で見る投票率」、総務省ホームページ、2022 年 3 月、https：//
www. soumu. go. jp/main_content/000696014. pdf.

具体就自民党而言，其支持者的年龄相对偏大，而相比其他年龄段，
中老年选民本身就具有更高的投票积极性（见图 6）。这意味着，在投票
率整体下滑的背景下，自民党选民流失相对较少。

尽管如此，自民党也无力通过"增量竞争"来争取选民，只能进行
"存量竞争"，即自民党需要尽量争取还保有政治热情的民众。日本当前
的选举制度赋予了自民党极大优势，完全足够其维持地位和执掌政权，那
么自民党是否不再需要继续扩大选举优势呢？答案当然是否定的，因为选
民不投票，除自身原因外，更多是因为不满意选举结果和政治现状。换言
之，他们不是一群对政治漠不关心、觉得无所谓的民众，只是不满于当下
而已。对自民党来说，他们是"沉默的反对派"，随时有可能"吵闹"起

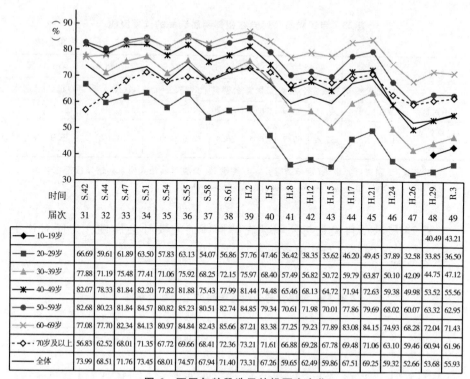

	S.42	S.44	S.47	S.51	S.54	S.55	S.58	S.61	H.2	H.5	H.8	H.12	H.15	H.17	H.21	H.24	H.26	H.29	R.3
时间																			
届次	31	32	33	34	35	36	37	38	39	40	41	42	43	44	45	46	47	48	49
10~19岁																		40.49	43.21
20~29岁	66.69	59.61	61.89	63.50	57.83	63.13	54.07	56.86	57.76	47.46	36.42	38.35	35.62	46.20	49.45	37.89	32.58	33.85	36.50
30~39岁	77.88	71.19	75.48	77.41	71.06	75.92	68.25	72.15	75.97	68.40	57.49	56.82	50.72	59.79	63.87	50.10	42.09	44.75	47.12
40~49岁	82.07	78.33	81.84	82.20	77.82	81.88	75.43	77.99	81.44	74.48	65.46	68.13	64.72	71.94	72.63	59.38	49.98	53.52	55.56
50~59岁	82.68	80.23	81.84	84.57	80.82	85.23	80.51	82.74	84.85	79.34	70.61	71.98	70.01	77.86	79.69	68.02	60.07	63.32	62.95
60~69岁	77.08	77.70	82.34	84.13	80.97	84.84	82.43	85.66	87.21	83.38	77.25	79.23	77.89	83.08	84.15	74.93	68.28	72.04	71.43
70岁及以上	56.83	62.52	68.01	71.35	67.72	69.66	68.41	72.36	73.21	71.61	66.88	69.28	67.78	69.48	71.06	63.10	59.46	60.94	61.96
全体	73.99	68.51	71.76	73.45	68.01	74.57	67.94	71.40	73.31	67.26	59.65	62.49	59.86	67.51	69.25	59.32	52.66	53.68	55.93

图 6　不同年龄段选民的投票率变化

注：横轴第一行为选举年份，其中 S 表示昭和，H 表示平和，R 表示令和；第二行为选举届次。

资料来源：「選挙結果　衆議院議員総選挙における年代別投票率の推移」、総務省ホームページ、https://www.soumu.go.jp/senkyo/senkyo_s/news/sonota/nendaibetu/index.html。

来，并聚集于在野党周围向自己的执政地位发起挑战。当然，自民党可以通过将本党立场不断向中间靠拢来迎合选民，但除此之外，借用外力、通过组建政党联盟来扩大基本盘，对自民党维持优势地位、保障政权稳定同样效果显著。这就使得以创价学会为稳定后援、长期维持约 700 万张"铁票"的公明党的角色日益重要，也使自民党愿意长期维持与公明党的执政联盟。

（二）合作收益

公明党的选民基础是创价学会，公明党尽管无法吸收其他选票，但拥有稳固的选民基本盘，换言之拥有强大的固票能力（见表 23）。

表 23   自民党与公明党在相邻两届选举的选票流向

单位：%

选区类型	第 44 届		第 45 届		第 46 届		第 47 届		第 48 届		第 49 届	
	自民党	公明党	自民党	公明党	自民党	公明党	自民党	公明党	自民党	公明党	自民党	公明党
小选区	73.4	36.4	41.1	52.9	76.4	64.2						
比例代表选区	71.0	75.3	37.6	69.7	70.5	76.4	82.6	90.5	83.4	87.3	76.9	83.3

资料来源：「調査研究事業（意識調査）　衆院選」、公益財団法人明るい選挙推進協会ホームページ、http：//www.akaruisenkyo.or.jp/060project/066search/。

表 24 展示了自民党与公明党支持群体的主要社会属性，为使对比更加直观，本文设计了漏斗图形态的统计表格。

表 24   自民党与公明党选民的主要社会属性

单位：%

公明党	自民党	社会属性	社会属性	自民党	公明党
5.01	39.48	男性	女性	38.63	6.83
6.61	35.65	18~29 岁	30~39 岁	34.23	5.68
6.03	36.08	40~49 岁	50~59 岁	38.88	5.65
5.52	39.42	60~69 岁	70~79 岁	43.55	6.63
5.83	45.84	80 岁及以上	大都市	35.82	6.41
5.87	37.76	人口 20 万以上	人口 10 万以上	40.59	5.75
4.92	42.24	人口不足 10 万	村镇	40.29	5.19
10.83	42.34	初中	高中	40.02	6.76
4.94	37.37	专业技术学校	大学、研究院	37.21	3.10
4.74	45.18	经营者	正式职员	38.03	5.40
6.45	35.23	派遣职员	钟点工	38.46	8.25
5.38	37.88	学生	家庭主妇(夫)	38.73	6.19
6.07	39.53	未就业者	农林渔业	55.09	4.41
3.35	43.19	保安业	运输、通信业	35.81	5.51
7.60	40.51	制造业	销售、服务业	39.22	5.74
3.57	35.48	专业性工作	事务性工作	33.94	3.53

资料来源：「調査研究事業（意識調査）　衆院選」、公益財団法人明るい選挙推進協会ホームページ、http：//www.akaruisenkyo.or.jp/060project/066search/。

据表 24 可知：第一，性别方面，自民党的相对优势存在于男性选民群体，而公明党的相对优势存在于女性选民群体；第二，年龄上，自民党明显在老年群体中更受支持，而公明党比较受中年、青年群体的欢迎；第三，学历方面，两党支持群体的互补性不强，二者均在低学历人口中拥有更广泛的选民基础；第四，从就业形态来看，自民党支持者大多工作稳定、收入可观，而公明党的支持者中为生计忙碌奔波者居多；第五，具体工作内容上，自民党在从事第一产业的劳动力群体中人气显著，公明党支持者的职业分布则较为零散；第六，在都市与乡镇的比较中，自民党的支持率基本随着城市化水平的提升而降低，而公明党则是偏城市型政党。综上可见，在自民党相对薄弱的领域，公明党可以提供支援力量。换言之，从选民的社会属性来看，自民党与公明党可以说是互补型合作伙伴。

在分析了公明党作为合作对象的适配性后，还可关注一下两党具体的合作形式与合作效果。自公联盟选举合作的最主要实现渠道是"分裂投票"，包括小选区与比例代表选区的分裂和支持政党与投票政党的分裂。混合选举制下的两票制使选民能够通过分别选择候选人和政党来充分表达自己的政治偏好。而对政党来说，这一制度给了它们进行选票操纵的空间，即组建联盟人为干预"分裂投票"，号召选民在非本党优势或本党不参与提名的选区将选票投给自己的合作政党，换取对方在本党优势选区提供支持。表 25 统计了日本第 44~49 届大选中自民党与公明党之间的"分裂投票"情况。

表 25　自民党与公明党选民在不同类型选区的"分裂投票"

单位：%

		第 44 届		第 45 届		第 46 届		第 47 届		第 48 届		第 49 届	
		比例代表选区											
		自民党	公明党	自民党	公明党	自民党	公明党	自民党	公明党	自民党	公明党	自民党	公明党
小选区	自民党	81.9	8.4	71.7	8.4	76.0	6.2	73.7	6.2	76.3	7.8	69.0	9.8
	公明党	21.9	68.8	10.6	80.9	10.0	81.3	10.2	81.8	10.3	85.3	9.6	76.9

资料来源：「調査研究事業（意識調査）　衆院選」、公益財団法人明るい選挙推進協会ホームページ、http://www.akaruisenkyo.or.jp/060project/066search/。

如表 25 显示，公明党具有很高的"分裂投票"比例，且其"分裂选票"大多在小选区流向了自民党。公明党尚不具备在每个小选区都参与提名的能力，因此很多小选区存在公明党的"赋闲"选民，而混合选举制引发的"分裂投票"及其推动的政党联盟给了公明党"重用"这些"赋闲"选民的机会。与此同时，自民党也会在比例代表选区动员自己的选民支持公明党。在这6届大选中，公明党流向自民党的"分裂投票"率分别是70%、52%、53%、56%、70%、42%，平均为57%；而自民党流向公明党的"分裂投票"率是46%、30%、26%、24%、33%、32%，平均为32%。对于平均每届都有10个政党参与的众议院大选而言，这样形态的"分裂投票"已经说明了自公两党的选举合作程度。

以支持政党和投票政党的分裂来衡量的选民忠诚度更能直观地展示自公联盟在选举合作中的受益。理想状态下，选民忠诚度越接近100%越好，无论小选区还是比例代表选区，都期待选民尽可能做到言行一致。然而现实中，如上文所提及的，公明党在小选区的一些"赋闲"选民根本没有机会向本党表露忠心，所以无论这部分选民的内心多么坚定，只要参与投票必然会被标记为不忠诚选民。既然如此，可以动员他们向自民党投票，间接支持公明党，这表面来看是"背叛"行为，实际上完全是两党应对混合制的选举策略，将原本闲散的本党选民聚集起来，号召其为自己的合作对象投票，争取联盟收益之和最大化。第44~49届大选便能反映出自民党与公明党这种选举合作策略的实际效果（见表26）。

表26 自民党与公明党选民在支持政党与投票政党间的"分裂投票"

单位：%

届次		第44届		第45届		第46届		第47届		第48届		第49届	
支持政党		投票政党												
		自民党	公明党	自民党	公明党	自民党	公明党	自民党	公明党	自民党	公明党	自民党	公明党
小选区	自民党	74.3	0.8	57.3	1.7	88.0	1.4	87.6	1.8	87.3	1.3	88.7	0.5
	公明党	41.1	32.1	42.9	38.1	27.2	67.9	21.7	70.7	29.1	61.6	40.9	56.1
比例代表选区	自民党	70.5	4.1	53.2	2.8	81.6	4.9	80.2	3.7	80.2	5.3	78.5	5.7
	公明党	3.6	87.5	3.2	81.0	5.0	91.3	3.3	91.2	3.5	91.8	9.1	89.4

资料来源：「調査研究事業（意識調査）　衆院選」、公益財団法人明るい選挙推進協会ホームページ、http://www.akaruisenkyo.or.jp/060project/066search/。

如表 26 所示，在小选区，公明党的"不忠诚"选民甚至超过了"忠诚选民"，这恰恰证明了公明党能够向自民党提供强有力的选举支援，帮助其巩固第一大党的优势地位。就比例代表选区而言，自民党对公明党的支持力度虽没有公明党对自民党的支持力度大，但必须考虑到，自民党实际的选民基数庞大，就比例而言虽不显著，但落实到现实中的实际选民人数对公明党而言也称得上一股强劲的支持力量。况且，对比自民党选民在小选区与比例代表选区的忠诚度可以发现，比例代表选区明显存在更多"叛变行为"，这说明即使同在全部选区都参与了提名，自民党还是愿意在公明党的相对优势选区向其提供支持。就数据层面的支持力度而言，6届大选中，在小选区，公明党对自民党的支持力度分别是 61%、69%、85%、74%、76%、93%，平均为 76%；在比例代表选区，自民党对公明党的支持力度是 14%、6%、27%、19%、27%、27%，平均为 20%。显然，两党对彼此的支持力度都在提高。概言之，自公联盟从 20 世纪 90 年代末期组成至今，即使经过了 2009～2012 年的在野期，但两党的选举合作机制逐渐成熟，联盟的稳定性持续加强，而且这种机制化的合作也将长期维持下去。

结　语

本文尝试以定量分析的研究方法，评价混合选举制对日本政党体系的影响力水平和效果。

在影响力强弱的研究中，通过横向政治制度、经济社会领域以及纵向选举制度类型领域的对比，得出结论：选举制度是政党体系在政治制度领域最强的解释变量；二者之间变动的相关性胜过经济社会领域中任何一项研究因素；相比过去的大选区制与中选区制，混合制是日本曾经采用过的选举制度中对政党体系影响能力最强的类型。因此，就水平而言，混合选举制拥有对政党体系显著的影响能力。

关于影响力的作用方向，本文进行了假设条件下的类比研究，通过计算不同选区类型、不同分配公式、不同联结方法下的"有效政党折损率"

和政党"偏差度贡献率"，得出结论：日本混合制的选区混合比例决定了小选区主导整体选举效果，有利于优势政党地位的巩固；日本采用的顿特公式议席分配方式是研究选取的 5 种议席分配公式中最偏向大党的，它限制了比例代表制提高选举比例性的功能；相较德国采用的联立式混合制，日本采用的并立式比例代表原则并不具有优先性和主导性，两种制度各自分开、独立计票，名单席位（比例选区）只作为"补充"，无法"补偿"选区席位造成的比例性偏差；并立式混合下顿特公式多次运行，大党获得的优势得以累加，最偏好大党的议席分配公式与最偏好大党的制度取结方法使比例代表制虽被引入，却对矫正畸形政党体系，推动健康政权轮替无能为力。因此，就效果而言，日本混合选举制将继续维护当前的一党优势体系。

通过这一系列分析可以判断，作为优势政党体系中优势的拥有者，自民党将是当前及未来一段时间内的既得利益者，但它依旧选择在单独半数的情况下维持与公明党的执政联盟。究其原因，投票率的低迷会动摇执政合法性，放弃投票的选民中有相当一部分并不是政治上的冷漠者，他们不是因为无所谓而不参与，相反，这正是他们表达不满的方式。对自民党而言，这批"沉默的反对派"是"危险"的，它必须最大化利用当前依旧抱有热情或热情还没有被消磨殆尽的选民扩大基本盘，以彰显自身的民意代表性。而公明党正是一个基本盘稳定、选民黏性强、动员效率高的政党，满足了自民党对外援力量的需求，通过选区层面和政党层面的"分裂投票"，自公联盟的选举战略逐渐成熟，合作收益趋于稳定。综上可以预测，混合选举制维护日本当前一党优势体系的意愿较强，自民党将继续作为单独半数政党维持与公明党的超大型联合内阁。

（审校：叶　琳）

二战后日本社会主义运动的分裂缘起*

——以日本社会党与共产党的分立建党为中心

韩前伟**

内容摘要： 自20世纪20年代起，日本社会主义者一直致力于建立统一的无产阶级政党。在1940年日本政府强制解散所有政党前，日本共产主义者与社会民主主义者围绕无产阶级政党的统一问题展开激烈斗争。二战后，盟军占领日本，推行民主改革，为日本社会主义运动的发展创造了重要的历史机遇。在此背景下，日本社会主义者纷纷行动，着手重建战前政党。在此过程中，他们再度面临无产阶级政党的统一与分裂问题。1945年8~9月，社会民主主义者与共产党人曾有过联合建立统一政党的机会。但受历史进程、民主改革、共产党人与社会民主主义者的意识形态差异、战后社会民主主义各派团结建党、共产党人的强烈信念与乐观预期等因素的综合影响，共产党人与社会民主主义者最终决定分立建党。战后建立统一社会主义政党的目标最终落空，日本社会主义运动分裂为社会党、共产党两大系统。这对战后日本的社会主义运动产生了深刻的影响。

关 键 词： 日本共产党 日本社会党 社会主义运动

日本的社会主义运动起源于19世纪末。在20世纪20年代，日本社会主义运动进入建党阶段，并大体分成共产主义与社会民主主义两大系统。

---

* 本文为2022年度山西省哲学社会科学规划课题"改革开放以来中国共产党维护政治安全的理论创新与实践探索研究"（编号：2022YJ001）的阶段性成果。

** 韩前伟，历史学博士，中共山西省委党校中共党史教研部副主任、讲师，主要研究方向为日本政治与外交、中日关系、中共党史与党建。

1922 年日本共产党成立，1926 年劳动农民党、社会民众党、日本劳农党三个主要的社会民主主义政党相继成立。劳动农民党属于社会民主主义左派，日本劳农党属于中派，社会民众党属于右派。日共因主张废除君主制与私有制，与《治安维持法》相抵触，当时属于非法秘密政党。社会民主主义三党属于合法左翼政党。此四党一并构成此后日本社会主义政党的核心谱系。三党之中，中右派的日本劳农党、社会民众党具有较浓厚的反共色彩。左派劳动农民党则主张吸纳日共，建立"统一战线党"。各党围绕无产阶级政党的统一问题展开激烈的斗争，反复分裂。二战中，近卫文麿内阁为适应"总体战"的需求，推行新体制运动，强行解散所有政党，中断了政党政治。① 1945 年 8 月日本投降后，盟军占领日本并开展民主改革，日本社会主义运动重生。在此背景下，1945 年 8~10 月，日本社会主义者进入重建政党组织的关键阶段，再度面临社会主义政党的统一与分裂问题。

当时，共产党人与社会民主主义者在组建政党问题上实际面临四种选择：一是社会民主主义右派与战前自由主义者合建一个横跨左翼与保守派的政党；二是将共产党人与社会民主主义左派皆排除在外，建立一个中右派的社会民主主义政党；三是实现社会民主主义左、中、右三派的团结，将共产党人排除在外，建立一个统一的社会民主主义政党；四是纳入共产党人，建立一个由共产主义者与社会民主主义者组成的统一的社会主义政党。最终，日本的社会民主主义者选择了第三种方案，决定与共产党人分立建党，拒绝了其余三种可能性。1945 年 11 月，战前的社会民主主义左、中、右三派联合创建日本社会党。1945 年 12 月，共产党人重建了战前的日本共产党组织。于是，战后日本社会主义运动分裂为日本社会党与日本共产党两大系统。

目前，在该问题上，学界主要梳理了日本社会党的创立与日本共产党的重建过程。② 但对战后两党的分立，即双方的战后建党构想，尚无系

---

① 大霞会编『内務省史 第 1 巻』、地方財務協会、1971、476-484 頁。

② 关于社会党成立过程与共产党重建过程，可参阅犬丸義一「戦後日本共産党の公然化・合法化」、大野節子「日本社会党の結成」、五十嵐仁編『戦後革新勢力の源流―占領前期政治・社会運動史論 1945~1948 ―』、大月書店、2007、45-64、65-87 頁；井上學「1945 年 10 月 10 日政治犯釈放」、『三田学会雑誌』2013 年 4 月号、761-776 頁。

统、清晰的分析。笔者的问题意识在于，为何战后初期社会民主主义者与共产党人在组建政党问题上选择第三种方案，而拒绝了其他三种可能性。特别是在近代日本社会主义者即追求建立统一的无产阶级政党，但在战后的民主改革中，为何社会民主主义者与共产主义者最终分道扬镳，未能建立统一的社会主义政党？战后社会民主主义者与共产党人的分立是涉及战后日本社会主义运动统一与分裂的重大问题。本文试图利用相关历史资料，实证分析战后初期双方的建党构想，以此透视战后日本社会主义运动的分裂缘起。

一　战后初期日本社会民主主义者的建党活动

1945 年 8 月，日本战败的同时，战前社会民主主义左、中、右三大党预测盟军将对日本实行民主改革，其核心人物开始谋求重建政党。①

（一）社会民众党势力的建党活动

社会民众党属于战前社会民主主义右派政党。社会民众党的核心人物西尾末广②、平野力三③、水谷长三郎④最早明确提出建立社会主义政党的

---

① 西尾末広『西尾末広の政治覚書』、毎日新聞社、1968、37 頁。

② 西尾末广（1891~1981），著名社会民主主义右派政治家，生于香川县。少年时曾在大阪陆军炮兵工厂做见习工。1915 年加入友爱会，投身工人运动，曾是日本劳动总同盟主要领导之一。1926 年参与创建社会民众党。1928 年当选众议院议员（之后包括补选在内共 15 次当选）。1945 年成为日本社会党主要创建者之一。战前西尾末广即为日本社会民主主义右派领袖，战后曾任片山内阁的国务相兼官房长官、芦田内阁的副首相，1948 年 10 月因"昭电事件"被逮捕并辞职。1960 年脱离日本社会党，另组民主社会党。

③ 平野力三（1898~1981），著名社会民主主义右派政治家，战前长期从事反共农民运动。战前创立日本农民党，二战期间曾有国家社会主义倾向。战后成为日本社会党的重要创建者之一。曾任片山内阁农林大臣，后因党内矛盾而脱离社会党，1948 年 3 月另组社会革新党。

④ 水谷长三郎（1897~1960），京都人，日本社会民主主义右派政治家。京都大学毕业，在研究生时期师从河上肇。毕业后，曾在大原社会问题研究所、立命馆大学工作。在这一时期，他翻译了马克思的《哥达纲领批判》，并与日本费边协会保持联系，作为日本农民组合的顾问律师，参与了自耕农诉讼事件。1928 年，由劳动农民党推荐参加日本历史上的首次普通选举，当选议员，成为当时最年轻的议员。之后，组建全国劳农大众党，后活跃于社会大众党。二战后，参与创建日本社会党，曾任片山内阁和芦田内阁的工商大臣。

主张，并在此后日本社会党的组建过程中发挥主导作用。[1] 故日本社会党党史将西尾末广、平野力三、水谷长三郎合称为"社会党三雄"。[2] 据西尾末广回忆，他在 1945 年 8 月 15 日得知日本战败的消息时，心情颇为复杂，"松一口气的心情、战败的悲伤、今后又当如何的不安感等，混于一体的复杂情绪"。[3] 虽说如此，但西尾毕竟是经验丰富的政治人物，他早已料定日本必将战败，故对重建日本已有所思考。"实际上，在我心中，从过去开始，已在日本必将战败这一前提下，对重建日本有所展望。"[4]于是，西尾末广从大阪乘京阪电车前往京都，寻找其政治盟友水谷长三郎，讨论了推进日本再建、重建政党与工会等构想。[5] 而在 8 月 16 日早晨，战前工会领袖前田种男[6]来访西尾末广，询问其战后行动计划。对于其构想，西尾末广谈道："总之，今后我们劳动阶级若不能协力合作，则不能再建日本。如我们劳动阶级成为主导力，则必能重建日本。"[7] 8 月 19 日，西尾末广抵达东京，与战前右派工会领袖松冈驹吉、原彪会面，并再度阐明其构想。西尾主张分工负责，自己专注于创建社会主义政党，松冈驹吉负责恢复战前工会。[8] 显然，西尾末广的建党构想有三个关键词，即社会主义政党、工会、日本重建。其核心是创建社会主义政党，同时，恢复政党的社会基础——工会，目的是在劳工阶级合作的基础上，争取掌握战后日本重建的主导权。

此外，社会民众党内的片山哲[9]势力也开始了组党活动。片山哲的组

---

① 片山哲『回顧と展望』、福村出版、1967、223–224 頁。
② 日本社会党 50 年史編纂委員会編『日本社会党史』、社会民主党全国連合、1996、17 頁。"社会党三雄"原文为"社会党三人男"。
③ 西尾末広『西尾末広の政治覚書』、15 頁。
④ 西尾末広『西尾末広の政治覚書』、33 頁。
⑤ 西尾末広『西尾末広の政治覚書』、16 頁。
⑥ 前田种男（1902~1956），日本劳工运动家、政治家、众议院议员，与西尾末广交好。
⑦ 西尾末広『大衆と共に—私の半生の記録—』、世界社、1951、369 頁。
⑧ 西尾末広『大衆と共に—私の半生の記録—』、369 頁。
⑨ 片山哲（1887~1978），生于和歌山县，毕业于东京帝国大学，本职是律师，成长期受儒学、基督教影响较深。二战前加入社会民主主义右派政党社会民众党。1930 年起，曾断续担任日本众议院议员。战后参与创建日本社会党，先后担任首任书记长、首任委员长。1947~1948 年曾出任第 46 任内阁总理大臣（片山内阁），是日本历史上仅有的两名社会党籍首相之一（另一人是 1994 年的村山富市首相）。

党构想主要包括四个要点。第一，片山哲认为战前日本的议会构成与政党在组织上非常软弱，无法承担自身使命，也无法有效对抗军国主义。故片山哲基于战前无产阶级政党的经验教训，明确主张战后确立议会制民主主义与政党政治。① 第二，片山哲认为战前日本的社会主义政党步调混乱，反复陷入分裂状态，以致被军人政变所利用。② 所以，片山哲主张战后无产阶级政党团结起来。第三，对照西欧民主主义的历史来发展日本的政治思想、国民生活与文化，由此促进日本政党的变化。③ 第四，战后政党应重组，一方面，资本主义性质的保守政党会继续存在；另一方面，也要成立社会民主主义政党。关于社会民主主义政党，片山哲认为应模仿英国工党与联邦德国的社会民主党，通过议会来推行社会主义。片山哲反对工会通过革命直接夺取政权，而主张通过议会中的政党来推行社会主义。④

（二）日本无产党势力的建党活动

日本无产党⑤属于战前社会民主主义左派政党。该派代表是铃木茂三郎⑥

---

① 片山哲『回顧と展望』、212–214頁。

② 片山哲『回顧と展望』、215頁。

③ 片山哲『回顧と展望』、216頁。

④ 片山哲『回顧と展望』、217頁。

⑤ 日本无产党是战前最后一个具有一定影响力的社会民主主义左派政党。1925年12月1日，日本成立首个"统一"的无产阶级政党——农民劳动党。1926年3月5日，农民劳动党在排除4个左翼团体后宣布重建，更名为劳动农民党（简称"劳农党"）。不久，劳农党中央在是否接纳日本共产主义者的问题上发生"门户开放"与"关门主义"的论争，形成左、中、右三派。1926年12月5日，劳农党右派建立具有明确反共立场的社会民众党。1926年12月12日，劳农党召开首届全国大会，大山郁夫成为中央委员会委员长，宣布门户开放，接纳共产党人。劳农党被视为社会民主主义左派政党，与日共关系密切，此后遭到日本政府的镇压而被勒令解散。1929年11月，大山郁夫等部分劳农党干部在排除日共的影响后，建立新劳农党，但势力大衰，成为小党。不久，新劳农党发生内讧，主张与社会民主主义中间派政党联合的论调趋于高涨。最终新劳农党与全国劳农大众党合并。反对合并的新劳农党左派散入日本各府县，建立地方性的无产阶级政党。最后，这些左派势力在1937年2月联合建立日本无产党。

⑥ 铃木茂三郎（1893~1970），生于爱知县，早稻田大学毕业后，成为记者，曾任职于《报知新闻》《大正日日新闻》《东京日日新闻》。二战前，他曾加入日本共产党，后转向社会民主主义左派，成为山川均劳农派马克思主义一员。1937年组建日本无产党，同年因"人民战线事件"被捕入狱。二战后参与创建日本社会党，是党内左派领袖，曾任社会党书记长、委员长。

与加藤勘十①。在临近战争终结之时，加藤勘十等人已开始相互联络，考虑战后日本的政治前途问题。对此，加藤勘十回忆："在太平洋战争临近终结之时，我们已预感战争即将终结。彼时，我与铃木茂三郎君开始讨论如何处理战后国内的社会混乱问题。"② 铃木茂三郎则提出了组建政党的构想，对此他回忆道："我认为战败是自有日本以来，民族最大的不幸事态。我须即刻站起，极为用心地推进组织日本社会党。"③ 铃木、加藤等人讨论的结论是必须组建政党。"若言及如何处理这一局面，我们认为无论如何必须创设政党，此外别无他途。"④ 此后，加藤勘十、铃木茂三郎等人开始联合战前日本无产党人士，以组建政治团体。与此同时，与他们关系密切的德川义亲侯爵则开始谋划设立和平研究所。于是，加藤勘十、铃木茂三郎、德川义亲，再加上有泽广巳、大内兵卫等战前社会民主主义左派学者，联合创设了和平研究所。⑤ 以和平研究所为据点，加藤勘十回忆："于是，我们开始逐渐讨论集结无产阶级政党旧同志。"⑥ 在日本战败后，经数次聚会，加藤等人亦达成了组建政党的共识。"那样的聚会从战争末期一直持续至 8 月 15 日天皇宣布战败……终于在最后，到达了形成政治结社的地步，考虑如何处理社会混乱的方法，政党成为一种必需的选择。"⑦

（三）日本劳农党势力的建党活动

日本劳农党属于战前社会民主主义中派政党。该派核心人物如河上丈

---

① 加藤勘十（1892~1978），生于爱知县，日本社会民主主义左派运动家，曾就读于日本大学。战前投身工人运动，1929 年与大山郁夫共同创立新劳农党，1935 年与铃木茂三郎共同创建日本无产党，1936 年首次当选众议员，1937 年因"人民战线事件"被捕。他一直致力于工人运动，曾 6 次当选众议院议员。二战后参与创建日本社会党，是党内左派领袖。1948 年任芦田均内阁劳动大臣。1969 年从政界隐退。
② 加藤勘十『加藤勘十の事ども』、加藤シヅエ、1980、184 頁。
③ 鈴木茂三郎『ある社会主義者の半生』、文藝春秋新社、1958、244 頁。
④ 加藤勘十『加藤勘十の事ども』、184 頁。
⑤ 加藤勘十『加藤勘十の事ども』、184 頁。
⑥ 加藤勘十『加藤勘十の事ども』、185 頁。
⑦ 加藤勘十『加藤勘十の事ども』、185 頁。

太郎①、浅沼稻次郎②、三宅正一等人亦逐步展开建党活动。据河上丈太郎回忆，他已预知日本必将战败，故听闻天皇宣布战败后，并无惊奇，但心中仍有一种悲喜交加的复杂感觉。"我认为日本政府须早日宣布接受《波茨坦公告》，故听到战败广播后，未感惊奇，甚而为日本宣布战败为时过晚感到遗憾。但彼时的心情，与其说是和平终于到来的喜悦，更多的则是今后当如何之忧心。"③ 于是，河上丈太郎认为组建社会主义政党乃当前急务。④ 浅沼稻次郎在东京深川一栋被烧毁的寓所残室内听到了天皇宣布战败广播。他当时感到"袭来一股宛如全身皆化为空洞的虚脱感"，但同时又感到自己幸运地逃脱了战争死亡，"故感到须将余生奉献给日本今后的前途"。⑤ 在此情形下，因浅沼稻次郎在战前长期担任无产阶级政党的组织部长一职，熟悉全国人事，故河上委托浅沼思考战后组建新党的人选问题。⑥ 浅沼整理了残存的文件，制成一份全国活动家名簿。此后，为成立日本社会党而选择的呼吁书对象便是依据浅沼整理的名簿择定的。⑦ 故日本社会党在战后混乱期能成为最早创立的政党，日本劳农党系统在其中做出了贡献。

二　社会民主主义右派拒绝与自由主义势力联合建党

在战后初期，不仅无产阶级政党势力开始积极重建政党，战前受到压

---

① 河上丈太郎（1889~1965），东京人，著名社会民主主义右派政治家。少年时加入基督教，毕业于东京帝国大学。曾任关西学院教授等职，1927 年成为律师，并加入日本劳农党。1928 年在日本第一次普通选举中当选众议院议员。战前曾是日本大众党、社会大众党等社会民主主义右派政党重要人物。战后参与创建日本社会党。1952 年成为右派社会党委员长。1955 年左右社会党统一后，于 1961 年出任日本社会党委员长。

② 浅沼稻次郎（1898~1960），出生于三宅岛，就读于早稻田大学，战前积极参加学生运动、工人运动，曾加入日本共产党，后转向社会民主主义，加入日本劳农党、社会大众党。1940 年因支持斋藤隆夫的反军演说被取消议员资格。二战后参与创建日本社会党，成为党内右派领袖，历任书记长、委员长、众议院议员。1960 年 10 月 12 日，在东京日比谷公会堂举行的三党党首选前演讲会上被刺杀。

③ 河上丈太郎『私の履歴書　第 13 集』、日本経済新聞社、1961、159 頁。

④ 河上丈太郎『私の履歴書　第 13 集』、159 頁。

⑤ 浅沼稻次郎『私の履歴書　第 2 集』、日本経済新聞社、1957、20 頁。

⑥ 鶴崎友亀『浅沼稻次郎小伝』、たいまつ社、1979、106 頁。

⑦ 鶴崎友亀『浅沼稻次郎小伝』、106 頁。

抑的自由主义者亦开始筹划恢复政党。在此过程中，以鸠山一郎①为核心的战前自由主义势力曾向战前的社会民主主义右派（主体为战前的社会民众党势力）提出联合建党的倡议。之所以如此，主要有四点原因。第一，在战争期间，以鸠山一郎、芦田均、植原悦次郎、安藤正纯、大野伴睦等为核心的自由主义政治家曾与西尾末广等社会民主主义右派在议会内联合反对东条英机内阁，由此双方具有一定的政治联系与信任；② 第二，社会民众党属于社会民主主义右派政党，与鸠山一郎等自由保守派立场相对接近；第三，战后日本重建任务艰巨，单凭自由保守势力恐难胜任，故鸠山一郎等人考虑联合社会民主主义右派；第四，基于对战争的体验与反思，鸠山一郎等自由保守政治家亦感到有必要团结立场接近的势力，以联合建党。为此，鸠山一郎等自由保守力量向社会民众党提出联合建党倡议。

面对鸠山一郎等的建议，西尾末广的最初态度是开放的，认为应接触各方，以更多地了解情况。③ 于是，在 1945 年 8 月 25 日，西尾等人与鸠山一郎等自由保守系人物在交询社④举行了一次合作会谈。⑤ 在会谈中，鸠山方面的主要代表植原悦次郎提出："在战败这一非常事态发生之际，为欲重建日本之故，希望能相互协力，创建新政党。"⑥ 但对联合建党之建议，西尾末广主要基于两点原因，最终决定拒绝：第一，西尾认为双方政治经历与思想、政策方面的差异明显，且西尾等已决意创建社会主义政党；⑦ 第二，西尾认为双方高层或可相互协调，但双方高层恐难协调各自

---

① 鸠山一郎（1883~1959），日本著名自由保守主义政治家，出生于东京。从东京帝国大学毕业后，从事律师行业。战前，曾当选议员，担任立宪政友会干事长。1927 年任田中义一内阁的书记官长。1931 年 12 月至 1932 年 5 月，任犬养毅内阁与斋藤实内阁的文部大臣。1942 年 4 月 30 日，在翼赞选举中，以无党籍身份当选议员。1943 年因批判东条英机内阁，鸠山一郎被迫隐居于长野县轻井泽。二战后，创立日本自由党，任总裁。
② 西尾末広『大衆と共に―私の半生の記録―』、371 頁。
③ 西尾末広『西尾末広の政治覚書』、38~39 頁。
④ 交询社，日本首家社交俱乐部。1880 年由福泽谕吉设立，主要会员为庆应义塾相关人员，延续至今。
⑤ 議会政治研究会『政党年鑑　昭和二十二年』、ニュース社、1947、8 頁。
⑥ 西尾末広『大衆と共に―私の半生の記録―』、371 頁。
⑦ 議会政治研究会『政党年鑑　昭和二十二年』、8 頁。

阵营内的其他势力。① 与此同时，鸠山一郎的核心盟友河野一郎②也曾多次访问片山哲，谈论战后建立政党联合体的问题。③ 对此，片山哲认为社会民主主义者与自由保守派在政策与方法、传统与历史等方面皆有所不同，故拒绝了河野一郎的倡议。④ 于是，在结成新党的问题上，社会民主主义右派与鸠山派最终分道扬镳。

西尾末广与片山哲的决定使社会民主主义右派留在社会主义阵营，而不是与战前的自由主义势力共组一个横跨左翼与保守派的新政党。这是此后日本社会党诞生的重要政治前提。

三　社会民主主义三派决定团结建党

尽管社会民主主义右派拒绝了自由保守势力的联合建党倡议，但在建立一个怎样的社会主义政党问题上，各派仍面临统一与分裂的难题。

（一）社会民主主义三派相互协调面临的两大困难

战前的社会民主主义各派在意识形态、人事以及对待共产党的态度方面存在不同的看法。

一是左派（主体是战前的日本无产党）内部存在反对与社会民众党、日本劳农党等中右派势力联合建党的意见。在组党过程中，日本无产党人曾在其领袖加藤勘十家中反复讨论创建社会主义政党与工会运动的问题。⑤ 20 世纪 30 年代，不少社会民主主义右派逐步走向国家社会主义，协助侵略战争。故左派反对右派，其焦点在于战犯问题。其中，

---

① 西尾末广『大衆と共に―私の半生の記録―』、371 頁。

② 河野一郎（1898~1965），日本著名自由保守主义政治家，神奈川县出身，早稻田大学毕业。战前，曾任《朝日新闻》记者，于 1932 年当选众议院议员。战后，作为自由党、民主党以及之后的自由民主党的党派实力者而活跃。历任鸠山一郎、岸信介、池田勇人、佐藤荣作等内阁的农相、建设相、国务相等职。

③ 片山哲『回顧と展望』、225 頁。

④ 片山哲『回顧と展望』、225 頁。

⑤ 「証言　戦後社会党史・総評史　構造改革論再考：加藤宣幸氏に聞く　上」、『大原社会問題研究所雑誌』2012 年 12 月号、66 頁。

小堀甚二①、荒畑寒村②等左派重要人物即因日本劳农党成员在战争期间曾协助日本政府与军部，故将日本劳农党视为战犯。另外，左派亦对西尾、水谷、平野等右派之主导权过于强大感到担忧。③ 故此，小堀甚二、荒畑寒村反对与日本劳农党联合，而主张左派独立建党。④ 此后，在 1945 年 9 月 22 日"统一社会主义政党结成全国代表者恳谈会"上，各派代表会商联合建党问题。⑤ 战前日本劳农党成员的战犯问题成为会议焦点之一。⑥ 左派代表继续攻击日本劳农党的战争协力问题。⑦ 特别是小堀甚二表示会场中有为军部抬轿的战犯，怎可与他们一起创立社会主义政党？⑧ 战犯问题引起会场骚乱。

二是社会民众党与日本劳农党内部亦存在反对接纳左派的意见。社会民众党与日本劳农党经数轮商议，战前的右派、中派已大体协调立场，决定合流共建新党。⑨ 而左派与日共具有历史渊源，主张建立一个包括日共在内的统一无产阶级政党。其原因在于战前日共是秘密非法政党，不少日共党员潜入社会民主主义左派政党，将其作为合法活动舞台。故在战前，日共与劳动农民党（日本无产党）等社会民主主义左派政党被视为"双胞胎"政党。在战前，至少从 1925 年至 1930 年，统一的无产阶级政党是

---

① 小堀甚二（1901~1959），小说家、翻译家，战前属于劳农派马克思主义者，是社会民主主义左派，曾翻译列宁《国家与革命》等著作。战后参与创建日本社会党，作为党内左派，长期反对右派主导的党中央。
② 荒畑寒村（1887~1981），社会主义运动家。本名胜三，神奈川县出身。战前受堺利彦、幸德秋水影响，参与社会主义运动。1922 年，荒畑寒村参与创立日本共产党。此后，荒畑寒村逐步脱离日共，作为劳农派马克思主义的重要人物活动。战后，荒畑寒村作为社会党左派的重要人物极为活跃。
③ 笹田繁『日本社会党 上』、三一書房、1960、23 頁。
④ 「証言 戦後社会党史・総評史 構造改革論再考：加藤宣幸氏に聞く 上」、『大原社会問題研究所雑誌』2012 年 12 月号、66 頁。
⑤ 「無産各派大同團結へ」、『朝日新聞』1945 年 9 月 11 日。
⑥ 中村隆英・伊藤隆・原朗編『現代史を創る人びと 3』、毎日新聞社、1971、240 頁。
⑦ 河上前委員長記念出版委員会編『河上丈太郎—十字架委員長の人と生涯—』、日本社会党機関紙局、1966、106 頁。
⑧ 『荒畑寒村著作集 10 寒村自伝 下』、平凡社、1977、202 頁。
⑨ 「今次臨時議会を中心とする新党運動の動向に就て 警視庁」、『資料 日本現代史 3』、大月書店、1981、28-29 頁。

否应吸纳共产党，是无产阶级政党分裂的最主要因素。① 故右派忌讳左派与日共的关系，对与左派联合一事抱有两大担忧。首先，右派认为在战前无产阶级政党与工人运动史上，日共是搅乱、分裂社会主义运动统一战线的重要原因，他们担忧"容共左派"将为战后日共继续影响社会民主主义政党开辟道路。② 其次，右派同意建立一个与共产党划清界限的社会民主主义政党。但他们认为左派"容共"，故担心接纳左派会给新党内部埋下产生纠纷的种子。③

所以，社会民众党与日本劳农党在讨论联合组党问题时曾出现强烈主张排除左派势力的意见。④ 在社会民众党中，片山哲派是主要的反对势力。片山哲在其建党构想中，明确主张建立社会民主主义政党，认为社会民主主义是议会制民主主义的流派之一，反对苏联式的无产阶级专政。为此，片山哲派意图建立一个拥有相同意识形态的政党。⑤ 片山哲强烈反对新党吸纳与日共关系密切的社会民主主义左派。⑥ 不仅如此，日本劳农党也非常反对新党吸纳左派势力。1945 年 9 月 10 日，社会民主主义各派召开会议，讨论新党成立问题。当论及恳谈会人选问题时，日本劳农党亦强烈反对吸纳左派"容共"分子。⑦ 对此，当时探察左翼动向的内务省警保局亦判断："彼等阵营之间，因从来之矛盾，思想上、感情上之对立相当深重。这不是可简单统一之事。"⑧

（二）社会民主主义三派联合建党的四点原因

如上分析，统一的日本社会党的出现未必是历史的"必然"。尽管社

---

① 〔美〕陶慕廉：《战前日本的社会民主运动》，赵晨译，中国友谊出版公司，1987，第205 页。
② 片山内閣記録刊行会編『片山内閣』、片山哲記念財団片山内閣記録刊行会、1980、29 頁。
③ 片山内閣記録刊行会編『片山内閣』、28 頁。
④ 西尾末広『大衆と共に―私の半生の記録―』、372 頁。
⑤ 西尾末広『私の政治手帖―風雪六年の日本を顧る―』、時局研究会、1952、3 頁。
⑥ 西尾末広『私の政治手帖―風雪六年の日本を顧る―』、3 頁。
⑦ 「新無産政党結成準備委員会開催に関する協議の件　警視庁特高部長」、『資料　日本現代史 3』、63 頁。
⑧ 「特高課長会議説明資料　左翼分子の動向　内務省警保局保安課」、『資料　日本現代史 3』、172 頁。

会民主主义各派内部存在反对联合建党的势力，但各派最终克服困难，成功联合建党。各派认为战后团结统一的重要性超过彼此的矛盾，故决定相互妥协，暂且搁置矛盾，先行统一。各派之所以能做到此点，又主要与以下四点原因相关。

一是基于对日本侵略战争与战前日本无产阶级政党史的反思，各派皆认为有必要实现战后社会主义政党的统一。战前日本无产阶级政党内斗不已，缺乏统一组织，四分五裂，力量耗散。特别是自20世纪30年代起，日本军国主义、法西斯主义日益疯狂，不断扩大侵略战争。在此过程中，分裂的无产阶级政党缺乏统一的组织，非但不能有效制衡日本政府、军部，最终反而被强制解散。这段战争与分裂历史的教训非常惨痛，构成战后社会民主主义各派的共同体验。在此种共同体验的影响下，战后各派在创立社会主义新党时抱有一种统一优先的意识，拥有一种暂且不问意识形态差异而必须团结的原则。[①] 这使各派愿意相互妥协，协调彼此差异。当时日本社会主义运动的元老级人物安部矶雄[②]、贺川丰彦[③]、高野岩三郎[④] 等标榜社会民主主义，利用自身的先驱历史地位，在各派间周旋、协调，筹划日本无产阶级政党的统一运动。[⑤] 特别是被尊为"社会主义之父"的安部矶雄一再强调，战前社会主义政党间虽对立不绝，但应舍小异而求大同，勿因个别对立，以致错失本来目的。[⑥] 左派领袖铃木茂三郎亦反省了

① 片山内閣記録刊行会編『片山内閣』、29頁。
② 安部矶雄（1865~1949），生于福冈县，近代日本著名基督教社会主义者。1884年从同志社大学毕业后，留学柏林洪堡大学等校，1895年返回日本后，任东京专门学校教授。1898年与幸德秋水等组建社会主义研究会。1901年组建社会民主党，不久被政府解散。1929年成立社会民众党，任委员长。1928年当选国会议员。1932年组建社会大众党，担任委员长。战后致力于创建日本社会党，并任最高顾问。
③ 贺川丰彦（1888~1960），兵库县人，基督教牧师、社会运动家。就读于神户神学校时开始从事传教活动。1919年参与创建关西劳动同盟会。此后，积极参加工人运动与农民运动。战后，参与创建日本社会党，还参与了世界联邦运动。
④ 高野岩三郎（1871~1949），长崎县人，日本近代著名社会统计学家，曾留学德国慕尼黑大学，回国后成为东京帝国大学统计学教授。1912年担任友爱会评议员。1920年出任大原社会问题研究所所长。战后，参与创建日本社会党，与贺川丰彦、安部矶雄并列为社会党三顾问。1946~1949年任NHK会长。
⑤ 「無産各派の動向　内務省警保局外事課」、『資料　日本現代史3』、64頁。
⑥ 井口隆史『安部磯雄の生涯』、早稲田大学出版部、2011、484頁。

战前无产阶级政党的分裂问题，面对日本战败，各派决定一扫感情对立，建立统一的社会主义政党。① 对此，铃木茂三郎回忆道："持有我们不能同属一个政党这一想法的人们，不管怎样，最后皆取消了该念头。故而不管怎样，我们应团结一致，好也罢，坏也罢，皆应在其后的斗争中加以解决。可以说存在这样一种思考方式。"② 与此相应，即便是反对与左派联合的片山哲，也认为战前无产阶级政党间的矛盾与分裂被军国主义利用，造成历史悲剧。故他也愿意协调统一建党。③

二是两派皆采取了一些妥协措施，为相互联合创造了条件。在右派方面，水谷长三郎、平野力三等战前社会民众党核心人物主张明确区别共产党与社会民主主义左派，并接纳左派。④ 但在 1945 年 9 月 5 日社会民众党国会议员的碰头会上，众人认为判别左派与日共之间的界限极为困难。原因是从日本战败至 10 月初，日共主要政治犯虽在狱中，但受其战前历史影响，部分狱外日共党员可能利用社会民主主义者建党的机会潜入新成立的社会民主主义政党。⑤ 故右派认为即便在原则上将左派与日共分开，仍不能保证左派中没有日共人员。为解决该问题，右派通过区别左派与日共的思想差异，将左派与日共分开，为吸纳左派创造了条件。水谷长三郎在会上主张以个别人物判定的方法来决定左派与日共的差异。水谷长三郎以左派领袖加藤勘十为例，论及其思想观念，认为加藤勘十可以接受右派的"国体护持论"，而非日共主张的打倒天皇制。故水谷长三郎认为加藤勘十这一类人物可参与创建新党。⑥

左派方面亦对右派做了一定的妥协。1945 年 9 月 22 日，社会民主主义

① 鈴木茂三郎『ある社会主義者の半生』、245 頁。
② 『政治談話録音速記録：鈴木茂三郎　第三回（昭和四十一年十二月十六日）』、談話公開日：1997 年 2 月、国立国会図書館憲政資料室所蔵、第 62 頁。
③ 片山哲『回顧と展望』、215 頁。
④ 「今次臨時議会を中心とする新党運動の動向に就て　警視庁」、『資料　日本現代史 3』、29 頁。
⑤ 「政党結成を繞る左翼分子の動向に関する件　警視庁特高部長」、『資料　日本現代史 3』、58 頁。
⑥ 「今次臨時議会を中心とする新党運動の動向に就て　警視庁」、『資料　日本現代史 3』、29 頁。

各派代表権衡联合建党问题，如何界定战犯范围成为处理左、右两派矛盾的关键。会上出现扩大与缩小战犯范围的两种意见。"扩大"意见主张战犯范围应包括鸠山一郎、河野一郎等自由保守主义者与日本劳农党高层人物。① "缩小"意见主张战犯范围应主要限定在指导战争的支配层。② 最后，双方经妥协，右派占优势，基本采用了"缩小"意见，即认为扩大战犯范围不利，决定将战犯主要限定于军人、政治家的上层。这便于为右派的战争协力行为解套，回避了战犯问题，为各派联合建党创造了前提条件。

三是从政治实践与力量对比角度来看，右派认为接纳左派利大于弊，且可在新成立的政党内部压制左派。在这方面，社会民众党的西尾末广等人发挥了重要的作用。与社会民众党的片山哲反对吸纳左派的构想不同，西尾末广、平野力三、水谷长三郎三人认为，作为建党的出发点，如不能创建统一的社会主义政党，新党将缺乏魅力。③ 所以，西尾末广等人决定统合共产党以外的战前各无产阶级政党势力，认为如不结成统一的社会主义政党，则无法形成强有力的政党组织。④ 不仅如此，西尾末广还认为日本无产党等左派势力在当时是少数派，故有信心在吸纳左派的情形下，在新党内压制之。⑤ 故西尾末广等人说服片山哲，使其同意与左派联合建党。⑥

四是从历史长期视野来看，自 20 世纪 20 年代日本开始建立各类无产阶级政党，日本的社会主义者即拥有追求建立统一政党的目标。1926～1932 年，日本合法的社会民主主义政党经历了频繁的组织分裂。但从1932 年起，社会民主主义者开始逐步实现某种程度上的统一。⑦ 他们于1932 年联合建立了社会大众党，直到 1940 年近卫文麿内阁发起新体制运动，解散一切政党。⑧ 故自 20 世纪 30 年代以后，日本社会主义政党已呈

---

① 中村隆英・伊藤隆・原朗編『現代史を創る人びと3』、240 頁。
② 中村隆英・伊藤隆・原朗編『現代史を創る人びと3』、240 頁。
③ 西尾末広『大衆と共に―私の半生の記録―』、372 頁。
④ 西尾末広『私の政治手帖―風雪六年の日本を顧る―』、3 頁。
⑤ 西尾末広『大衆と共に―私の半生の記録―』、372 頁。
⑥ 西尾末広『私の政治手帖―風雪六年の日本を顧る―』、3 頁。
⑦ 〔美〕陶慕廉：《战前日本的社会民主运动》，66 页。
⑧ 大霞会編『内務省史　第 1 巻』、476-484 頁。

现统一趋势，但被日本法西斯主义运动打断。战后在盟军占领期间的民主改革背景下，战前的社会主义政党统一趋势复兴，这影响了战后社会主义政党的统一。

四　社会民主主义者决定与共产党人分立建党

在社会民主主义者完成建党之前，尚存在一项选择，即在决定接纳左派的同时，是否选择与共产党人联合建党。若选择与共产党人联合建党，则意味着战后日本社会主义运动将拥有统一的政党。若拒绝与共产党人联合建党，则意味着战后日本社会主义运动将分裂为共产主义与社会民主主义两大系统。

（一）社会民主主义者与共产主义者联合建党的三项有利条件

尽管社会民主主义者最终决定与共产主义者分立，但若重返历史原点，双方并非没有联合的可能性。当时，两者的联合至少存在三项有利条件。

一是在战前，社会民主主义左派与日本共产党拥有历史渊源。受共产国际影响，战前日本社会主义运动中，最先结成的无产阶级政党是 1922 年成立的日本共产党。日共在战前因主张打倒天皇制而屡受政府镇压。于是，部分日共人士为避免政府的镇压，逐渐转化为社会民主主义左派。[1] 1922 年日共成立时的党内及隶属组织中的 45 名主要人物后来有超过 1/3 转向了社会民主主义左派。[2] 换言之，不少社会党左派领袖在 20 世纪 20 年代曾加入日共，后来缓和立场而脱党。特别是日共成立时的领袖、重要理论家山川均于 20 世纪 20 年代脱党后以《劳农》期刊为阵地，逐步聚集了一批非日共系的马克思主义者，形成了与日共系马克思主义对抗的劳农派马克思主义（简称"劳农派"）。1922~1924 年的近半数日共

---

①　清水慎三『統一戦線論』、青木書店、1968、238 頁。
②　〔美〕陶慕廉：《战前日本的社会民主运动》，第 69 页。

中枢人物此后构成了劳农派主体。① 劳农派成为战前社会民主主义左翼政党（从劳农党到日本无产党）的理论指导者与孵化母体。② 如山川均、荒畑寒村、铃木茂三郎、高津正道③、大泽久明④、黑田寿男⑤、高野实⑥等社会民主主义左派重要人物皆曾是日共领导人。有日本学者认为，因这层历史渊源，部分社会民主主义左派中留存着"共产党情结"，通过曾经的人脉网络，具有"无条件追随"共产党的倾向。⑦ 进入 20 世纪 30 年代，因日本政府的镇压，日共组织濒于溃灭。在此过程中，受 1935 年共产国际第七次代表大会的影响，社会民主主义左派也试图在日本建立包括共产党在内的反法西斯统一战线，即人民战线。⑧ 1937 年，社会民主主义左派因此遭到日本政府的残酷镇压，成员被大肆搜捕、判刑，此即"人民战线事件"。战后初期，内务省警保局仍将社会民主主义左派与共产党同归为第三国际（共产国际）思想系列，而将中右派社会民主主义归为第

---

① 石河康国『労農派マルクス主義—理論・ひと・歴史— 上巻』、社会評論社、2008、78 頁。
② 石河康国『労農派マルクス主義—理論・ひと・歴史— 上巻』、108-136 頁。
③ 高津正道（1893~1974），广岛县人。就读于早稻田大学期间，因参加社会主义运动被开除学籍。1922 年参与创建日本共产党，成为日共核心成员之一。1923 年日本政府镇压日共，他亡命苏联、中国。1925 年归国，脱离日共，开始作为劳农派马克思主义者活动，先后参加劳动农民党、日本无产党，属于战前左翼社会民主主义者。战后参与创建日本社会党，属于左派，1946 年 4 月当选众议院议员。
④ 大泽久明（1901~1985），本名喜代一，青森县人。1917 年从青森市立商业学校毕业。1927年参与创立劳动农民党青森县联合会，1929 年加入共产党，后因"四一六事件"等多次被逮捕。战后参与创立日本社会党，任社会党中央执行委员及青森县社会党联合会负责人，并于 1946 年当选众议院议员。1948 年重新加入日本共产党，1961 年成为日本共产党青森县委员长。
⑤ 黑田寿男（1899~1986），冈山县人，就读于东京帝国大学，在校期间参加学生运动。取得律师资格后，在"自由法曹团"支援工人运动、农民运动。战前加入劳动农民党，属于劳农派马克思主义者。1929 年组建东京无产党，任记长，次年与全国大众党合并。1937 年因"人民战线事件"被捕。战后参与创建日本社会党，属于极左派。1948 年 7 月与社会党中央发生政见冲突，被开除党籍。当年 12 月组建劳动者农民党。1957 年复归社会党。
⑥ 高野实（1901~1974），东京人。就读于早稻田大学理工学部，其间参加社会主义运动。1922 年加入日本共产党，1923 年被政府逮捕，1924 年被早稻田大学开除学籍。其后，逐步加入劳农派马克思主义阵营，从事工人运动，1937 年受"人民战线事件"牵连。战后，积极参加工人运动，1948 年任日本劳动组合总同盟总干事，1951 年任日本劳动组合总评议会首任事务局局长，是战后工人运动左派重要指导者。
⑦ 清水慎三『統一戦線論』、238 頁。
⑧ 渡邊一民「日本における人民戦線的運動」、『日仏文化』2008 年 3 月号、128-138 頁。

二国际思想系列。① 故从 1922 年成立的日本共产党，到劳农派马克思主义者，再到战后的社会党左派，共产党人与社会民主主义左派间存在历史连续性。②

二是自战前开始，受山川主义影响，社会民主主义左派具有建立一个包括日共在内的统一战线政党的思想。如前述，山川均、堺利彦等早期日共领袖于 1923 年后逐渐脱离日共。他们在合法杂志上积极宣扬日共"解党主义"（解散共产党组织），逐步形成了山川主义。山川主义的核心是认为日本不存在建立共产党的条件，日本需要的是合法无产阶级政党的"统一战线党"，而非共产党似的前卫党。故共产党作为少数人的前卫党应解散而与群众运动相结合，建立一个由一切反资本主义势力结成的"统一战线党""统一的无产阶级政党"。③ 山川均的目的是集结反对军国主义统治的广泛力量，借此扩大革命的无产阶级的影响力。④ "统一战线党"是合法政党，不需要最高纲领，只需制定一个反映群众当前具体要求的最低行动纲领。然后通过逐步提高群众运动的水平，为创立新的共产党创造条件。山川均认为"统一战线党"在战前日本残酷的历史条件下，可发挥日共所不能发挥的作用。受此影响，战前的社会民主主义左派政党——劳动农民党即主张对日共"门户开放"，允许日共加入，建立统一的无产阶级政党。据左派领袖加藤勘十回忆，在战后创建日本社会党时，左派意识深处仍留有战前的"统一战线党"思想。⑤ 左派认为社会党在当时必须是广泛的"统一战线党"，社会党内应包含共产主义者、民主主义者、人道主义者等，主张社会党应吸纳共产党。⑥ 与之相应，地方无产阶级政党运动中亦出现联合共产党的声音。日本战败后不久，1945 年 8 月 26 日，栃木县知事报送内务大臣一份关于县内左翼分子意向的报告。报告提到，栃

---

① 「無産各派の動向　内務省警保局外事課」、『資料　日本現代史 3』、64 頁。

② 黒川伊織「日本共産党 22 年綱領草案問題再考」、『大原社会問題研究所雑誌』2008 年 3 月号、60 頁。

③ 〔美〕陶慕廉：《战前日本的社会民主运动》，第 200 页。

④ 清水慎三『統一戦線論』、79 頁。

⑤ 中村隆英・伊藤隆・原朗編『現代史を創る人びと3』、240 頁。

⑥ 中村隆英・伊藤隆・原朗編『現代史を創る人びと3』、247 頁。

木县左翼分子表示新党除左翼社会民主主义分子、狱中的日共政治犯之外，还将吸收最近将从延安归国的 200 名共产主义者入党。①

三是社会民主主义者建党行动较早，共产主义者的建党行动较晚。此种组织创立上的时间差在一定程度上亦利于吸收日共党员。之所以出现此种时间差，归根结底仍与战前的影响有关。首先，因日本政府镇压，日共在 20 世纪 30 年代已濒于溃灭，直至日本战败，日共处于无中央组织的停滞境地。故日本刚战败时，日共核心人员或在海外或在狱中，缺乏重建组织的骨干力量。其次，1945 年 8~9 月，日本政治主线是完成战败程序、占领军进驻、初步确立占领管理体制，民主化改革尚未有效展开。当时，日本政府还保留了《治安维持法》、内务省等镇压体制。故分散在各地的日共党员在公开重建共产党的问题上不仅有着信息差，也有所犹豫。1945年 8~9 月，社会民主主义者积极组党之时，狱外的共产主义者尚未进入组织化阶段。此时，共产主义者一方面希望参加战后的左翼政党运动，另一方面又担忧日共合法化问题。在此情势下，富山县、长野县、青森县、冈山县的狱外共产主义者倾向先创立社会党。②

（二）社会民主主义者拒绝与共产主义者联合组党

尽管存在上述有利条件，但就社会民主主义者主流意见而言，他们拥有一项建党共识，即拒绝与共产主义者联合组党。这集中表现为社会民主主义左右两派核心人物皆主张新党性质异于共产党，新党范围应介于共产党与新成立的日本自由党之间。

首先，社会民主主义左派虽与日共拥有战前渊源，但其主流意见为新成立的政党应是一个立足于马克思主义的社会民主主义政党。左派领袖铃木茂三郎于 1945 年 9 月 11 日撰文阐述即将成立的左翼政党性质。一方面，

① 「大東亜戦争終了後に於ける左翼分子の意向に関する件　栃木県知事」、『資料　日本現代史 3』、182-183 頁。
② 山辺健太郎『社会主義運動半生記』、岩波書店、1976、219 頁；岡山県労働組合総評議会編『岡山県社会運動史 12』、労働教育センター、1979、70-71 頁；「わが地方の日本共産党史　青森県」、『前衛』1985 年 10 月号、第 234 頁。

他强调新党的无产阶级性质,将其与资产阶级的自由主义政党相区别;① 另一方面,他亦将新党与共产党做了区分。铃木茂三郎写道:"虽然必须触及日本共产党问题,但该党是公开出现于我们面前,抑或依然潜行于地下,无从判断。但不管是哪一种情形,共产党将带着何种方针、政策出现亦难以判明。但可判明的庄严事实是,我们的新党将是全然不同于共产党之存在。"② 铃木茂三郎撰写此文时,日本共产党的主要人物尚在狱中。换言之,在被视作政治犯的共产党人尚未被释放时,社会党的左派创建者已有意识地将新党与共产党加以区别。

其次,社会民主主义右派人物也明确主张新党不应包括共产党。西尾末广、水谷长三郎、平野力三在建党之初,"提倡不包括共产党德田球一那类口号宣传似的人物,而在社会主义的广泛阵营内,网罗到目前为止长期从事无产阶级政治运动、社会运动的人。向右与法西斯主义严格画下一线,向左画下排除共产主义的明确一线。三人总结众议,意图创立一个宽泛的社会民主主义政党。他们提倡通过与法西斯主义、共产主义划清界限,结成一个借助议会来推行社会主义的政党"。③ 显然,右派领袖的建党构想是在社会主义阵营中,将共产党人排除后,由余下的社会主义者联合建党。水谷长三郎在 1945 年 9 月 16 日的一篇文章中亦专门讨论了新党的性质与范围问题。他认为:"我们所欲结成的新党,是将与左侧的共产党、右侧的鸠山一郎政党划清界限的中间人士全部网罗起来而组成的社会主义大众政党。换言之,新党是一个立于社会主义理论之上的国民政党。"④ 此后,社会民主主义各派在 1945 年 9 月 22 日召开"统一社会主义政党结成全国代表者恳谈会",正式就社会党构成范围达成共识。该共识规定,社会党构成范围应较资产阶级政党为左,较共产党为右。⑤ 故以 9 月 22 日的会议为标志,战后社会民主主义者正式决定与共产党人分立,

---

① 社会文库編『日本社会党史史料』、柏書房、1966、49 頁。
② 社会文库編『日本社会党史史料』、49 頁。
③ 片山哲『回顧と展望』、223-224 頁。
④ 社会文库編『日本社会党史史料』、47 頁。
⑤ 「日本社会党結成準備会出席の帰来言動に関する件」、『左翼・宗教界・外国人の動向』、現代史料出版、1999、102 頁。

新成立的日本社会党内不应包括共产主义者。

比较社会民主主义左右两派对新党性质的构想，双方确有差异。左右两派虽皆主张建立一个社会民主主义政党，但其强调点不同，左派强调阶级性与马克思主义，右派强调国民性与改良主义。双方虽对新党性质的认识有所差异，但他们皆一致主张新党应明确区别于共产党。这表明社会民主主义者决定拒绝与共产党人联合建党。

五 战后日本共产党人决定独立重建政党

日本共产党早在1922年7月即已成立，此后屡遭日本政府镇压。特别是在1935年最后的中央委员袴田里见[1]被捕后，直至1945年日本战败，在大约10年间，日共缺少中央指导下的全国性的有组织活动。[2] 日本战败后，盟军占领日本，推行民主改革。10月4日，占领军总司令部发出Scapin-93号指令，即著名的人权指令，开始释放日共政治犯。[3] 日共终于在其成立20余年后取得了合法性。日共随之进入组织重建阶段。1945年12月1~2日，日共召开第四次全国代表大会，正式完成战后党的重建。在1945年8月15日至12月1日的近4个月中，日共的重建活动主要分为两个阶段：阶段一，1945年8月15日至10月4日，战前日共政治犯虽未被释放，但海外与地方共产主义者活动增加；阶段二，1945年10月4日至12月1日，日共政治犯陆续被释放，日共正式进入组织重建阶段。比较社会党、共产党的创建过程，可发现两者存在一个明显的时间差。在日共重建第一阶段，其骨干力量尚在狱中，而社会民主主义者已完成协调工作，决定新党不吸纳共产党人；在日共重建第二阶段，双方已决定分立，社会党在11月成立，日共稍后于12月重建。

---

① 袴田里见（1904~1990），自战前开始，袴田里见即为日共高层干部。1945年12月日共四大召开时当选中央委员，此后持续担任日共高层职务。1970年任日本共产党副委员长，任职期间作为日共代表曾访问苏联、中国。1977年因党内斗争被开除党籍。

② 犬丸義一「戦後日本共産党の公然化・合法化」、五十嵐仁編『戦後革新勢力の源流—占領前期政治・社会運動史論 1945~1948—』、46頁。

③ "Scapin-93: Removal of Restrictions on Political, Civil and Religious Liberties", October 4, 1945, 日本占領関係資料/GHQ/SCAP文書（RG331）/対日指令集（SCAPINs）。

（一）日共重建第一阶段构想

1945 年 8 月 15 日至 10 月 4 日是日共重建第一阶段。在该阶段，日共核心骨干尚在狱中，共产党人的重建活动主要分为以下两类：一是以野坂参三为代表的海外党员活动，二是日本各地共产主义者的零散活动。日共重建第一阶段的构想主要是指野坂参三与日本各地共产主义者的构想。

1. 野坂参三的日共重建构想

野坂参三是日本共产党创始人、领导人之一，1892 年生于山口县。1912 年在庆应义塾大学读书时加入日本劳动总同盟的前身友爱会。1919 年 7 月以友爱会特派员身份去英国。1920 年加入英国共产党。1921 年 5 月因参与英国煤矿工人大罢工，被英国政府逮捕并驱逐出境。1922 年日本共产党成立时入党。此后，野坂参三长期从事政治斗争，两次被捕。1928 年，野坂参三在日本政府大肆搜捕共产党人的"三一五事件"中被捕入狱。但他以治疗眼疾之名，得以临时出狱。1931 年，野坂参三秘密进入苏联，作为日共中央委员任日共中央驻共产国际代表。1932 年参与制定《关于日本形势与日本共产党任务的纲领》。1935 年在共产国际第七次代表大会上当选执行委员。而后，野坂参三前往美国，与美国共产党联系，发行《国际通信》，积极贯彻共产国际精神，呼吁在日本建立反法西斯统一战线。1940 年 3 月，野坂随周恩来、任弼时，由莫斯科秘密赴中国延安，开始了其著名的延安岁月。①在延安期间，野坂作为共产国际执行委员与日共代表颇受中共礼遇。野坂参三在中共支持下，参与建立日本工农学校、在华日本人共产主义者同盟及日本人民解放同盟等反战组织，主要从事反战运动、改造日本战俘、培养日本共产主义预备干部等工作。二战结束后，野坂参三于 1946 年 1 月 6 日回到日本。

---

① 中共中央文献研究室编《周恩来年谱（1898~1949）》，中央文献出版社，1998，第 463 页。关于包含延安岁月在内的野坂参三流亡生活，可参阅野坂参三『亡命十六年』、時事通信社、1946。

1945 年 8~9 月，野坂参三尚在中国，还未归日。野坂在日本战败前后发表了相关演讲与文章，多次提及战后日共问题。但对野坂而言，并不存在战后日本共产党的重建问题。这是野坂与当时日本国内共产主义者间的重大差异。之所以出现这一差异，主要原因在于对野坂而言，日共组织始终存在，并未溃灭。20 世纪 30 年代，野坂在莫斯科时，他的身份是日共中央驻共产国际代表。1940 年，他来延安时，其身份仍是日共中央代表、日共重要领导。[①] 所以，野坂在延安时期常以日共代表的身份参加某些重大活动。例如，1943 年 5 月，共产国际执委会决定解散共产国际时曾征求各国支部党的意见。当时，野坂参三即以日本共产党中央委员会的代表身份表示同意解散共产国际。[②] 1945 年 8 月 15 日，日本正式宣布无条件投降，翌日《解放日报》刊发野坂参三《告日本军指挥官及兵士诸君》一文，其落款身份之一即日本共产党代表。[③] 换言之，从 20 世纪 30 年代直至 1945 年日本战败，日本国内共产主义者与野坂参三间有着不同的时空经历。对前者而言，因日本政府镇压，日共已陷入组织溃灭状态；但对野坂而言，他始终以日共中央代表的身份在海外活动，日共组织并未溃灭。之所以如此，一方面是因为野坂开展国际活动的需要；另一方面是因为野坂与日本国内联系中断，不了解日共实情。故对日本国内的共产主义者而言才存在日共组织"重建"问题。对野坂而言，日共组织在日本战败前始终存在，他即日共中央在国际上的代表。在野坂看来，战后初期不存在日共与社会民主主义者联合组党的问题，战后如何强化日共才是其核心关切。野坂从增强战后日共力量与建设民主日本的角度出发，提倡建设日共与社会民主主义者的统一战线，而非两者联合建党。

2. 日本国内共产主义者的重建构想

1945 年 8~9 月，日本各地共产主义者逐步形成两类重建构想。

---

① 中共中央党史研究室：《中国共产党历史》上卷，人民出版社，1991，第 592 页；中共中央文献研究室编《朱德年谱》（新编本），中央文献出版社，2006，第 1133 页。
② 野坂参三「岡野進同志 本紙記者に回答」、『野坂参三選集 戦時編』、日本共産党中央委員会出版局、1967、380-381 頁。
③ 野坂参三「日本軍の指揮官および兵士諸君に告ぐ」、『野坂参三選集 戦時編』、470 頁。

第一类构想主张重建共产党组织，独立开展活动，批判社会民主主义者，拒绝与之联合建党。具体而言，这与他们对战后日本混乱情势的预测有关。①他们认为日本政府迫于盟国压力，将履行《波茨坦公告》，由此给日本带来民主主义，进而日本共产主义运动的合法性或半合法性将被承认。①②他们预测战后日本将陷入混乱状态，失业、通货膨胀、粮食不足等社会问题丛生，左翼政党、工会、农会将推动无产阶级政治运动大发展。②亲英美的日本统治阶级与社会民主主义小资产阶级政党无力解决这些社会问题。③③他们预判美苏对立及日本国内阶级斗争激化，这将推动日本共产党发展。④在上述背景下，共产党将日益活跃，劳动大众的斗争目标是打倒美帝国主义；而苏联也将支持日本共产主义者的反美工作，力争在美苏开战前在日本建立红色政权。

基于上述预测，这批狱外共产主义者认为共产党将获得合法性且战后形势利于日共发展。故他们主张共产党应独立重建，推动战后日本革命的发展。他们认为流亡海外的日共领导人野坂参三等将归国，日共政治犯也会出狱。⑤这些日共战前领袖将合力重建党组织，共产党将公开活动。一些共产党支持者批判社会民主主义右派是战犯，不是真正的社会主义者。他们强调战败混乱期正是真正的马列主义者行动之际，只有他们可以解决战后社会问题。⑥战后不久，这些共产主义者即开展联络活动。1945年8月中下旬，山梨县、长野县、富山县、山形县、福冈县、秋田县、京都府等地皆出现共产主义者秘密会面、庆祝日本战败与和平降临、探讨战后情

---

① 「終戦に関する共産主義分子の動向並意嚮に就いて　内務省警保局保安課」、『資料　日本現代史 3』、168 頁。
② 「終戦に関する共産主義分子の動向並意嚮に就いて　内務省警保局保安課」、『資料　日本現代史 3』、169 頁。
③ 「特高課長会議説明資料　左翼分子の動向　内務省警保局保安課」、『資料　日本現代史 3』、173 頁。
④ 「終戦に関する共産主義分子の動向並意嚮に就いて　内務省警保局保安課」、『資料　日本現代史 3』、169 頁。
⑤ 「終戦に関する共産主義分子の動向並意嚮に就いて　内務省警保局保安課」、『資料　日本現代史 3』、170 頁。
⑥ 「終戦に伴ふ左翼分子び動静に関する件　兵庫県知事」、『資料　日本現代史 3』、195-196 頁。

势等活动。① 为此，特高课预测随着国内与海外共产主义者自由往来、海外联络的重启，这类活动不久就会在全国范围内日益活跃，并最终带来日共重建运动这样的实质问题。②

第二类构想主张潜入社会民主主义者内部，先与他们联合建立一个统一的左翼政党，然后从内部逐步扩大日共影响，待时机成熟时，再重建共产党。这一构想具有战前渊源与现实考虑，主要为以下两点。

一是战前日共非合法的身份与政府的残酷镇压给他们带来了深重的心理阴影。他们认为战后形势仍晦暗不明，对日共能否获得合法性仍感忧虑，故他们不敢贸然开展重建党组织的行动。他们的这种担忧不是全无道理。事实上，1945 年 8~9 月，盟军的民主改革尚未展开，日本政府仍维持着镇压共产党的《治安维持法》与内务省体制。内务省警保局 1946 年的特高课警察充实经费纲要第一项即要求强化对共产主义运动的"视察内侦"。③ 1945 年 8~9 月，内务省警保局对各地共产主义者的监视、侦查一直未停。这种情况一直持续至 10 月。地方府县亦然，如广岛县知事在日本战败当日便通知县内警察"彻底取缔共产主义、社会主义言论，取缔追究军部并政府其他指导层所谓战争责任的议论"。④ 据当时被关在府中刑务所的日共成员山边健太郎⑤回忆，进入 1945 年 9 月，狱中的党员虽未被释放，但已可自由接受探望。⑥ 但人们仍畏惧《治安维持法》，即便是当年的同志，亦不敢来狱中探望。⑦ 对此，直到 20 世纪 80 年代，日共

---

① 「終戦に関する共産主義分子の動向並意嚮に就いて　内務省警保局保安課」、『資料　日本現代史 3』、168–169 頁。

② 「特高課長会議説明資料　左翼分子の動向　内務省警保局保安課」、『資料　日本現代史 3』、173 頁。

③ 「〔特高警察拡充案〕内務省警保局」、『資料　日本現代史 3』、229 頁。

④ 広島県『原爆三十年—広島県の戦後史—』、広島県、1976、121 頁。

⑤ 山边健太郎（1905~1977），出生于东京。1921 年在大阪参加了日本史上首个五一劳动节，此后开始从事工人运动。1929 年在"四一六事件"中被逮捕，1933 年底出狱。1941 年在太平洋战争爆发时再次被捕。1945 年 10 月 10 日因《治安维持法》废除而出狱。战后曾任日本共产党书记局书记、统制委员、党史委员。1958 年日共第七次全国代表大会后，专心撰写日本社会运动史和朝鲜近代史。

⑥ 山辺健太郎『社会主義運動半生記』、219 頁。

⑦ 山辺健太郎『社会主義運動半生記』、219 頁。

仍强调战前镇压力量的残酷，"即便战败后，《治安维持法》仍继续实施，以日本共产党为代表的大批人仍被囚于狱中……到《治安维持法》被撤废，还要两个月的时间。这两个月间所具有的重要意义，大约有被深入检讨的必要"。[①]

二是在日共合法性存疑的情况下，1945 年 8~9 月社会民主主义者已积极开展建党活动，面对这一情形，部分共产主义者曾考虑暂且先参加社会民主主义者的建党活动。加之在战前社会主义运动中，日共为回避其非法身份，采取的一项策略即支持建立一个接纳所有社会主义势力的合法政党，日共以此获得合法的活动平台，并在内部扩大影响力，进而逐步主导统一的无产阶级政党。对该策略的典型应用即战前日共与劳动农民党的关系。劳动农民党成立于 1926 年，该党最初希望成为全体工农群众的统一政党。但因党内左右派间的矛盾，后来右派脱离另组他党，左派留在党内。日共进入劳动农民党，以此为合法舞台，开展政治斗争。[②] 故在战后初期，部分共产主义者考虑继续采用这一策略。以冈山县为例，1945 年 9 月 30 日，县内战前无产阶级政治运动家 21 人讨论恢复冈山县无产阶级政党。[③] 经交换意见，他们担心日共的合法性问题，故决定集结县内革新势力，先成立社会党县支部。[④] 这些冈山县的无产阶级政治运动家中便包括共产主义者。不仅如此，当时在富山县、长野县，无产阶级政治运动家亦出于对《治安维持法》的畏惧决定先成立社会党。[⑤] 此外，在 1947 年日共第六次全国代表大会上当选中央委员的龟山幸三的回忆亦可印证此点。据龟山幸三回忆，他在 1945 年 8 月末返乡，与旧日同志协商恢复政治运动。[⑥] 他当时已有明确的共产主义运动意识，但畏惧战前的镇压体制，故决定以社会民主党

---

① 日本共産党『戦前・戦後の天皇制批判』、日本共産党中央委員会出版局、1986、28 頁。
② 〔美〕陶慕廉：《战前日本的社会民主运动》，64 页。
③ 岡山県労働組合総評議会編『岡山県社会運動史 12』、70 頁。
④ 岡山県労働組合総評議会編『岡山県社会運動史 12』、71 頁。
⑤ 山辺健太郎『社会主義運動半生記』、219 頁。
⑥ 亀山幸三『戦後日本共産党の二重帳簿』、現代評論社、1978、17 頁。

的党名伪装来展开活动。①

　　基于上述两点因素，1945年8~9月，部分共产主义者即有意借助战后初期的建党潮流，谋划进入社会民主主义政党。这引起了日本内务省警保局保安课的警惕。他们认为社会民主主义各派间的内讧与分裂将使其分支组织为共产党人所利用，共产党人将像对待战前的劳动农民党一样，将新成立的社会民主主义政党作为自我庇护的母体。② 故他们判断共产主义者恐不会结成自己独立的大众组织，而试图利用社会民主主义大众团体的组织与发展，潜入其下层组织，利用其组织的民主性而逐步侵蚀其上层组织。③

（二）日共重建第二阶段构想

　　进入1945年10月，日共重建进入第二阶段。在第二阶段，独立重建已成为主流意见，基本看不到加入社会民主主义政党的主张。这一情况的出现主要与三点原因有关。

　　一是进入1945年10月，盟军推行民主改革，释放政治犯，日本共产党获得合法性，这从根本上消除了共产主义者重建日共的最大担忧。此外，1945年8~9月，一些共产主义者虽有与社会民主主义者联合组党的主张，但他们面临一个巨大的困难，即社会民主主义者的主流意见是新党性质应区别于共产党，新党不应包括共产党。这使共产党人很难与社会民主主义者联合建党。

　　二是1945年10月，日共主要人物陆续出狱，他们是共产主义信念最坚定的党员，是战后日共重建的核心力量，构成占领期日共的核心领导层。在盟军推动民主改革的背景下，他们被释放，日共获得合法性。在此有利形势下，这批百折不挠的共产主义斗士坚决主张独立重建组织，不考

---

①　亀山幸三『戦後日本共産党の二重帳簿』、17頁。
②　「特高課長会議説明資料　左翼分子の動向　内務省警保局保安課」、『資料　日本現代史3』、172頁。
③　「特高課長会議説明資料　左翼分子の動向　内務省警保局保安課」、『資料　日本現代史3』、174頁。

虑与社会民主主义者联合建党。以占领期日共"三巨头"德田球一①、志贺义雄②、野坂参三为例。③ 德田球一、志贺义雄被关押在狱中时便明确主张出狱后重建日共，并为此早有准备。④ 例如，1945 年 10 月 20 日，日共机关报《赤旗》复刊第一号中的部分文章与战后工人运动策略便是他在狱中研究与草拟的。⑤ 重建日共不仅仅是德田球一与志贺义雄的个人看法，更是当时狱中政治犯的总体意见。据山边健太郎回忆："不管怎样，出狱后，变得非常忙。必须重建全国性的党组织。"⑥ 据袴田里见回忆，进入 1945 年，日本败局已定，被关押的党员预测若日本战败，他们可能命运好转，亦可能被当局杀害。⑦ "尽可能地活下去，必须重建共产党，为此我必须努力。"⑧ 这些日共主要人物的回忆皆反映出，早在被释放前，他们已抱定将来重建党组织的信念。

三是日共政治犯如此坚决地恢复党组织亦有战前源流。20 世纪 20 年代，日共内部曾存在"解党主义"（解散共产党组织）与维持共产党组织独立两条路线的对立。但在 1927 年共产国际为日共制定的《二七年纲领》中，专门强调了维持共产党组织独立性的特殊意义，批判了当时日共内部的"解党主义"思潮。特别是德田球一当时代表日共在莫斯科参与了《二七年纲领》的制定。德田球一本人即深受《二七年纲领》关于

---

① 德田球一（1894~1953），生于冲绳。日本共产党创始人之一，盟军占领期日共最高领袖。1922 年参与创建日本共产党，被选为中央委员。1923 年日共党员被大规模逮捕，次年通过解散党的决议。同年德田出狱，1926 年再次被捕。1926 年 12 月党组织重建，德田在狱中被选为中央委员。1927 年赴莫斯科参与《关于日本问题的决定》的拟定。1928 年 2 月被逮捕，此后德田被关押在府中刑务所达 18 年之久。二战后，1945 年 10 月 10 日，盟军释放日共政治犯。1945 年 12 月，日共四大召开，德田当选书记长。
② 志贺义雄（1901~1989），生于山口县，就读于东京帝国大学，其间参加学生运动，1923 年加入日本共产党。1928 年因"三一五事件"而被判入狱，在府中刑务所被关押长达 18 年。1945 年 10 月，志贺义雄出狱，此后担任日共政治局委员，协助德田球一、野坂参三扩大日共势力。
③ "Communist Strength In Japan", Ore 46-48 Published 28 September 1948, p.4, Document Number (Foia)：Cia-Rdp78-01617a003300010001-3, Collection：General Cia Records.
④ 德田球一·志贺义雄『獄中十八年』、時事通信社、1947、102 頁。
⑤ 德田球一·志贺义雄『獄中十八年』、159 頁。
⑥ 山边健太郎『社会主義運動半生記』、225 頁。
⑦ 袴田里见『党とともに歩んで』、新日本出版社、1973、395 頁。
⑧ 袴田里见『党とともに歩んで』、395 頁。

共产党组织独立性与革命前卫党思想的影响。这种战前思想源流亦构成了战后日共重建党组织的重要精神动力。

结 语

二战后，盟军占领日本，推行民主改革，为战后日本社会主义运动的发展创造了重要的历史条件。在此背景下，日本的社会主义者纷纷行动，着手重建战前政党。于是，他们再度面临无产阶级政党的统一与分裂问题。在 1945 年 8~9 月的战后最初期，社会民主主义者与共产党人曾有过联合建立统一政党的机会。但在此过程中，受以下四点因素影响，这一机会最终消失了。一是受历史发展进程的影响，社会民主主义者与共产党人在建党问题上存在时间差。社会民主主义者大体拥有合法地位，故早于日共在 1945 年 8~9 月即迅速着手建党。其时日共骨干力量尚在狱中，10 月后陆续被释放出狱，方着手建党。此时，社会民主主义者已决定排除日共，建立单一的社会民主主义政党。受历史进程影响，双方错失合作的最佳时机。二是受战前日共与社会民主主义者意识形态分歧的影响，社会民主主义者对与日共联合颇为忌惮。为避免联合后的内讧与被日共操控，社会民主主义者决定新党不吸纳共产党人。三是战前社会民主主义左、中、右三派间虽矛盾重重，但基于对战前经历的反思，三派决定搁置争议而团结建党。这使建立单一社会民主主义政党成为可能。四是日共主要人物具有强烈的组织性与政治信念，他们出狱后，坚持战前《二七年纲领》重视日共组织的精神。随着战后民主改革推进，日共获得合法性，得以公开活动。且战后初期日本社会问题丛生，满目疮痍，日共认为自身具备解决问题与发展力量的能力、条件，对日本共产主义运动前景怀抱乐观。故 1945 年 10 月，日共主要人物出狱后亦决定独立重建党组织，不与社会民主主义者联合建党。

在 1945 年 8~10 月的短短 3 个月时间里，经历复杂的政治形势变化，日本的社会民主主义者与共产党人最终决定分立建党。1945 年 11 月，日本社会党成立，当年 12 月，日本共产党重建。战后初期社、共两党分立，对战后日本社会主义运动有着深远影响。首先，这塑造了战后日本社会主义运动的基本格局，最终分裂为共产党与社会党两大系统。这一格局一直持续到 1996 年日本社会党解散，而日本共产党则存续至今。其次，两党分立后，围绕"统一战线"的成败展开激烈、复杂的斗争，既对立又联合。一方面，两党虽已分立，但彼此仍有复杂的关系。日本社会党成立后，其党内包含了与日共关系密切的社会民主主义左派势力。这成为冷战时期社、共两党关系始终纠缠不清的重要原因之一。20 世纪六七十年代，以社、共两党为核心的左翼力量在地方层面曾达成合作，赢得不少重要都市的选举，一度出现"革新自治体时代"。另一方面，社、共两党在意识形态领域的巨大分歧与政治对立始终存在，两党在中央层面从未达成合作。特别是在 20 世纪 80 年代，随着东欧剧变的发生，国际共产主义运动遭遇挫折，日共在国内的生存发展亦遭受空前挑战，日共与社会党间的分歧日益加深。这皆在整体上造成了二战后日本社会主义力量的耗散，不利于对抗日本的保守势力。

（审校：项　杰）

21世纪以来的日本政官关系再考[*]

——以"官邸政官关系"为中心

张晓磊^{**}

内容摘要： 日本首相官邸主导决策机制内部存在一种缩微版的政官（官邸政治家与官邸官僚）关系结构。小泉政权时期在利用"官邸官僚"发挥其政策协调专长的同时，官邸、自民党的族议员、省厅官僚之间达到了一种新的力量平衡，进而酝酿了官邸主导决策机制的雏形。第一次安倍政权时期首相对职业官僚的排斥态度决定了这一时期"官邸政治家"的比例大大高于"官邸官僚"，加之这一时期安倍本身缺乏执政经验，官邸的团结力和凝聚力都极为不足，无法在与执政党、省厅的沟通中保持主导权。第二次安倍政权时期"官邸政治家"和"官邸官僚"间的关系整体上是稳定的，安倍为"官邸官僚"提供了足够宽大的施展能力的空间。回顾小泉政权、民主党政权、两次安倍政权的官邸主导模式，可发现保证官邸主导决策实现最优解的办法是"官邸政治家"与"官邸官僚"和谐共存、相辅相成。

关 键 词： 日本 官邸政官关系 官邸政治家 官邸官僚 官邸主导决策机制

政官关系是影响战后日本政治和行政体制走向的重要核心变量之一，

---

* 本文为中国社会科学院创新工程项目"后安倍时代日本政治与政局变动研究"（编号：2021RBSB01）的阶段性成果。

** 张晓磊，法学博士，中国社会科学院日本研究所研究员，日本政治研究中心秘书长，主要研究方向为日本宪法与安全政策、中日安全关系、日本政治。

20 世纪 90 年代日本政治和行政改革之前，政官关系的结构性特征集中表现为官邸主导，这也是推动日本实现经济高速发展的重要政治因素。但到了 1994 年，随着小选区比例代表并立制改革、《政治资金规制法》修改、桥本政权时期以削弱官僚权力为中心的行政改革的展开，日本政官关系开始出现明显的结构性变化，强化政治主导、削弱官僚主导、实现官邸主导成为此后历届首相推动政治和行政改革的指导思想。近年来，安倍第二次政权超长期执政内因[①]可谓学界研究热点，大多数研究以探讨此时期自民党的政治主导改革为中心，即从政官关系的视角看，偏重于"政"对"官"的主导（首相官邸中政治家对官僚的主导或者首相官邸对省厅官僚的主导），但在一定程度上忽略了"官"对"政"的影响，或者说没有辩证地对官邸中的政官关系进行更为客观的研究。从后安倍时代的菅义伟政权以及岸田文雄政权的运营效果看，目前还无法确定日本是否真正实现了所谓的官邸主导[②]或政治主导，或者说是否实现了一种稳定的官邸主导模式。这表明日本的政官关系实践仍然在发展，对其研究还未真正清晰和透彻。如何看待官僚主导和政治主导的关系，如何认识官邸中的政官关系，进而发现官邸主导决策机制更为客观的规律，都是亟待解决的问题。

如前所述，在桥本政权行政改革的铺垫基础上，21 世纪初上台执政的小泉政权开始探索官邸主导的制度化建设，可以说，自小泉政权开始，日本的政官关系进入制度层面的深层次转型进程。因此，为更科学地对政官关系[③]和

---

① 更详细内容可参阅王新生《安倍长期执政的原因探析：社会变迁、制度设计、"安倍经济学"》，《日本学刊》2018 年第 3 期。

② 更多内容可参阅张晓磊、从伊宁《"后安倍时代"日本首相官邸主导决策困境探析》，《东北亚学刊》2022 年第 2 期；何晓松《日本"首相官邸主导型政治"的比较政治制度论分析》，《东北亚学刊》2019 年第 5 期；邵建国、张择旭《日本政治已是"首相官邸主导"模式了吗？——基于数据的实证分析》，《国际论坛》2018 年第 6 期。

③ 近年来研究日本政官关系的文献主要集中在日本民主党执政时期，因其时民主党提出所谓"政治主导"改革而成为研究热点。参见吴寄南《民主党执政后的政官关系》，《日本学刊》2011 年第 5 期；徐万胜《论政官关系与日本民主党政权》，《日本学刊》2010 年第 4 期；李家成、郭忠厅《日本政官关系发展对政治决策过程的影响》，《日本研究》2017 年第 4 期；〔日〕田中秀明《"政官关系"的变异：政治主导是否取得了成功？》，nippon.com，https://www.nippon.com/cn/in-depth/d00516/，最后访问日期：2023 年 3 月 14 日。

官邸主导决策机制进行辩证和全面的研究，本文将研究视角进一步集中到"官邸政官关系"这一组核心变量上，重新梳理从小泉政权到第二次安倍政权的"官邸政官关系"，从政官关系的视角重新审视官邸主导决策过程，以期发现日本政官关系变迁的更多规律。

一　日本政官关系的研究方向与"官邸政官关系"的界定

日本行政学名家西尾胜在冷战结束后曾讨论过日本官僚制研究的未来方向，这给我们研究日本政官关系提供了很大的启示。他认为，现代日本的政治体制根本不是由一元化的官僚制度统治构成，而是由广泛的多元化的政治过程构成。他指出，至少有三点是在研究官僚制时要注意的：一是对统治结构和行政官僚制所具有的相对地位和作用，要有国际比较的视角；二是必须弄清官僚和政治家关系的结构问题，而不是研究官僚的力量强还是政治家的力量大；三是必须认识到政治家和行政官的关系在各个政策领域有很大的不同，必须避免将某一领域公认的现象急切地做一般化的处理，要对多种事例进行积累研究。① 可见，研究政官关系的重点在于厘清官僚和政治家两大集团的权力边界和它们在日本决策体制中的角色作用，避免顾此失彼、以偏概全甚至一叶障目。

本着以上研究目的，笔者引入"官邸政官关系"及"官邸政治家"、"官邸官僚"的概念②，以便对政官关系演变有更具体、全面和客观的认知。回顾战后日本行政改革的历史可以发现，从 20 世纪 90 年代后期桥本龙太郎执政时期日本便开始推动政治和行政决策体制从"官僚主导"（执政党官僚内阁制）转向"政治主导"（官邸主导）的改革和探索。

① 〔日〕西尾胜、郝玉江：《日本官僚制论的类型》，《国外社会科学文摘》1992 年第 7 期。
② 有关日本官邸官僚的文献可参阅森功『官邸官僚—安倍一強を支えた側近政治の罪—』、文藝春秋、2019；髙橋洋一『大手新聞・テレビが報道できない「官僚」の真実』、SB 新書、2017；古賀茂明『日本を壊した霞が関の弱い人たち—新・官僚の責任—』、集英社、2020；牧原出『崩れる政治を立て直す—21 世紀の日本行政改革論—』、講談社現代新書、2018；アジア・パシフィック・イニシアティブ編『検証　安倍政権—保守とリアリズムの政治—』、文春新書、2022；竹中治堅『首相支配—日本政治の変貌—』、中公新書、2006；中北浩爾『自民党—「一強」の実像—』、中公新書、2017。

桥本龙太郎推动的行政改革通过设置内阁府、精简省厅等措施进一步强化了内阁尤其是首相官邸的权力，自桥本之后的小泉纯一郎政权开始，日本的决策模式集中表现为以首相及其辅佐团队为核心的官邸主导机制。这里的首相辅佐团队是由包括内阁官房长官、内阁官房副长官、内阁危机管理监、国家安全保障局局长、助理官房副长官、内阁广报官（负责对外宣传联络）、内阁情报官、首相辅佐官、首相秘书官等在内的核心阁僚及中高级行政官僚组成的一个政官体系。在这个体系内，对于首相和官房长官等内阁阁僚以及政治家出身的官员，我们将其定义为"官邸政治家"，而体系内的其他职业行政官僚出身的官员，我们将其定义为"官邸官僚"。

可见，官邸主导决策机制内部依然存在一种缩微版的政官（官邸政治家与官邸官僚）关系结构，分析"官邸官僚"① 与"官邸政治家"的关系以及他们在官邸主导决策机制内的角色和作用，可以为日本政官关系在桥本行政改革后的演变规律提供一个新的解释框架，同时有利于我们对日本的官邸主导决策机制形成更为全面的理解。

二 小泉政权时期的"官邸政官关系"

在小泉政权时期，"官邸官僚"开始逐步显露头角，其中首相个人魅力和强大的政治手腕发挥了关键作用，"官邸政官关系"这一微型政官关系结构开始在官邸层面浮现。

（一）小泉政权的"官邸政官关系"架构与角色评估

小泉政权时期"官邸官僚"的积极角色开始凸显，日本学者将这一时期首相对待"官邸官僚"的态度定性为"活用"②。小泉政权时期实施

---

① 涉及"官邸官僚"的文献可参阅张勇、孟繁超《政策推手：日本首相外交安保团队与对外决策过程》，《日本学刊》2021 年第 6 期；中北浩爾「官邸主導—強力で安定したリーダーシップの条件—」、アジア・パシフィック・イニシアティブ編『検証　安倍政権—保守とリアリズムの政治—』、文春新書、2022。

② 中北浩爾「官邸主導—強力で安定したリーダーシップの条件—」、87 頁。

官邸主导的核心平台是设置在内阁府下的经济财政咨询会议，小泉亲自担任议长，自其 2001 年上台执政起共参加了 187 次经济财政咨询会议而未缺席一次，同时他任命庆应义塾大学的学者竹中平藏担任经济财政大臣，推动邮政民营化等重大经济政策改革。除了竹中，小泉还"活用"岸博幸（经产省）、高桥洋一（财务省）等年轻的"脱藩官僚"作为经济财政咨询会议的中坚力量。

当时的小泉内阁首席政务秘书官饭岛勋此前是小泉担任议员时期的秘书。除饭岛以外，小泉大幅"活用"省厅出身的官僚，比如任命职业官僚丹吴泰健等省厅出身的四人为首相秘书官，还任命了其他省厅出身的人为参事官。另外，原厚生事务次官古川贞二郎、原自治事务次官二桥正弘被任命为事务官房副长官，财务省出身的竹岛一彦、坂笃郎担任助理官房副长官。

可以说，从小泉政权时期开始，"官邸官僚"作为一个政治群体开始走上历史前台。从外部看，"官邸官僚"是首相官邸、中央省厅以及执政党三方之间的平衡手，首相通过"官邸官僚"一方面实现对省厅官僚的协调甚至控制，另一方面实现对执政党权力的压制、切割和分流，进而实现官邸权力的扩张和集中。从内部看，"官邸官僚"代表了官邸内部一种新的政官关系模式的雏形。首相从渴望获得更大权力的那一刻起，就必然面对在官邸内部如何处理新型政官关系并提高官邸效率的问题。

（二）"官邸官僚"走上历史前台的内因与过程

"官邸官僚"能够走上历史前台，离不开小泉纯一郎这一堪称二战后日本最为强势首相的强力改革。但偶然中有着必然，支持小泉向所谓旧的自民党派阀政治和臃肿的省厅官僚队伍发起挑战的依然是制度性、体系性的变革，即桥本时期的行政改革以及 1994 年的小选区比例代表并立制改革，这两项改革为小泉利用国民、舆论等外部力量施展他的政治手腕提供了政治和行政体制上的支撑。

在具备制度性支撑后，小泉上台伊始首先在自民党内向旧的派阀政治发起了猛烈的挑战，他甚至在 2001 年 4 月 24 日就任党总裁后的记者会上公然宣称"自民党内自此再无派阀，从人事层面整顿党内秩序是他上任后的第一项工作"。① 之后他没有按照惯例与各派阀商讨党内三役（干事长、政调会长、总务会长）的人选，径直起用山崎拓（原政调会长）担任干事长、麻生太郎（原经济财政大臣）担任政调会长、堀内光雄（原通产大臣）担任总务会长，而山崎和堀内率领的两个派阀分别处于党内第四和第五的位置，这意味着当时最大的党内派阀桥本派以及第三位的江藤、龟井派无人入选（第二位为小泉所在的森派），这打破了自 1980 年铃木善幸政权开始的惯例，对自民党的旧派阀政治是一次重大打击。自民党的派阀影响力主要来自选举、政治资金和党内人事三个方面，小泉利用新的选举制度、控制政治资金分配权（《政治资金规制法》1994 年第一次修改，1999 年再度修改，确保了政党的政治资金更加透明），大大扩大了对各派阀的影响力，而最后不经派阀商议的人事任免则水到渠成。这加大了首相对党内派阀的控制，为小泉在官邸扩大权力去除了最大的党内束缚。当然，对于小泉的脱派阀改革，各方有着不同观点。日本政治评论家本泽二郎认为，脱派阀政治是一种谎言，只不过是从一种旧的派阀政治结构向另外一种新的结构的不断转换而已。他在评论小泉纯一郎时提到，"他比别的党首更忙于应付支援选举日程。他两次去岩手县，原因是那里有支援森派的候选人玉泽德一郎"。他还将小泉定性为"无法从派系羁绊摆脱出来的人气首相"。②

随后 2001 年 4 月 26 日，小泉又对外公布了他自己宣称的"惊天动地"的阁僚人事名单。他弃用了桥本派的两名预期人选，同时还选任了三名非国会议员担任内阁大臣，其中就包括小泉经济改革政策的核心人物、庆应义塾大学的教授竹中平藏为经济财政大臣。③ 这意味着小泉确定了核心的"官邸政治家"团队，这是其推动实现官邸主导决策模式的又一关键步伐。

"官邸官僚"能够被小泉"活用"的另外一个制度性前提还在于

---

① 竹中治堅『首相支配—日本政治の変貌—』、183 頁。
② 〔日〕本泽二郎：《小泉纯一郎面面观》，张碧清等译，学苑出版社，2022，第 191 页。
③ 竹中治堅『首相支配—日本政治の変貌—』、185 頁。

2001 年 1 月实施的行政改革，在此次改革中，内阁官房权力得到进一步强化，内阁的重大政策提案权被内阁法所明确，内阁府还下设了经济财政咨询会议，小泉利用这一平台加大对政府重大政策的指挥和控制权限。需要注意的是，设置经济财政咨询会议实际上是 2000 年 4 月时任首相森喜朗在施政演说中提到的机构改革方案①，这体现出桥本龙太郎之后历届首相无论本人是否强势，在政策理念上都倾向于实现官邸主导。正是有了这些平台和权限，加上小泉的"活用"，"官邸官僚"才具备了自由发挥的空间。

　　到底如何做到"官邸官僚"才尽其用，也是一个值得琢磨的问题。如前所述，尽管万事俱备，但官邸通过经济财政咨询会议达到扩权并非易事，这是一个不断磨合的过程。小泉希望通过经济财政咨询会议发挥官邸的主动权，制定"今后经济财政运营及经济社会结构改革的基本方针"，方针中包括各省厅的重点政策和下年度预算。而按照自民党执政惯例，这些重大政策出台之前，内阁需要与重点省厅及自民党派阀进行充分的协调沟通。小泉试图借助国会选举中国民支持的热潮，直接越过这些流程，包括执政党的事前审查制度，这引发了党内与省厅官僚的误解和不满，双方一度僵持。但随后的 2001 年 7 月，小泉率领自民党取得了参议院选举的大胜，2001 年 11 月开始小泉还经由经济财政咨询会议通过了类似五年计划的《结构改革与经济财政中期展望》，且在 2002 年 1 月 25 日以阁议决定的形式发布。② 这对党内派阀和省厅官僚触动很大，他们开始关注并重视经济财政咨询会议的作用和影响力，这一平台也逐步成为官邸与自民党、省厅官僚进行政策协调的主阵地，官邸的主动权也逐步扩大，"官邸官僚"发挥长处的时机到了。

　　2002 年开始，经济财政咨询会议事务局与省厅之间开始就前述"基本方针"等重大政策进行真正意义上的磋商。对比 2001 年与 2002 年官邸确定的"基本方针"，可以发现农林水产省和国土交通省反映的一些意见

---

① 清水真人『官邸主導—小泉純一郎の革命—』、日本経済新聞社、2015、215 頁。
② 竹中治堅『首相支配—日本政治の変貌—』、202 頁。

在 2002 年方针中有所体现。2003 年开始，经济财政咨询会议与自民党之间也开始了真正意义上的政策磋商，比如竹中平藏出席了自民党在 2003 年召开的综合经济调查会，通过协调，2003 年"基本方针"草案吸收了自民党的意见并进行了 40 多处修改。① 在"官邸官僚"发挥政策协调专长的同时，官邸、自民党的族议员、省厅官僚之间达到了一种新的力量平衡，进而酝酿了官邸主导决策机制的雏形。

日本政治学者薮野祐三在评论小泉推动的政治改革时认为，如同小泉自己提出的"没有改革就没有增长"，小泉改革成功的重要原因在于其改革是基于解决限制日本增长的制度性难题，这迎合了日本国民的需求，既保证了稳定的高支持率，也促成了小泉所谓"摧毁"自民党派阀的雄心勃勃的改革。②

三　第一次安倍政权及民主党政权时期的"官邸政官关系"

第一次安倍政权以及民主党政权时期可以看作"官邸政官关系"演变进程中的波折期。无论是安倍政权还是民主党政权，均没有做到"官邸政治家"和"官邸官僚"之间的动态平衡，致使双方之间的天平遭到破坏，进而造成了执政危机，其中的经验教训值得探究。

（一）第一次安倍政权时期的"官邸政官关系"

2006 年 9 月 26 日，在小泉政权时期担任内阁官房长官的安倍晋三第一次登上首相宝座，并开启了对官邸主导决策机制的进一步摸索。鉴于首相对官邸中政治家和官僚的巨大影响力，第一次安倍政权时期的"官邸政官关系"呈现出不一样的结构和作用。小泉时期通过引导舆论与民意改变自民党诸多政治规则的前例给了安倍很大的触动和刺激，他在上台后也刻意通过舆论和民意塑造自身的形象，实现从"聚

---

① 竹中治堅『首相支配―日本政治の変貌―』、208 頁。
② 藪野祐三『現代日本政治講義―自民党政権を中心とした―』、北海道大学出版会、2019、99 頁。

焦绑架问题的安倍"向"聚焦政治改革的安倍"的形象转换，并凭借此点获得了党内外的压倒性支持，同时也扩展了人脉，以至被称为"人脉的安倍"。①

安倍在上任伊始的施政演说中指出，为了在全球化的背景下做出迅速准确地应对时代变化的政策决定，将从根本上加强首相官邸的职能并确立政治领导，并立即建立一个框架，由首相本人选择在官邸任职的官员，包括从私营部门选拔官员。② 正所谓过犹不及，安倍在第一次执政时期形成了完全依赖人脉小圈子的思维定式，在当时的安倍看来这是官邸政治改革的必由之路。这一人脉小圈子包括以时任总务大臣菅义伟为代表的所谓"苦劳人"③（与安倍的家世和成长过程完全不同但深受安倍信任）和以时任官房长官盐崎恭久为代表的所谓"二世议员"④（与安倍几乎同时代成长且深受安倍信任的二代议员）两大类型，均深受安倍信任，也就是说安倍此时期的官邸"政"和"官"中并非主要以能力为构筑决策机制的标准，而代之以与安倍的关系密切程度。尽管安倍上任后宣称要根据才干安排职位，盐崎恭久上任后声称要拒绝"论功行赏人事"，但事实证明他们都没有兑现自己的承诺。

与安倍关系密切的参议院议员山本一太称，安倍不像小泉那样有着强烈的领袖气质，因此，通过系统性改革的方式确立政治主导更符合安倍的性格。日本政治学者中北浩尔将这一时期安倍政权官邸主导的最大特点概括为对政治家出身的首相辅佐官的重用。⑤ 这在很大程度上决定了这一时期"官邸政治家"与"官邸官僚"的配置结构和各自定位。受美国总统重视幕僚理念的影响，安倍尤为重视首相辅佐官这一职位。当时的官房长官为盐崎恭久，是安倍信赖的政治盟友；首相辅佐官分别为小池百合子

---

① 水島愛一郎『安倍晋三の人脈』、グラフ社、2006、50頁。
② 「第165回国会における安倍内閣総理大臣所信表明演説」、WARPホームページ、2006年9月29日、https：//warp. ndl. go. jp/info：ndljp/pid/244428/www. kantei. go. jp/jp/abespeech/2006/09/29syosin. html［2023-3-14］。
③ 水島愛一郎『安倍晋三の人脈』、74頁。
④ 水島愛一郎『安倍晋三の人脈』、93頁。
⑤ 中北浩爾「官邸主導—強力で安定したリーダーシップの条件—」、93頁。

（负责国家安全保障）、根本匠（负责经济财政）、山谷惠理子（负责教育改革）、世耕弘成（负责宣传）、中山恭子（负责绑架问题），五位均为政治家，而非熟悉行政业务的前职业官僚，所以他们应该被定义为"官邸政治家"。

事实证明，第一次安倍政权时期安倍对政治家出身的首相辅佐官的重用是不成功的。严格说来，首相辅佐官并不属于内阁官房，那么在安倍重用首相辅佐官的背景下，作为内阁发言人的盐崎恭久与负责宣传的世耕弘成如何分工也成了一个难题。其他首相辅佐官与其他阁僚也面临同样的角色重合难题，这就导致了二重行政的问题。在安倍和盐崎均经验不足的情况下，政治家出身的首相辅佐官又无法发挥特长，造成了官邸内部的团结力不足的混乱状况。其他不合适的人事任命也有不少。比如，任命曾经担任官房副长官秘书的井上义行（以井上为代表的秘书官集团也是安倍第一次执政时期的重用对象）担任政务类首相秘书官，他在对待媒体的态度上受到了强烈的批评，官邸一度陷入一种孤立状态。

总的来看，第一次安倍政权时期，首相对待"官邸官僚"整体上持一种轻视或者保持距离①的态度②。在当时的安倍看来，官邸的政治家只有首相、官房长官和副长官等区区四人，因此他要通过任命更多政治家（或秘书官）来壮大官邸阁僚的力量。③ 当时省厅官僚就某个具体政策到内阁拜访首相以做出说明甚至都受到了严格限制，尽管当时有十名官僚是官邸从各省厅招募的参事官④，但他们也没有在推动官邸与各省厅的顺畅沟通中起到应有的作用。还有一个问题就是安倍任命的行政官僚出身的一些官员因为离开省厅官僚职位过久而并不了解日本中央省厅改革之后的实情，比如曾任大藏省官僚的官房副长官场顺三就是这种情况。⑤

最能代表安倍在第一次执政时期对待"官邸政官关系"态度的应该是两次官邸职位的人员调整：一是通过任用场顺三替换二桥正弘的方式，

---

① 牧原出「崩れる政治を立て直す— 21 世紀の日本行政改革論—」、139 頁。
② 深受安倍信赖的时任外务次官谷内正太郎或许是个例外。
③ 安倍晋三『安倍晋三回顧録』、中央公論新社、2023、89 頁。
④ 中北浩爾「官邸主導—强力で安定したリーダーシップの条件—」、94 頁。
⑤ 牧原出『崩れる政治を立て直す— 21 世紀の日本行政改革論—』、140 頁。

向官邸中常年由各省厅主导的事务类官房副长官职位发起了挑战，也是安倍向省厅所谓"圣域"发出的一份强化官邸主导的"宣战布告"；二是撤换了内阁法制局局长，任用宫崎礼壹替换坂田雅裕，使省厅产生了较大震动。①

除了人的问题，安倍在灵活运用小泉时期起到关键作用的经济财政咨询会议上也没有达到预期效果。安倍在第一次执政时期对结构改革并不热心，其经济财政政策也并无具体明确的目标，使得小泉时期耗费各方面资源确立的这样一个官邸主导平台顿失存在感。

首相对官僚的排斥态度决定了这一时期"官邸政治家"的比例大大高于"官邸官僚"，加之安倍本身缺乏执政经验，官邸的团结力和凝聚力都极为不足，无法在与执政党、省厅的沟通中保持主导权，第一次安倍政权很快便终结了。

（二）民主党政权时期的"官邸政官关系"

在对待"官邸官僚"的态度上，如果说第一次安倍政权时期还只是轻视或保持距离，到了民主党政权时期则是一种旗帜鲜明的排斥。2009年 9 月 16 日，民主党成为执政党，鸠山政权上台。民主党在此前的众议院大选中抛出的竞选承诺中提出了"政权构想五策"，这些构想几乎把"官邸政治家"搬到了"神坛"，而把"官邸官僚"挤到了边缘的角落。构想第一策提出要实现与自民党政权官僚主导不同的以所谓大臣、副大臣、政务官为中心的政治主导体制。构想第二策提出要重视发挥内阁大臣的角色作用，大臣通过阁僚委员会实现与中央省厅间的政策协调，为此要废止事务类官房副长官主持的事务次官会议。但从政治实践来看，"官邸政治家"的行政能力不足，议事机制也不成熟，阁僚委员会没有实现预期效果，后期的召开频率也越来越低。构想第三策提出在内阁官房设置首相直属的国家战略室（包含一揽子改革内容的政治主导确立法案在国会审议通过后改为国家战略局），承担确定国家战略及重大政策、

---

① 水岛愛一郎『安倍晋三の人脈』、107-109 頁。

编制预算总体框架的决策中枢角色，由时任副首相菅直人担任国家战略相，这将使小泉时期延续下来的政策中枢经济财政咨询会议实质上处于停滞状态。[1]

2009 年鸠山由纪夫上台执政后意气风发，他提出要"清理战后行政"，特别是要在两个方面进行重大改革。一是"清理机构和业务"，审查所有政府预算、文书工作、项目甚至法规，杜绝浪费纳税人的钱，向世界公开政府内部的秘密协议和部厅间的谅解备忘录等；二是彻底审查税收资金的使用方式和预算组织方式。鸠山提出必须从人民利益和世界利益出发，破除纵向分工障碍，制定财税战略框架和经济管理基本政策；每个政治家都必须端正自己，确保透明度，从根本上摆脱既得利益的政治。[2]

2010 年菅直人上台执政后，继续推动民主党的政治改革。他认为，鸠山前政府大胆地挑战了历届政府都未成功的"清理战后行政"，但只完成了一半。新内阁必须继续实施向人民承诺的改革。改革往往会遭到强烈抵制，但如果放松警惕，改革就无法取得成效，甚至会倒退。他将继续推进政治驱动的改革。他还总结道，缺乏政治领导一直是日本以国家层面为目标的改革未能取得进展的最大原因。换句话说，虽然有代表个别团体和个别地区利益的政治，但缺乏考虑国家整体未来并推动改革的政治领导。[3] 2010 年民主党在参议院选举中惨败，政治主导确立法案在国会夭折，国家战略室也仅保留了为首相提出政策建议的权限。

2011 年野田佳彦上台后，提出恢复对政治和行政的信赖。他认为，没有国民对政治和行政的信赖，国将不国。他提出将努力通过行政改革和政治改革的具体成果来恢复信赖。他还称，在二战结束后不久的 1946 年，内阁会议就已决定"为提高国民的信赖，彻底进行行政运营改革"。尽管

---

① 中北浩爾「官邸主導—強力で安定したリーダーシップの条件—」、95 頁。

② 「第 173 回国会における鳩山内閣総理大臣所信表明演説」、WARPホームページ、2009 年 10 月 26 日、https：//warp.ndl.go.jp/info：ndljp/pid/1042913/www.kantei.go.jp/jp/hatoyama/statement/200910/26syosin.html［2023-3-14］。

③ 「第 174 回国会における菅内閣総理大臣所信表明演説」、WARPホームページ、2010 年 6 月 11 日、https：//warp.ndl.go.jp/info：ndljp/pid/2629568/www.kantei.go.jp/jp/kan/statement/201006/11syosin.html［2023-3-14］。

已经过去 60 多年，行政改革仍处于半途。他提出，要采取措施杜绝行政上的浪费及低效性，强化真正必要的行政机能，这种行政改革必须不断地持续和加强；深化自政权交替后已开展的"分类"做法，政府和执政党融为一体，回归"国民生活第一"的原点，与既得利益做斗争，在各个行政领域实施改革。①

尽管属于不同的执政党，但第一次安倍政权和民主党政权在对待"官邸官僚"的态度和官邸主导模式上具有相似性，可谓"欲速则不达"。第一次安倍政权时期，安倍并非不了解官僚的能力，但刻意削弱官僚团队在官邸的影响力，主要是担心"官邸政治家"失去主导权和控制权；民主党政权时期，民主党高层更大程度上是厌恶官僚制的弊端，希望从根本上使日本的决策机制改头换面，但恰恰没有看到官僚在维系战后日本政治决策模式上的基本支撑作用。两者可谓殊途同归，都在较短的时间内失去了执政权。回顾小泉政权、第一次安倍政权、民主党政权三种官邸主导模式后，我们发现，正如西尾胜所言，当首相将注意力放在刻意比较"官邸政治家"和"官邸官僚"孰优孰劣、孰轻孰重、孰大孰小上，官邸主导决策模式就走入了歧途，保证官邸主导决策实现最优解的办法是确保"官邸政治家"与"官邸官僚"和谐共存、相辅相成，而这正是第二次安倍政权时期安倍要解决的主要问题。

四 第二次安倍政权时期的"官邸政官关系"

第二次安倍政权时期，"官邸政治家"和"官邸官僚"在安倍的运作下相互磨合，"官邸政官关系"可谓渐入佳境，为维系安倍超长期执政发挥了重要的作用。

（一）架构与作用评估

2012 年 12 月 26 日安倍第二次上台执政后，认识到单纯重用政治家出

---

① 「第 178 届国会野田内阁总理大臣施政演说」、WARP ホームページ、2011 年 9 月 13 日、https：//warp. ndl. go. jp/info：ndljp/pid/4410784/www. kantei. go. jp/cn/noda/statement/201109/13syosin. html〔2023-3-14〕。

身的首相辅佐官的局限性，除了对首相辅佐官的人员出身结构进行调整外，还注意加大对内阁官房长官以下行政官僚出身的官员的重用，以解决第一次执政时期出现的官邸团结力、凝聚力和行政能力、效率不足的主要问题。

在首相辅佐官的任命上，安倍依然保留五名，但在官员出身结构上，安倍做了明显调整，除了有超过三年政治家经历的卫藤晟一以及国会议员木村太郎、礒崎阳辅，还任命了两名具有省厅长期任职经验的新官员，包括经产省出身的长谷川荣一①、国土交通省出身的和泉洋人。很明显，这一次安倍打破了对职业官僚的避忌和轻视，比如任命经产省出身的今井尚哉担任首席政务首相秘书官②。在与省厅的沟通机制上，安倍恢复了鸠山政权时期被废止的事务次官会议，也就是将在民主党野田佳彦政权时期每周五阁议后召开的"各府省联络会议"更名为"次官联络会议"。在安倍第一次执政时期担任首相辅佐官、第二次执政时期就任官房副长官的世耕弘成谈到安倍第二次上台前的情形时说道："在总选举胜利后的短短几天时间里，安倍、菅（义伟）、我与今井（尚哉）在一起不断琢磨官邸人事和结构的问题，最后达成一致的意见，认为不能依靠政治家出身的辅佐官承担官邸的中枢工作，这一次应该紧紧抓住官房长官—副长官这条线，而职业官僚出身的辅佐官则作为首相的代理人与各省厅进行政策沟通。"③世耕弘成的这席话道出了第二次安倍政权对"官邸官僚"基本态度的转变，同时更加注意"官邸政治家"与"官邸官僚"间的协调配合、发挥合力。

验证官邸首相辅佐团队凝聚力的标准是这一团队能否维持长期性和稳定性，这也是官邸稳定和团结的基础。从事实层面看，至少在第二次安倍政权的前中期，官邸首相辅佐团队保持了较强的稳定性，而这与安倍的个人政治魅力有着密切的关系。时任内阁官房顾问、安倍外交演讲稿的幕后作者谷口智彦曾就此事说过，"安倍首相重义理人情，总是有人愿意真心

---

① 2013 年 7 月 23 日起，长谷川开始兼任内阁广报官。

② 2019 年 9 月 11 日起，今井开始兼任首相辅佐官。

③ 中北浩爾「官邸主導—強力で安定したリーダーシップの条件—」、98 頁。

帮助他，这使得他身边有一支强有力的辅佐团队"。① 所以，第一次安倍政权草草收场之后，当时他的辅佐团队很少有人愿意离开他，他们对安倍第二次上台充满信心。从这里我们或许能够看到第二次安倍政权时期官邸凝聚力的源泉。比如，核心的团队代表人物包括：时任官房长官菅义伟，他是安倍后援团——"再挑战支援议员联盟"的中心人物，他在安倍第一次执政失败退任后一直鼓励安倍进行第二次挑战；官房副长官世耕弘成；官房副长官今井尚哉；官房副长官长谷川荣一，他还在安倍第一次执政下台后与其一起爬高尾山，为安倍打气。② 有记者曾概括第一次和第二次安倍政权的一个明显区别就在于官房长官从安倍的朋友、杰出人物、无阁僚经验的盐崎恭久换成了谏言型、不怕辛劳、有阁僚经验的菅义伟。③ 客观地说，第一次安倍政权为第二次安倍政权的长期执政既提供了经验教训，也奠定了辅佐团队的核心基础。

（二）运转机制

安倍第二次上台之初主要依靠正副官房长官会议加强与国会、省厅间的政策协调。这一会议由首相安倍晋三、官房长官菅义伟、政务官房副长官加藤胜信和世耕弘成以及事务官房副长官杉田和博、首席首相秘书官今井尚哉共 6 人组成，每天下午在首相办公室开会，短则 10～15 分钟，长则 1 个小时左右，由政务官房副长官轮流主持，就与国会、执政党、省厅、媒体间的事务进行沟通协调，涉及一到两周的重大事项，最后由安倍做出决策。会议的议题设置及节奏控制由今井负责，这避免了第一次安倍政权时期官房长官、官房副长官分别设置议题造成的混乱状态。④ 可以看出，第二次安倍政权初期，官邸对外协调沟通的主控权已经掌握在职业行政官僚出身的官员即"官邸官僚"身上，这保证了议题设置的专业性和沟通的高效率。

---

① 谷口智彦『安倍晋三の真実』、悟空出版、2018、88 頁。
② 中北浩爾「官邸主導—強力で安定したリーダーシップの条件—」、101 頁。
③ 星浩『官房長官—側近の政治学—』、朝日選書、2014、26-33 頁。
④ 中北浩爾「官邸主導—強力で安定したリーダーシップの条件—」、102 頁。

　　核心团队在各领域事务处理问题上基本形成了一个固定的分工格局。安倍首相本人主要聚焦外交和安全领域，菅义伟负责全面处理内政事务，今井则负责财政金融等宏观经济政策以及选举对策等事务，但这样的事务并非从一开始就通过明确的分工机制固化下来，而是在处理官邸事务的过程中自然形成的。在长达 7 年 8 个月的第二次安倍政权时期，上述 6 人核心团队中的 4 人从来没有改变过，即安倍、菅义伟、杉田和今井，而杉田和今井则是职业行政官员出身的"官邸官僚"的典型代表，在这里"官邸政治家"和"官邸官僚"形成了一种动态的平衡。

　　第二次安倍政权时期官邸对省厅官僚的控制机制是新设立的内阁人事局，在此需要对其进行历史的、科学的评估。第一，需要纠正将内阁人事局作为第二次安倍政权官邸主导机制象征性标志的误解。实际上，当初内阁人事局的设置并不是第二次安倍政权时期的提案，早在 2007 年日本国家公务员法修正案中就提出了建立内阁人事局的改革内容，2008 年福田康夫政权根据此提案制定了《国家公务员制度改革基本法》，并在国会与在野的民主党形成合意，确认在内阁官房设置人事局，但随后接二连三的政局变动延缓了一些配套法案比如《国家公务员法》的修改进程，直到 2014 年 4 月 11 日第二次安倍政权时期才最终推动设立了内阁人事局。第二，官邸对省厅官僚进行广泛的人事任命控制也并非始于第二次安倍政权时期。早在 1997 年 5 月 16 日，桥本政权就通过阁议的形式对省厅局长级以上约 200 人的干部官僚人事任命进行任前审查，审查会由官房长官、副长官共 4 名阁僚组成。小泉政权时期也运用了桥本时期设置的这一人事审查会，在 2005 年邮政民营化改革过程中对旧邮政省系的总务审议官与担当局长进行了人事撤换，以保证改革顺畅进行。①

　　最能体现官邸中政官之间博弈剧烈程度的则是内阁人事局局长的人选争夺。根据相关法律，内阁人事局局长需从 3 名官房副长官中进行选任，但 3 人中既有政治家出身也有行政官僚出身，行政官僚出身的杉田是外界包括媒体预期的最佳人选。据世耕弘成回忆，当时统管内务的官

―――――――――――――

① 　中北浩爾「官邸主導―強力で安定したリーダーシップの条件―」、110 頁。

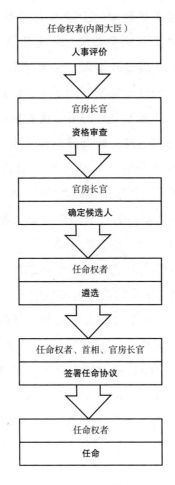

图 1 省厅官僚人事任命流程

注：从流程来看，表面上似乎任命权掌握在内阁大臣手里，但考虑到大臣任职期限和官邸官员任职期限的巨大差距，有理由认为省厅官僚人事权本质上就是掌握在官邸手里，特别是官房长官和内阁人事局局长。

房长官菅义伟持完全反对的立场，在他的强烈坚持下，内阁人事局局长最终由政治家出身的官房副长官加藤胜信兼任，其后任也是政治家出身的萩生田光一，直到 2017 年 8 月 3 日萩生田因加计学园等问题退任官房副长官之后，杉田和博才最终得到了内阁人事局局长的位子。这意味着在第二次安倍政权长达近 5 年的时间里，省厅审议官以上约 600 名官僚的任免权掌握在政治家出身的官房副长官手里。内阁人事局享有的对省厅官僚的任免权本身就容易使官僚队伍抛弃职业操守和素养而唯官邸马首是瞻，加上这一局长职务把控在"官邸政治家"手里，第二次安倍政权后期曝出的多个官僚丑闻就有其必然性了。前首相福田康夫认为政治家不能过度干预省厅人事，他认为这是安倍内阁最大的败笔。

第二次安倍政权时期"官邸政治家"和"官邸官僚"间的关系整体上是稳定的。安倍为"官邸官僚"提供了足够宽大的施展能力的空间，安倍能够实现超长期执政离不开"官邸官僚"，他们通过发挥专业行政能力使官邸在国会、执政党、省厅等之间维持有序运转。但安倍在限制"官邸政治家"的过度扩权方面做得并不够完美。总之，这一时期二者之间的关系是微妙的，充满了变数和"暗战"。

结　语

以上就是 1994 年日本政治行政改革到 2020 年第二次安倍政权结束期间"官邸政官关系"的演变历史，实际上也是"官邸政治家"与"官邸官僚"之间的争斗史，更是日本首相努力推动实现官邸主导决策机制的过程。政官关系投射在官邸，映射出的是"官邸政治家"与"官邸官僚"。对于二者的关系以及未来走向，笔者试图做一个小结，以期为下一步的深入研究提供些许帮助。

第一，对官邸政官关系中"官邸政治家""官邸官僚"的角色和作用要做客观、辩证的评估，这两大群体在官邸发挥真正的作用是需要一些客观必要条件的，其中自然少不了首相的肯定和放权，甚至更需要首相的决策魄力和十足的耐心。官房长官时代的菅义伟曾经将自己与安倍首相做比较，他认为自己缺少耐心和大局观，而安倍在这方面的能力自己难以望其项背。① 而从菅义伟接任首相后的执政过程来看，他确实存在上述问题，同时作为首相在统领官邸"政""官"团结和凝聚上也是缺乏经验的。此后的岸田文雄亦如此。

---

① 「菅官房長官が語る安倍政権、次の一手」、『中央公論』2014 年 11 月号、135 頁。

第二，即便"官邸政治家"与"官邸官僚"保持同样的制度性结构配置，官邸主导决策机制的效率也可能因为官员能力的不同而大相径庭。比如，菅义伟政权实际上完全继承了第二次安倍政权的官邸阁僚与官僚的结构配置，但产生了不少问题：政务首相秘书官上任仅三个半月便被撤换，首相与官房长官之间沟通不足，政务官房副长官与自民党总部之间联络不畅，从官房长官秘书官转任首相秘书官的人员能力不足等。① 再如，第一次安倍政权的失败实际上不仅是制度性的原因，当时的安倍和官房长官缺少必要的经验、官邸内部的团结力和凝聚力欠缺等也是重要的原因。

第三，对"官邸政官关系"及"官邸政治家"、"官邸官僚"的分类与概念还有进一步探讨的必要性。比如，日本学者中北浩尔就将第二次安倍政权时期的"官邸官僚"分为两大类：官房型（ライン）官僚和参谋型（スタッフ）官僚。如表1所示，事务官房副长官、助理官房副长官、内阁危机管理监、国家安全保障局局长、内阁广报官、内阁情报官等均属于参谋型官僚（仅包括其中的行政官僚出身者）。除了内阁情报官北村滋曾经在第一次安倍政权时期担任过首相秘书官，其他参谋型官僚与安倍首相及菅义伟官房长官的私人关系并不十分密切，他们通常负责与省厅间常规的综合政策调整。官房型官僚包括行政官僚出身的首相辅佐官和首相秘书官，他们通常具有卓越的能力和丰富的经验，与首相、官房长官的私人关系极为密切，任命方式并非由省厅推荐，而是由首相亲自挑选，主要负责处理一些棘手和困难的政策事宜。② 笔者认为从两种官僚对应的人员类别来看，中北的这种分类方法恰好对应本文所定义的"官邸政治家"和"官邸官僚"，反映出学界对官邸中"政官关系"的关注，但中北将两类人员定义为"官房型官僚"与"参谋型官僚"容易引起歧义和误解，是值得商榷的。总之，对"官邸政官关系""官邸政治家""官邸官僚"的研究将会为战后日本政官关系研究提供更为充分的理解，同时也将丰富对日本官邸主导决策机制走向的预判标准。

---

① 「『菅官邸』崩壊!」、『週刊新潮』2021年1月21日。
② 中北浩爾「官邸主導—強力で安定したリーダーシップの条件—」、109頁。

表 1　第二次安倍政权内阁官房人员架构（2014 年 5 月 30 日）

职务	官房型官僚（对应本文定义的官邸政治家）（6 人）	参谋型官僚（对应本文定义的官邸官僚）（11 人）
官房副长官（内阁人事局局长）	加藤胜信（政务、众议院议员）	
官房副长官	世耕弘成（政务、参议院议员）	
官房副长官		杉田和博（事务）
首相辅佐官	木村太郎	
首相辅佐官	礒崎阳辅	
首相辅佐官	卫藤晟一	
首相辅佐官		长谷川荣一
首相辅佐官		和泉洋人
首相秘书官	今井尚哉（政务、首席）	
首相秘书官		柳濑唯夫等 5 人（事务）
内阁危机管理监		西村泰彦
国家安全保障局局长		谷内正太郎
助理官房副长官		古谷一之（内政）
助理官房副长官		兼原信克（外交）
助理官房副长官		高见泽将林（事态应对、危机管理）
内阁广报官		长谷川荣一
内阁情报官		北村滋

　　资料来源：笔者根据相关文献制作，参见中北浩爾「官邸主導—強力で安定したリーダーシップの条件—」、アジア・パシフィック・イニシアティブ編『検証　安倍政権—保守とリアリズムの政治—』、文春新書、2022、97 頁。

（审校：张耀之）

战后初期日本民主化过程中天皇制的应对[*]

——以帝国议会中的"国体"论说为中心

李原榛[**]

内容摘要：在近代天皇制下，政治权威与道德价值融合于天皇一身，日本国民是天皇的"臣民"。日本战败后，驻日盟军总司令部在日本推行民主化改革，其目的之一便是去除"臣民"这一枷锁，使天皇成为日本国家与国民统合的象征。天皇制的留存与民主化改革是同一过程的两个方面。日本政府在维护天皇制的同时，也在思索如何应对战后民主化改革的要求。战后初期，日本各届内阁试图通过重新解释"国体"，使天皇制适应民主化改革的要求。以新宪法草案发布为界，各届内阁对"国体"与民主的理解大致经历了"'国体'的民主化"与"民主的'国体'化"两个发展阶段。最终吉田内阁将"国体"重新解释为国民对天皇的感情，承认了政治与法律上的民主化改革成果。与此同时，感情化的"国体"解释掩盖了反思天皇地位的可能性，也使国民的主体性保留了"国体"化的可能性。

关 键 词：日本 天皇制 民主化改革 国体

幕末日本在面临国际性危机时，以"王政复古"为手段，以西洋式近代化为目标，在寻求以天皇为中心统合国民的同时，重视立宪主义价值，从而

---

[*] 本文系 2022 年度教育部人文社会科学重点研究基地重大项目"日本思想的近代形成史研究"（项目批准号：22JJD770016）的阶段性成果。

[**] 李原榛，北京大学历史学系博士研究生，主要研究方向为日本近代政治思想史。

成为受西洋认可的近代国家。在这条近代化道路上，"国体"① 起着枢轴的作用，成为吸附立宪主义思想等其他观念的核心，也包含着"超国家主义"② ——将政治权威与道德价值融合于天皇一身——这一条近代化的歧路，二者共同构成了日本近代天皇制③的主要内涵。昭和初期的"国体明征运动"进一步明确"国体"之核心在于"天皇是统治权的主体"，确定了"国体"的法学内涵。④ 战时出版的《臣民之道》则从道德伦理方面指出，在"国体"面前，日本国民是必须贯彻"国体"伦理的"臣民"。⑤ 这意味着，在战败前日本的近代化道路上，日本国民最终要成为将与天皇的联系贯彻至几乎所有领域的"臣民"。日本战败后，盟军进驻并进行民主化改革，不仅发布了各种指令试图去除这种"超国家主义"的枷锁，而且推动日本修改宪法。最终，集政治和道德各方面的绝对权力及权威于一身的天皇变为日本国家与日本国民统合的"象征"，日本"臣民"成为表达自身意志的国民⑥。不过，在民主

---

① 本文所使用的"国体"概念为日本的一个专有名词，1937 年文部省出版的《国体之本义》给出了官方的明确定义，它指的是："大日本帝国，由万世一系的天皇奉戴皇祖之神敕而永远统治之。"参见文部省『国体の本義』、文部省、1937、9 頁。"国体"概念的核心是万世一系的天皇的统治，多以《古事记》《日本书纪》等典籍的记载证明自身的正当性，尤其是证明"天皇永远统治日本"这一命题的绝对正确性。在具体内容构成上，不同的"国体"论者的观点并不相同，随着时间推移，"国体"思想的功能不断变化。但强调天皇统治的不可动摇性这一点基本成为各"国体"论者的共识。在这一观点基础之上，"国体"概念衍生出维护这种统治关系的国家体制和伦理价值体系等含义。

② 本文使用的"超国家主义"概念来自丸山真男《超国家主义的逻辑与心理》。丸山援引卡尔·施米特（Carl Schmitt）的"中性国家"说，指出近代日本的国家主义"始终欲将自身的支配依据置于内容性价值的实体上"，日本国家成为一种"伦理性实体"，其基础正是《大日本帝国宪法》与《教育敕语》发布时明确成为官方意识形态的"国体"。参见丸山眞男「超国家主義の論理と心理」、『丸山眞男集　第 3 巻』、岩波書店、1995、19~36 頁。

③ 关于"天皇制"一词，根据陈月娥的研究，战败后德田球一与志贺义雄等人在《赤旗》上刊登的《告人民书》"促成该词在战后日本公共话语空间的广泛传播"。陈月娥进而指出，保守势力一方的"天皇制"概念是对日本共产党的"天皇制"概念的模糊化与消解，"而日本共产党所提出的'天皇制'原有内涵反倒成为狭义性概念，必须冠以'近代天皇制'才能为人们所理解"。参见陈月娥《日本共产党关于"天皇制"的概念形成、嬗变与认识变迁》，《日本学刊》2019 年第 5 期，第 104~105 页。

④ 歴史学研究会編『日本史史料 5　現代』、岩波書店、1997、60-61 頁。

⑤ 文部省教学局編『臣民の道』、内閣印刷局、1941、50 頁。

⑥ 《日本国宪法》第一条规定："天皇是日本国家的象征，也是日本国民统合的象征，这一地位是基于存有主权的日本国民的总意的。"参见法令研究会編『日本国憲法』、白王社、1947、3 頁。

化改革推进之时，近代天皇制也得到了部分留存，其结果是"象征天皇制"①。

关于战后初期天皇制的延续与民主化改革之间的关系问题，学界已有不少研究。中国学界的部分研究指出二者的价值是相互背离的，并批判战后日本民主化是不彻底的。② 日本学界的研究关注战后初期各方提出的天皇制与民主化可以并存的相关论说，并指出这些论说探索了民众与天皇的新关系，但意在为天皇制赋予正当性，其民主性并不彻底。③ 其中大谷伸治的研究视角较为新颖。大谷注意到，有一部分立场偏向政府的知识分子通过"国体"概念理解民主思想，试图从"国体"中导出一条既不回归传统，也不趋向西欧自由民主主义的"协同民主主义"的道路。④ 既有研究多采用"国体"与民主相对立的范式进行分析，大谷试图修改这一研究范式并指出，在部分知识分子的思想中"国体"与民主形成了互补关系。⑤ 这为理解日本战后民主化过程提供了一种新的视角。不过，这种做法有过度强调

---

① 当然，"象征天皇制"作为一专有名词并非同《日本国宪法》的颁布一同诞生并得到广泛使用，关于该概念如何形成并确定下来，参见冨永望『象徵天皇制の形成と定着』、思文閣出版、2010、8-18 頁。

② 田庆立的《象征天皇制与日本民主主义的融合与冲突》是其代表。该研究关注战后天皇制与民主主义的融合问题，指出日本精英层眼中的天皇制与民主主义价值的背离，并强调战后一直存在复活战前天皇制的倾向。参见田庆立《象征天皇制与日本民主主义的融合与冲突》，《日本学刊》2013 年第 6 期，第 136~152、160 页。

③ 例如，河西秀哉注意到，战败初期日本政府动员了一些知识分子研究天皇制与民主主义的关系，这些知识分子提出的天皇退位论探索了民众与天皇的新关系，将维持天皇制与保持国家作为共同体的整体性联系起来。在天皇制下探索民主主义同样存在问题。河西指出，昭和天皇的"人间宣言"意在证明天皇制与民主主义不相矛盾，以应对国内外从民主化视角出发的批判，但正因为驻日盟军总司令部忽视了日本人在此中做的巧妙修正，使天皇的去神格化并不彻底，这导致驻日盟军总司令部没有完全达成其使日本民主化的目的。参见河西秀哉『天皇制と民主主義の昭和史』、人文書院、2018、44、47-49 頁。中村政则在《战后史与象征天皇》中也指出，从当时保守派、知日派的约瑟夫·克拉克·格鲁（Joseph Clark Grew）等的论说来看，可以说"立宪君主制"与民主主义是相适应的，但是若想彻底推进民主主义，还是有必要去除天皇禁忌，以确立国民针对天皇以及天皇制问题发言的自由。参见中村政则『戦後史と象徵天皇』、岩波書店、1992、156-159、249-251 頁。

④ 大谷伸治指出，矢部贞治在战败前后开始主张，支撑天皇亲政的臣民之翼赞正是民主化，即开始主张国体论导出"民主主义"的必然性。参见大谷伸治『昭和戦前・戦後初期の「国体」と「デモクラシー」—日本国憲法との連続性に着目して「全文の要約」—』、博士論文、北海道大学、2016。

⑤ 大谷伸治『昭和戦前・戦後初期の「国体」と「デモクラシー」—日本国憲法との連続性に着目して「全文の要約」—』、博士論文、北海道大学、2016。

"国体"思想本身的民主性之虞。这既忽视了战后日本民主化改革是由驻日盟军总司令部主导的这一现实政治脉络，也忽视了象征天皇制中留存的可能导致"超国家主义"价值再起的精神土壤。因而大谷并未注意到，战后日本民主化改革已触及战败前"国体"思想的根本。

总而言之，大谷试图摆脱"国体"与民主思想二元对立图式，但又过度强调"国体"思想具有民主性。与大谷的路径不同，本文关注战后初期维护天皇制的论说中所体现的"国体"与民主两种思想要素之间的相互影响。尤其在现实的政治变动下，"国体"思想如何引入民主性要素以保障天皇制适应战后民主化改革，而民主化改革又如何在扩大成果的同时被"国体"要素所侵蚀。本文以战后初期帝国议会①上出现的"国体"论说为主要考察对象，着重关注各届内阁在议会中提出的维护天皇制的论说，以适应战后民主化改革的要求，并向议员做出解释。在帝国议会上，持维护天皇制立场的内阁与议员关于"国体"和民主的解释主要有两种：一种是维护《大日本帝国宪法》，确保"天皇总揽统治权"这一"国体"不变，又从中找出"民主"性，赋予"国体"以"民主"的内涵，笔者将其概括为"'国体'的民主化"倾向；另一种是面对"人民主权"的改革要求，放弃法律上"国体"的定义，转而在国民的情感中寻求以天皇为中心的"国体"的立足点，笔者将其概括为"民主的'国体'化"倾向。尽管两种倾向不同程度上都存在于战后初期的论说之中，但就各届内阁给出的解释、回应来看，以新宪法草案的发布为界，明确存在从"国体"的民主化向民主的"国体"化变化的两个阶段。最终日本政府将"天皇总揽统治权"的"国体"重新解释为国民对天皇的感情，以维持"国体"不变，同时承认了政治和法律上的民主化改革。这一方面意味着战后"国体"思想的退缩，另一方面意味着"国体"思想在国民感情中得以维持。这正是战后日本天皇制民主化的特征所在。

① 自战败起至新宪法生效，帝国议会一共召开了5次，即第88次至第92次。本文主要以这5次帝国议会上日本政府的论说为考察对象，但注意到在第91、92次帝国议会上，日本政府并未就自己提出的"国体"论有更加不同的解释，笔者在考察新宪法草案发布后的政府论点时，以第90次帝国议会上的论说为主要考察对象。

一 "国体"的"民主"化：新宪法草案发布前

1945 年 8 月 15 日，日本投降，并接受了《波茨坦公告》中的消除军国主义、进行民主主义化的要求，但同时政府采取了"护持国体"的立场，希望维持《大日本帝国宪法》中"天皇总揽统治权"之"国体"不变。先行研究注意到日本政府"护持国体"立场的保守性①，但仅关注"国体"与"民主"这两个要素的相互对立。与此相比，更值得注意的是，战后初期日本政府试图重新解释"国体"以使其符合"民主"的要求，为在天皇制下推进民主主义化提供论据。在以民政局草案为基础的新宪法草案发布前，日本政府始终坚持无须大改《大日本帝国宪法》，这不仅仅是因为日本政府期望延续天皇制，更是因为日本政府认为其"国体"与民主主义化要求之间并无任何矛盾。

这在战后第 88 次和第 89 次帝国议会上东久迩内阁及币原内阁的言论中可见一斑。两届内阁在处理当前的民主主义化要求时，将"民主"理解为尊重"民意"的政治，对"国体"进行"民主"化的解释，试图表明日本在旧宪法下依然可以成为民主主义国家。这种解释方式在一定程度上反映了当时日本政府并未意识到民主化改革的要求与"护持国体"的立场之间存在根本性冲突，因此日本政府在进行"自主性"变革尝试的同时，失去了进一步变革的动力。

在 1945 年 9 月 4 日、5 日召开的第 88 次帝国议会上，东久迩稔彦内阁延续了"护持国体"的立场，尤其强调需要重视国民在政治中的作用。② 在国务大臣演说中，东久迩稔彦特别强调，需要促进"言论之洞开"与

---

① 例如，信夫清三郎早已指出，日本政府固守"国体"不变，模糊了主权的变化，经由远东委员会的指令与基于此的驻日盟军总司令部的压力，日本的宪法才具有了民主的形态，参见信夫清三郎『戦後日本政治史Ⅱ』、劲草书房、1966、354-357 页。中村政则也指出，"护持国体"立场所维护的天皇制的本质在于专制性、非民主主义性，参见中村政则『戦後史と象徴天皇』、39-44 页。
② 第 88 次帝国议会主要在天皇发布终战诏书这一背景下讨论了战败后奉体圣旨与军人抚恤相关的数项决议，参见「衆議院議事速記録 第 1 号」、『官報号外』1945 年 9 月 4 日、1-3 页；「貴族院議事速記録 第 1 号」、『官報号外』1945 年 9 月 4 日、1-4 页。

"结社之自由"以"不再使国民能动的意欲冷却"，同时需要使帝国议会发挥其正常的机能以"公正地反映民意"。① 议员对该演说进行提问时指出，战时的政治状态未关注到国民在政治中的作用，这是一种错误的状态。例如，芦田均认为，政府的问题在于未关注"民心微妙之处"，未能"赢得民众之共鸣"，因而导致"国民对一切公事都漠不关心"。② 东乡实认为，战败最大的原因在于政府对政治的垄断，这使国民"游离"于政治之外，政府未能有效地动员国民。③ 不同的论说侧重点不一，但共通之处在于，代表政府的内阁与议员都注意到战败前政府忽视了国民在政治中的作用。可以认为，接受《波茨坦公告》并同意投降这一事件成为促进日本政府与帝国议会的议员尝试理解民主主义化课题的契机。

不过，这种对战败前政治状态的反思并不意味着对近代日本政治道路的整体性反思。东久迩稔彦在国务大臣演说中提出，日本今后的道路是要"复归明治天皇自己向天地神明起誓的五条御誓文的精神"，以昭和天皇所说的"尊重宪法、以诏书为基础"一语为"施政之根本基调"。④ 其意在于，日本要从错误的道路回归明治天皇所指引的"正确""民主"的道路。在提问环节中，东乡实议员明确将东久迩该演说中所强调的重视国民的论点与复归"五条御誓文"精神的道路相联系，认为国民政治就是日本的"国体之真姿"，日本应当恢复这一本来的状态：

> 值此之际，最要紧之事是奉体圣德太子的十七条宪法以及五条御誓文之精神主旨，复兴显现了我国体之真姿的国民政治。虽然为此有必要修改众议院议员选举法，并改革贵族院，特别是（我）坚信，现代国民当然的责任，使我们的先人呕心沥血、倾其所有确立的立宪式责任政治，再次恢复其本来的姿态。⑤

---

① 「衆議院議事速記録　第 2 号」、『官報号外』1945 年 9 月 6 日、12 页。
② 「衆議院議事速記録　第 2 号」、『官報号外』1945 年 9 月 6 日、7 页。
③ 「衆議院議事速記録　第 2 号」、『官報号外』1945 年 9 月 6 日、14 页。
④ 「衆議院議事速記録　第 2 号」、『官報号外』1945 年 9 月 6 日、12 页。
⑤ 「衆議院議事速記録　第 2 号」、『官報号外』1945 年 9 月 6 日、14 页。

东乡实认为，施行国民政治就是恢复"国体"本来的姿态。与此相对，一战之后日本的"国体"观念是一种"独善"的世界观，违背"肇国之精神"，也违背明治维新中明治天皇的"五条御誓文"，只有恢复本来"正确"的"国体"观念，才能够施行国民政治。① 虽然东久迩内阁并未如东乡实议员这般明确国民政治与"国体"的本来状态之间的必然关系，但政府提出的复归"五条御誓文"精神的战后道路之意在于，认为国民政治在日本并非新事物，而是回归所谓"正确"道路。

1945 年 10 月 4 日，驻日盟军总司令部向日本政府下达了"关于取消对政治性、公民性以及宗教性自由的限制"的指令。该指令要求取消对"天皇、国体以及日本帝国政府"讨论的限制，废除监管思想言论的警察机构，开放自由讨论天皇制的言论空间，破除战败前"国体"对天皇制议论的限制。② 面对这一情况，东久迩首相决定内阁全体辞职，币原喜重郎出任首相并组阁。③ "人权指令"发布后，议会关于天皇制与民主主义化问题的讨论更加深入，议员从不同角度对币原内阁的解释提出质疑，币原内阁在这些质疑中也不断完善其论点。在第 89 次帝国议会上，币原内阁将民主主义解释为尊重"民意"的政治，在此基础上强调"国体"其实是符合民主精神的。

币原内阁做出此番解释的重要前提就在于将民主主义解释为尊重"民意"的政治。币原喜重郎在回应鸠山一郎议员关于民主政治形态的问题时提出，"民主主义"从"通俗的意味上来说，可以解释为以尊重民意为政治的最高理想的主义"。④ 尊重"民意"是关注"民意"之所指，并不意味着政府持有主权在国民的立场。这也与此时以"天皇总揽统治权"为重要内容的"国体"概念没有根本冲突。

---

① 「衆議院議事速記録 第 2 号」、『官報号外』1945 年 9 月 6 日、17 頁。
② 歴史学研究会編『日本史史料 5 現代』、154–157 頁。该指令又称"人权指令"，不过驻日盟军总司令部发布"关于天皇的自由讨论"的指令后，日本国民并没有立刻对"天皇"和"天皇制"等展开讨论。武田清子指出，当时先有一段时间的沉寂，而后报纸上刊载了很多海外人士对"天皇"以及"天皇制"的见解，自 1945 年 10 月末开始，一般报纸上才开始大量刊载人们关于"天皇制"的观点，参见武田清子『天皇観の相剋 1945 年前後』、岩波書店、2001、264–271 頁。
③ 王新生：《战后日本史》，江苏人民出版社，2013，第 12 页。
④ 「衆議院議事速記録 第 3 号」、『官報号外』1945 年 11 月 30 日、30 頁。

以"民意"概念为媒介，币原内阁辩解，日本一直以来的"国体"是民主的，二战结束前的反民主倾向不过是一时的错误。贵族院议员二荒芳德进一步提出，昭和天皇在战前曾致力于推进"民主主义"化，"非民主主义"化的政策倾向并非昭和天皇之本意。① 币原在回应二荒时指出，军国主义不过是"圣明受蒙蔽"② 时的错误状态，明治以来日本的"民主主义"化进程因"一时反动思想的横行"③ 而受到了遏制，在清除了军国主义的当下，日本国民需要在"国体"理念的指导下，发展日本独有的"民主主义"制度——"我们奉戴陛下为政治之中心，君民成为一体，齐心协力，复兴、再兴和平的日本，为世界文化做出贡献"④。

币原内阁将"国体"解释为以天皇为中心、"君民一体"的日本型民主主义。在这次议会上，议员对此展开讨论，或希望政府进一步完善这种"国体"解释，或提出自己的质疑。一方面，部分议员尝试进一步为"国体"概念"正名"，强调"国体"本来并不具有军国主义等错误倾向。⑤另一方面，少数议员并不满足于币原内阁给出的解释，认为仅尊重"民意"的民主主义并不满足《波茨坦公告》的要求，还需要修改《大日本帝国宪法》的第一至四条内容。⑥ 议员讨论的内容几乎包括从赞同战败前"国体"的正确性到寻求进一步民主主义化的整个光谱，但共通之处在于，议员始终都以天皇、天皇制的存续为讨论的前提⑦。在回应议员的提问时，币原内阁反复强调以天皇为中心、"君民一体"是"国体"概念的核心，始终坚持战时鼓吹的错误的军国主义思想等，但拒绝修改《大日本帝国宪法》第一至

---

① 「貴族院議事速記録　第2号」、『官報号外』1945年11月30日、13頁。
② 「貴族院議事速記録　第2号」、『官報号外』1945年11月30日、13頁。
③ 「貴族院議事速記録　第2号」、『官報号外』1945年11月30日、14頁。
④ 「貴族院議事速記録　第2号」、『官報号外』1945年11月30日、14頁。
⑤ 例如，滨地文平以神武天皇的所谓"三大政纲"等为例，指出日本肇国的精神并非军国主义，参见「衆議院予算委員会議録(速記)　第8回」、1945年12月10日、163頁。
⑥ 「衆議院予算委員会議録(速記)　第9回」、1945年12月11日、196頁。
⑦ 例如，水谷长三郎主张修改《大日本帝国宪法》第一至四条，以使宪法上的民主主义化更为彻底，但这并不是为了打倒天皇制，而是为了维持天皇制的存续，这是水谷作为"赤子之一人"从心底里提出的对皇室的希求，参见「衆議院予算委員会議録(速記)　第9回」、1945年12月11日、199頁。

四条的要求①。币原内阁主张恢复明治以后具有"民主"之内涵的"国体"，在此基础上将战后的民主化改革定位在明治以来的延长线上，无视"国体"自身具有的"超国家主义"内涵及其在昭和初期明确显现出来的极端化倾向。这意味着币原内阁并未反思成为"超国家主义"之基础的"国体"，也仅以回归明治时期的"正确"道路理解民主化，拒绝其他的理解方式。

不过，在言论开放的当时，币原内阁必然需要面对反天皇制的"民意"。币原内阁预设的拥戴天皇、"君民一体"的国民，与现实中呐喊打倒天皇制的国民之间明显存在矛盾。"人权指令"发布后，日本政府难以继续通过暴力机构强制反天皇制论者拥护天皇制，或使其不再发声。若坚持民主主义的要义在于尊重"民意"，那么如何处理这些反对天皇制的"民意"是币原内阁必须解决的问题。面对这一状况，币原内阁提出在维持言论自由的同时，采取以思想战胜思想的策略，期望拥护天皇制的"民意"能够最终战胜反对天皇制的声音。②

币原内阁的解决方案并不具有较强的说服力。一些议员认为既然尊重"民意"就是民主主义，而"民意"是拥护天皇制的，那么贯彻民主主义就意味着对反天皇制论者采取强制措施。③ 尽管治安维持法、特高警察等战前设置的承担"国体"外部强制性功能的法律与机构已经被废除，这些议员依然希望政府能够积极制止反天皇制的言论，例如以尚未废除的"不敬罪"处置反天皇制论者。④ 币原内阁从维护言论自由的立场出发否定了这种论点，并指出只要这些反天皇制的论说依然停留在政治讨论的层面，就不会以"不敬罪"对其进行处置。⑤ 不过币原内阁并未停留在消极

---

① 例如，松本烝治回应水谷长三郎时，认为不需要修改《大日本帝国宪法》的第一至四条也可以达成民主化的目标，参见「衆議院予算委員会議録（速記）　第 9 回」、1945 年 12 月 11 日、196 頁。

② 「貴族院昭和二十年勅令第五百四十二号（承諾ヲ求ムル件）特別委員会議事速記録　第 3 号」、1945 年 12 月 1 日、2 頁。

③ 「貴族院昭和二十年勅令第五百四十二号（承諾ヲ求ムル件）特別委員会議事速記録　第 3 号」、1945 年 12 月 1 日、2 頁。

④ 例如，贵族院议员松村义一认为应以刑法上的"不敬罪"处置主张废止天皇制的日本共产党纲领，参见「貴族院議事速記録　第 4 号」、『官報号外』1945 年 12 月 2 日、34 頁。

⑤ 「貴族院議事速記録　第 4 号」、『官報号外』1945 年 12 月 2 日、35 頁。

维护言论自由的层面，强调言论自由更是积极主张拥护天皇制的自由，希望以"民意"战胜"民意"，以形成"真正的民意"。① 这意味着，政府不会主动采取强制措施，而是期望借助"真正的民意"排除不符合预设的"民意"。实际上，只有拥护天皇制的"民意"得到了所谓的"尊重"。至于现实中可能持反对立场的国民在战后民主化改革中会产生怎样的影响，币原内阁并未提出应对方案。

少数议员注意到，币原内阁在尊重"民意"的同时无视"民意"实际所具有的不同面相，并提出需要将"民意"扩大到整体国民的范围，需要考虑反天皇制论者的理论根据。例如，日本社会党议员水谷长三郎认为，政府需要考虑日本共产党等反天皇制论者的观点，建立起这些反对论者也无法攻击的极为"民主主义"的天皇制。② 同时，水谷认为需要彻底修改《大日本帝国宪法》的第一至四条，以清除一切使"军阀、官僚、财阀及其他一切封建势力复活"的可能性。③ 币原内阁则始终坚持认为，《大日本帝国宪法》第一至四条与民主主义并非不相容，并立足于"民意"强调"国民之确信"如此，反驳了水谷的主张。④ 水谷与币原内阁间的攻防反映了，在币原内阁看来，《大日本帝国宪法》第一至四条对"国体"十分重要。这也预示着对此进行根本改变的新宪法草案将给日本政府带来巨大冲击。日本政府坚持护持"天皇总揽统治权"之"国体"，并未考虑到"民意"的实态，反而强调"国体"有尊重"民意"的内涵，并在此基础上推进天皇制的渐进式民主化改革。

值得注意的是，河西秀哉指出，1945 年 10 月外务省也出现了"自主地"推进修正宪法、渐进地改革天皇制的动向，其基本方针在于"护持""国体"、"一君万民的政治"以及"民本主义"，知识分子也被动员起来研究维持天皇制与民主主义的关系。⑤ 这一定程度上反映了币原内阁在

---

① 「貴族院昭和二十年勅令第五百四十二号(承諾ヲ求ムル件) 特別委員会議事速記録　第3号」、1945 年 12 月 1 日、3-5 頁。
② 「衆議院予算委員会議録(速記)　第 9 回」、1945 年 12 月 11 日、196-197 頁。
③ 「衆議院予算委員会議録(速記)　第 9 回」、1945 年 12 月 11 日、196 頁。
④ 「衆議院予算委員会議録(速記)　第 9 回」、1945 年 12 月 11 日、195 頁。
⑤ 河西秀哉『天皇制と民主主義の昭和史』、21-24 頁。

"自主地"谋求天皇制民主化改革。但实际上币原内阁并未正面处理国民在民主化改革中的角色，而是将尊重"民意"的民主主义与天皇制相结合，试图使"国体"回归至明治时期的"正确"状态，谋求维持天皇制与民主主义化过程的并存。这种"国体"的民主化解释表现出日本政府肯定"民主"价值的姿态，但日本政府并未进一步反思"国体"本身，这也导致其民主主义化改革并不彻底。

二 "民主"的"国体"化：新宪法草案发布后

1946 年 1 月 1 日，昭和天皇发布"年初诏书"，以明治天皇的"五条御誓文"开篇，指出其为日本战后道路的准则。[①] 关于该诏书的形成过程，现有研究已有较多考察。[②] 在此特别要注意的是，明治天皇的"五条御誓文"是昭和天皇本人要求加进诏书的。[③] 这意味着，这封诏书确实反映了昭和天皇的立场，且与前述币原内阁的立场较为一致。昭和天皇与币原内阁都期望以回归明治作为战后的起点，在维护天皇制的前提下推进民主主义化。美国的《纽约时报》报道了这一事件，并评价道："裕仁从神变成了人，这次直面其祖父明治天皇着手的事业——将日本从东洋的专制国家变成近代的民主国家。"[④] 昭和天皇与日本政府推进民主主义化的姿态得到一定程度的认可。

然而，日本政府始终坚持维持《大日本帝国宪法》的框架不变，采取"天皇总揽统治权"为基本原则的"护持国体"立场。驻日盟军总司令部对这种宪法修改方案表示不满。1946 年 2 月，民政局以"麦克阿瑟三原则"为基础起草了一份宪法草案，要求日本政府参考此草案进行宪

---

① 「詔書」、『官報号外』1946 年 1 月 1 日。关于这一诏书为何被称作"人间宣言"，可参阅河西秀哉的《天皇制与民主主义的昭和史》第三章"描绘象征天皇像的人们"，第 69~95 页。

② 例如，中村政则梳理了"人间宣言"形成过程中驻日盟军总司令部与昭和天皇的参与情况，参见中村政则『戦後史と象徴天皇』、168-174 页。河西秀哉指出，天皇虽然承认自己并非神，但没有否定自己是神的子孙，这导致天皇的去神格化并不彻底，参见河西秀哉『天皇制と民主主義の昭和史』、47-48 页。

③ 中村政則『戦後史と象徴天皇』、171-172 页。

④ 中村政則『戦後史と象徴天皇』、174 页。

法修改工作。① 日本政府最终以此草案为基础加以若干修改，形成了新宪法草案《宪法修正草案要纲》。② 新宪法草案大幅修改了有关天皇地位的规定，将天皇从《大日本帝国宪法》下"总揽统治权"的天皇变为日本国家、日本国民整体的"象征"。③ 新宪法草案明示的"主权在民"理念也对一直以来主权在天皇式的"国体"产生了极大冲击。④ 天皇地位与主权所在的变化在日本国内引发了围绕"'国体'是否已变更"这一问题的论争，此即所谓"国体论争"。⑤ 讨论新宪法草案的第 90 次帝国议会也成为论争场域之一。在该次议会中，吉田内阁坚持"护持国体"的立场，认为在新宪法草案下"国体"也未发生变化。议员则纷纷发表意见，提出了自己关于"国体"的看法。

---

① 关于民政局草案与《宪法修正草案要纲》的形成过程，可参阅下條芳明「『象徴』の由来、受容および普及をめぐって—日本特有『二権分立制』の再生—」、『法政治研究』第 3 号、2017 年 3 月、19-42 頁。

② 米原謙『日本政治思想』、ミネルヴァ書房、2008、230 頁。

③ 法令研究会『日本国憲法』、3 頁。

④ 1946 年 3 月，日本政府公布的新宪法草案中并未出现"主权在民"的明确表述，政府在议会上的解释也模糊主权的变化。在远东委员会的压力下，民政局次长查尔斯·凯迪斯（Charles Kades）会见国务大臣金森德次郎，要求明确主权在民的原则，并形成了关于天皇地位的"金森六原则"。最终日本政府以众议院修正的形式，明确在新宪法加入了主权在民的表述。参见信夫清三郎『戦後日本政治史 II』、356-357 頁。关于"金森六原则"的形成与内容，可参阅霜村光寿『金森徳次郎の憲法思想の史的研究』、博士論文、日本大学、2014、160-162 頁。

⑤ "国体论争"既指在第 90 次帝国议会上的围绕"'国体'是否已变更"这一问题的论争，也可以指在议会之外学者间关于这一问题的论争，尤其是较有名的佐佐木惣一与和辻哲郎论争以及宫泽俊义与尾高朝雄论争。除此之外，也有不少知识分子发表了自己关于天皇、天皇制以及"国体"的看法与论点。日本学界关注到战后初期"国体论争"中代表性论者关于天皇、天皇制、"国体"观念与"民主"化问题的讨论，尤其关于议会之外知识分子围绕"国体"与天皇制讨论的研究较多，如佐佐木惣一与和辻哲郎以及宫泽俊义与尾高朝雄的论争就受到了不少学者关注，以西尾成美的《民主主义下的天皇制——围绕天皇制议论》、中村雄二郎的《佐佐木与和辻"国体变更"议论》为代表，具体可参阅西尾成美「民主主義下の天皇制—天皇制論議をめぐって—」、宮川透・中村雄二郎・古田光編『近代日本思想論争』、青木書店、1963、120-147 頁；中村雄二郎「佐々木・和辻『国体変更』論議」、宮川透・中村雄二郎・古田光編『近代日本思想論争』、147-152 頁。在中国学界，张东的《制宪权视角下象征天皇制与近代天皇制间的断裂与连续》论及宫泽俊义与尾高朝雄的论争，具体参阅张东《制宪权视角下象征天皇制与近代天皇制间的断裂与连续》，《日本文论》2019 年第 2 期，第 99~121 页。关于知识分子个人的天皇观、"国体"观的分析的研究更不在少数，在此不一一列举。

先行研究已对这次议会上吉田内阁与议员的论点做了较为细致的梳理，并注意到吉田内阁论点的核心在于强调天皇制以及天皇形象的连续性。① 关于民主化问题，先行研究指出，国民主权说最终成为通说②，日本政府的"国体"不变论则是模糊主权变化问题的回答。③ 笔者认为，吉田内阁在议会上提出"国体"不变论是在新现实状况下的一种策略，即试图调整"国体"解释以维持天皇制的存续，并适应新宪法草案的民主化修正。吉田内阁给出的"国体"解释是一种民主的"国体"化的解释。日本政府承认新宪法草案中的"主权在民"这一重要原则，但将"国体"解释为超越政治与法律的、国民在感情上与天皇的关系，以维持"国体"的不变。吉田内阁试图将国民对天皇的感情与民主的主体性紧密联系起来，使民主成为国民在精神层面上自觉拥护"国体"的"民主"。但日本政府的论说并未考虑到国民反思自己与天皇的关系以及在此基础上国民自主决定天皇地位等问题。

　　吉田内阁继承了币原内阁对"国体"的解释，指出"国体"概念的核心在于"君民一体"，并模糊"国体"在政治和法律上的含义，试图回避讨论"国体"涉及的主权变化问题。在第 90 次帝国议会上，众议院的北畔吉议员首先指出，主权所在的变更引发了一些人对"国体"发生变

----

① 但关于这次议会上对"国体"议论的研究较少，信夫清三郎早在《战后日本政治史》第 2 部中就对第 90 次帝国议会中的"国体论争"进行了较为详细的考察，其更为关注议员的立场，从战后民主化的视角出发，认为在"国体论争"中承认"国体"发生了变革的议员（如宫泽俊义、浅井清、板仓卓造、南原繁）"击中了问题的核心，清楚地认识到战后民主化的足迹"。也有学者注意到日本政府认识的连续性，如横田耕一从制宪的研究视角出发，指出在此议会上日本政府主张的"天皇观"与《大日本帝国宪法》中的"天皇观"有着很强的连续性；颖原善德从历史认识视角出发，指出此议会中日本政府强调天皇与臣民的关系具有历史连续性。具体可参阅信夫清三郎『戦後日本政治史Ⅱ』、381-384 頁；横田耕一「制憲前後の天皇像—象徴天皇制の解釈における『連續性』と『断絶性』序説—」、『法政研究』第 45 巻第 1 号、1978 年 11 月、36-39 頁；穎原善德「『帝国憲法改正案』成立の論理と条件」、『立命館大学人文科学研究所紀要』第 100 号、2013 年 3 月、46-50 頁。

② 杉原泰雄指出宫泽俊义式的国民主权说最终成为通说，参见杉原泰雄編『国民主権と天皇制』、三省堂、1977、6 頁。

③ 例如，肯尼思·劳夫（Kenneth J. Ruoff）指出日本政府在制宪议会上的解释是一种模糊主权变化的解释，参见ケネス・ルオフ『国民の天皇—戦後日本の民主主義と天皇制—』、岩波書店、2009、84-85 頁。

战后初期日本民主化过程中天皇制的应对　J

化的愤慨，北岭吉本人则基于"君民共治"的"国体"观念，认为主权所在的变化并不影响"国体"。① 在对此的回应中，吉田内阁与之前币原内阁做法一致，以"君民一体"解释"国体"概念，并指出日本的民主主义发端于明治天皇的"五条御誓文"，且始终是尊重"民意"的"国体"。② 但与币原内阁的解释不同的是，吉田茂指出"君臣一如"③ 意味着"君"与"皇室"以及"臣"与"国民"之间不存在区别和对立。④ 这意味着，天皇与国民之间的对立被消解了，其结果就是天皇被纳入"国民"。金森德次郎国务大臣⑤在回答日本社会党议员片山哲针对主权与统治权提出的疑问时，指出统治权在于"包含天皇在内的国民整体"。⑥ 这样一来，"国体"自然就符合"主权在民"的要求，主权变化的问题自然也就不存在了。

　　吉田内阁使用"君民一体"这一概念消解了政治和法律层面上天皇与国民的对立，议员从这两个层面出发的质疑难以奏效。吉田内阁不仅否认了从宪法本身出发讨论主权变化问题的主张⑦，也拒绝了其他可能包含政治、法律上天皇与国民对立的理解方式。例如，吉田安议员询问道，在

① 「衆議院議事速記録　第5号」、『官報号外』1946年6月26日、70頁。
② 「衆議院議事速記録　第5号」、『官報号外』1946年6月26日、75頁。
③ 日本政府使用的"君臣一如""君民一如""君民一体"等概念并无明确的语义差异，本文统一使用"君民一体"一词代指这些概念，并在引用时遵照原文。不过，金森德次郎的"君民一体"概念与此次"国体论争"后其通过对天皇的"公""私"两侧面的区分提出的天皇认识的重点有所不同，金森在新宪法发布后著述的《宪法随想》中"人间天皇"一节指出，此次宪法修改令天皇的"公"与"私"的地位明确区别开来，"公"的立场是静态的国家象征，"私"的立场是作为一个一般人，天皇与一般人无异，并强调这与封建的、强调天皇与权力联系的"公"观念不同。具体可参阅高见胜利编『金森德次郎著作集I』、慈学社、2013、215-217頁。
④ 「衆議院議事速記録　第5号」、『官報号外』1946年6月26日、75頁。
⑤ 关于金森德次郎的"国体"论，霜村光寿的研究关注到战前战后金森"国体"论的变化，对金森在第90次帝国议会上的论说也做了详细的考察，不过霜村主要从宪法学说方面对其进行研究，忽视了金森"国体"论在战后强调的宪法之外的部分。具体可参阅霜村光寿『金森德次郎の憲法思想の史的研究』、博士論文、日本大学、2014。
⑥ 「衆議院議事速記録　第3号」、『官報号外』1946年6月23日、16頁。
⑦ 例如，铃木义男议员试图强调从主权角度讨论宪法改正问题，以要求政府在"天皇主权说"与"国民主权说"两种立场中二择一；金森重申了"主权在于包含天皇在内的国民整体"的命题，使铃木提出的问题本身不再成立。具体参见「衆議院議事速記録　第6号」、『官報号外』1946年6月27日、88-90、93頁。

— 163 —

包含天皇在内的国民观念下，"主权在民"中"民一字指的是国民"，那么"主权在民""被解释为主权在天皇还是被解释为主权在人民，其实都没有问题"，因此不知是否可以"称这一宪法是主权在君的"，还是"只能解释成主权在民主义"？① 金森承认吉田安这种"民也一体地包含在君之中"的理解没有问题，但仍希望吉田安使用"包含天皇在内的国民"的表达方式。② 吉田安的表达有着"主权在君"的含义，所以并未被吉田内阁完全接受。吉田内阁既强调"君民一体"的"国体"观念，又对此进一步做出"包含天皇在内的国民"的解释，至少不在表面上与"主权在民"这一民主化改革的要求相悖。

不过，吉田内阁的"君民一体"解释并非单纯的策略性文字游戏。吉田内阁使用"君民一体"的解释弱化了法律上主权变化带来的冲击，同时，将"君民一体"的"国体"解释为国民与天皇在感情上的联系，这种联系超越变动的政治与法律的层面，具有不变的性质。金森德次郎国务大臣代表吉田内阁提出，"国体"的本质在于国民对天皇的感情是不变的。金森认为，人对事物的认识随着时间推移不断加深，因而日本国民对"国体"的认识也会愈加深刻，从战前在明治宪法下认为宪法第一条、第四条规定是"国体"的体现，是不可改变的，到现在认为"国体"在于更深处、更根本的地方③，即天皇是国民"憧憬的中心"。④

这种感情层面的"国体"概念超越了现实中政治、法律层面上"国体"的变动，也回避了理论上对"国体"的不同解释导致的纷争。松本学议员认为，金森这种感情层面的"国体"概念如果"不用理论是难以让国民理解（'国体'）的，需要以理论明晰之"。⑤ 对此金森回应道："国体这一观念……是要承认其为基本事实，同时又是俨然存在的，这是我们的国民感情。其根本在于国民感情，从现实的角度来看，

① 「衆議院帝国憲法改正案委員会議録（速記）　第 2 回」、1946 年 7 月 2 日、14 頁。
② 「衆議院帝国憲法改正案委員会議録（速記）　第 2 回」、1946 年 7 月 2 日、14 頁。
③ 「貴族院帝国憲法改正案特別委員会議事速記録　第 3 号」、1946 年 9 月 3 日、20 頁。
④ 「衆議院議事速記録　第 3 号」、『官報号外』1946 年 6 月 23 日、75 頁。
⑤ 「貴族院帝国憲法改正案特別委員会議事速記録　第 3 号」、1946 年 9 月 3 日、9 頁。

对其进行理论阐释的做法并不是首先必要的，只要确认这一事实即可。"①

只要国民能够在自己的感情中确认自己与天皇的关系，那么"国体"就可以得到拥护，理论上对"国体"的不同解释不会导致"国体"的变化。此处的理论也包括法律学者从二战前作为法律概念的"国体"出发所做的解释。不少议员尝试从二战前法律上对"国体"的定义——"天皇总揽统治权"②——出发质疑金森对"国体"的解释，也有议员指出金森在战败前论述的宪法学说中的"国体"与当下的感情的"国体"并不一致。③ 金森承认，法律意义上的"国体"确实发生了变化，但始终坚持感情上的"国体"并未发生变化，以至于议员认为金森是"二刀流"④。霜村光寿在研究中也指出金森的回答存在矛盾，认为金森面对保守派主张"国体"不变，面对革新派则承认"国体"变更了。⑤ 但如前所述，金森给出的感情层面的"国体"解释与法律层面的"国体"解

① 「貴族院帝国憲法改正案特別委員会議事速記録　第 3 号」、1946 年 9 月 3 日、9 頁。
② 宫泽俊义在议会中指出，战败前大审院给出了《治安维持法》中"国体"的解释："我帝国以万世一系的天皇君临且总揽统治权为国体，治安维持法中所谓国体之意味亦当作此解。"参见「貴族院議事速記録　第 23 号」、『官報号外』1946 年 8 月 27 日、241 頁。
③ 前者如佐佐木惣一的质疑，佐佐木议员试图证明"国体"之"事实"——法律规定自身的重要性，以驳斥金森的感情论。对此，金森将基于国民感情的根本认识与法律之间的关系，纵向映射为根本与表象之间的关系，不仅重申了感情上的"国体"认识的"本质"性，也指出了新宪法中天皇的象征地位就是感情上的"国体"认识在"政治性、国法性的世界"中的映射。后者如及川规与佐佐木惣一的质疑，关于及川规的质疑的相关分析参照霜村光寿的《金森德次郎宪法思想的历史性研究》。佐佐木举出战前金森德次郎的著作，指出金森在其中认可"国体"在于"天皇总揽统治权"，以驳倒当下金森的"国体"认识，从而证明金森其实也认为"国体"发生了变更。对此金森依然使用认识的发展深化论解辩当下的"国体"认识才是根本的认识。金森坦率地承认了自己在学问上发生了变化，但他认为自己的问题不是学问的变化，问题是将根本的国民感情与天皇的政治权直接联系起来，并认为后者是"国体"。这意味着，因将当下的认识设定为根本的，此前学问上的"错误"不再重要，重要的只是能否认清根本的"国体"。具体参见「貴族院議事速記録　第 25 号」、『官報号外』1946 年 8 月 29 日、298 頁；「貴族院議事速記録　第 26 号」、『官報号外』1946 年 8 月 30 日、316 頁；霜村光寿『金森徳次郎の憲法思想の史的研究』、159-160 頁；「貴族院議事速記録　第 27 号」、『官報号外』1946 年 8 月 31 日、335 頁。
④ 在当时贵族院的宪法委员会中有两张纸片在议员之间传递，一张问"对什么都很能打的金森的'宪法'是什么流派的"，一张回答说"金森是二刀流，说国体变了又没变"。参见高见胜利编『金森徳次郎著作集 I』、252 頁。
⑤ 霜村光寿『金森徳次郎の憲法思想の史的研究』、第 158 頁。

释不同，不是另一种理论上的解释，而是根本的、对"事实"的说明。这意味着，吉田内阁面对更彻底的、制度上的民主化要求被迫做出了极大让步，承认了政治、法律层面上"国体"的变更。但吉田内阁通过将"国体"的重点置于超越了会变化的制度的感情上，紧紧抓住国民与天皇在感情上的联系这一点，以另一种方式坚持"国体"与民主相并存的主张。

在不少议员看来，吉田内阁对"国体"的解释并不具有较强的说服力，很难为国民所普遍接受。例如，南原繁议员对政府能否将这种解释普及并使其被普遍接受表示强烈质疑。① 松本学议员希望政府能够向对"'国体'是否已变更"这一问题感到迷茫的国民给出更有说服力的官方解释。② 对此，金森指出理论上的不同解释是每个人的自由。③ 而且金森强调，虽然新宪法提及教育的重要性，但是将教育与思想自由、学术自由调和是很难的，尤其要尊重人们内心的想法，因而政府不给出统一的宪法解释。④ 但金森相信，新宪法的发布会让国民自然而然清楚"国体"其实指的就是国民以天皇为"憧憬的中心"，而不会像战败前那样误以为"国体"指天皇是"统治权总揽者"。⑤ 这意味着，新的"国体"解释不是仅仅延续战败前的"国体"并默认国民对此种"国体"的认同，而是进一步要求国民自觉地认识到"国体"的本质在于自己对天皇的感情，并拥护"国体"。

吉田内阁面对制度上民主化的现实，将"国体"的存续问题也交给国民来解决。一方面，从这一点来看，在更为彻底的民主化改革的要求面前，单纯"护持国体"的立场是无力的；另一方面，吉田内阁期望国民在新宪法下将自己的感情交给天皇，制度上的民主化改革促使吉田内阁给出了感情上民主的"国体"化解释。这意味着，战后天皇制的民主化进程是一个在制度上接受"民主"化变革的同时，试图将天皇的存在扎根

---

① 「貴族院議事速記録　第 24 号」、『官報号外』1946 年 8 月 28 日、259 頁。
② 『貴族院帝国憲法改正案特別委員会議事速記録　第 3 号」、1946 年 9 月 3 日、1 頁。
③ 『貴族院帝国憲法改正案特別委員会議事速記録　第 3 号」、1946 年 9 月 3 日、9 頁。
④ 『貴族院帝国憲法改正案特別委員会議事速記録　第 6 号」、1946 年 9 月 6 日、22 頁。
⑤ 『貴族院帝国憲法改正案特別委員会議事速記録　第 10 号」、1946 年 9 月 11 日、4-5 頁。

于国民的感情之中的过程。国民本应反思天皇的存在本身，但是在民主化进程中这一重要课题被消解了。

三 天皇制与"民主"的融合：新宪法 草案发布后的国民教育

吉田内阁在第 90 次帝国议会上解释"国体"概念，将着重点从战败前的政治和法律层面上的"天皇总揽统治权"转移至感情上国民自觉与天皇结合。这也意味着国民在"国体"中角色的转变。在战败前的"国体"下，"臣民"需要在政治上和伦理上绝对地顺从天皇，并通过这种绝对顺从表现自身的主体性；而在战后吉田内阁的"国体"解释下，日本"国民"需要通过个人的自觉，主动拥护内心"必然"存在的对天皇的感情。但吉田内阁并不满足于仅消极地期望国民自然地产生对这种"国体"的自觉。在第 91 次帝国议会上，吉田内阁表明其致力于新宪法普及运动的立场，日本政府实际上也在战后初期的国民教育以及新宪法普及运动中主动推广其解释。[①] 一方面，在国民教育尤其是历史教育中，日本政府推行了强调明治时期民主化与战后初期民主化课题之间连续性的历史叙述结构，以论证在维持天皇制的前提下推行民主主义化的正当性；另一方面，在普及宪法时，日本政府在肯定新宪法下民主价值的同时，将其新"国体"解释融入其中，以寻求精神层面天皇制与民主的结合。

1946 年 8 月，在第 90 次帝国议会期间，文部省刊行了战后首册国定历史教科书《祖国的历程》（『くにのあゆみ』）。关于战后去军国主义化以及走民主主义道路，该书引用了昭和天皇"年初诏书"中承接明治

---

① 在第 91 次帝国议会上，吉田茂首相回应佐佐木惣一议员时强调："关于新宪法的普及，我在前次议会中也明确强调，要将新宪法的意义贯彻于日本的每个角落，因此政府并没有采取与此普及运动不相关的态度。实际上阁僚在过去的一个月内已经致力于新宪法等的普及，并为了明确其意义到各地举办讲座等。"参见「貴族院議事速記録 第 2 号」、『官報号外』1946 年 11 月 29 日、17 頁。

天皇"五条御誓文"的内容以及强调天皇与国民之关系的内容①，并借此强调："新的政治开始了。现在正是真正的、国民齐心协力让日本成为民主主义国家的时候。"② 因而，日本战后的民主主义化道路成为遵照"五条御誓文"承载的"民主"性"传统"的道路。这也反映了币原内阁以后日本政府的一贯立场。

《祖国的历程》一定程度上反映了日本政府的意图，但给小学教育带来的实际影响并不大。③ 1947 年 4 月新学制开始实施，社会科成为小学的科目，而历史科被取消，同年 9 月各学校开始教授社会科。④ 社会科教科书中没有系统整体讲述日本历史的教科书，仅有《很久以前的人们》与《日本的过去与现在》两册涉及历史相关内容。⑤《日本的过去与现在》一书中"新的政治"一节叙述了明治时代政治的新变化。其中指出，明治时代的新政治"最能将人们的想法导入政治"，战后初期的日本则处在其延长线上。在明治时期的新政治下，人们的生活也没有立即变好，"因此，有必要使明治时代才开始的新的政治方式变得更好。新宪法制定了各种各样能让人们的生活比之前更自由、更幸福的规定"。⑥尽管昭和天皇及其诏书在其中并未出现，但以民主化课题为轴，将明治与战后初期接续起来的历史叙述结构依然存在。在天皇制下实行民主化改革成为默认的前提，近代天皇制自身具有的"超国家主义"潜在可能性被民主性所掩盖。

1947~1948 年，文部省出版了《新宪法讲话》与《民主主义》以普

① 文部省「くにのあゆみ　下」、海後宗臣［ほか］編『日本教科書大系　近代編　第 20 巻　歴史第 3』、講談社、1962、463-464 頁。

② 文部省「くにのあゆみ　下」、464 頁。

③ 海後宗臣「所収教科書解題」、海後宗臣［ほか］編『日本教科書大系　近代編　第 20 巻　歴史第 3』、475-476 頁；海後宗臣「歴史教科書総解説」、海後宗臣［ほか］編『日本教科書大系　近代編　第 20 巻　歴史第 3』、602-603 頁。

④ 海後宗臣「所収教科書解題」、475-476 頁；海後宗臣「歴史教科書総解説」、602-603 頁。

⑤ 海後宗臣「歴史教科書総解説」、604 頁。

⑥ 文部省「日本のむかしと今」、海後宗臣［ほか］編『日本教科書大系　近代編　第 17 巻　地理第 3』、講談社、1966、214 頁。本书于 1948 年 12 月 25 日刊发，1953 年 1 月 10 日再版，同年 2 月 10 日文部省检定完毕，由东京书籍株式会社出版。

及新宪法，吉田内阁的主张一定程度上也反映在两本书中。[①] 其中明确强调民主主义的意义，并指出国民自主做出决定的重要性。[②] 对国民主体性的强调也贯穿于《新宪法讲话》的"天皇"一节，并与金森德次郎代表吉田内阁给出的"国体"解释相结合。该部分论述道，天皇之所以不再"费心（日文原文为ごくろう——引者注）治理国家"，是因为旧宪法下辅弼天皇的人并不是由国民所选的，且违背了民意走向了战争。[③] 因此天皇不再与政治发生关联，国民需要自己成为主体，并将天皇置于国民整体的中心，不再让天皇"费心"：

> 让天皇陛下处于这样的地位（日本国民整体的中心）是基于日本国民整体的想法。从此以后，治理国家的工作就是国民自己必须做的事情。天皇陛下并非神，和国民一样都是人。天皇做了广播，也来过小镇的角落。因此我们必须要将天皇陛下牢牢置于我们的正中，让天皇不要再费心治理国家。这样一来，大家就会明白宪法将天皇陛下定为象征的意义了。[④]

《新宪法讲话》认为，表面上宪法发生了变化，但在精神深处国民对天皇"费心"的共情是不变的；国民需要体会旧宪法下天皇的"难处"，将这种对天皇的共情转化为在国民之正中保护天皇、主动参与国家治理的决心。仅就日本新宪法条文字面意思而言，国民是决定天皇地位的主体，有着剥夺天皇地位的权力。但感情化解释的植入掩盖了"国民之总意"所含有的国民做出决定的权利。国民在感情上与天皇紧密联系，可能被剥夺地位的只有违反民意的辅弼者，而非"费心"的天皇。

综上所述，战后初期日本各届内阁一直坚持的明治与战后民主化

---

① 国内学界已关注到这一宪法普及书的民主性，如董炳月《战后日本教育思想的逻辑与脉络——以〈教育基本法〉和历史教科书为中心》，《日本学刊》2015 年第 5 期，第 120~141 页。
② 文部省『あたらしい憲法のはなし』、実業教科書、1947、9-10 頁。
③ 文部省『あたらしい憲法のはなし』、15 頁。
④ 文部省『あたらしい憲法のはなし』、17 頁。

课题之间存在连续性的历史叙述结构成为国民教育的重要部分，为证明天皇制与战后民主化道路并无矛盾提供了论据。但仅构建这一连续性无法在更彻底的民主化要求下维持天皇制。金森德次郎代表吉田内阁给出的感情化"国体"解释消除了政治和法律领域的变动对"国体"的影响，以使制度上的民主化更彻底，二者相结合成为新宪法普及中的官方解释。

然而，"国体"的感情化并不仅仅是为了"护持国体"，更重要的是，感情化的"国体"解释掩盖了对天皇地位反思的可能性。民主化道路的课题交到了国民的手中，感情化的"国体"则试图将解决这一课题的国民主体性替换为国民对天皇的感情，国民通过不加反思地对天皇的"敬爱与信赖"，努力将日本建设为天皇制下的民主国家。这意味着，天皇制与民主的结合达成了其终极形态，天皇的存在本身成为难以被反思的对象，这一课题被嵌在战后天皇制与战后民主化问题之中，既是其特点，也是其病理。

结　语

战后初期，日本在天皇制下开展民主化改革，就其变革模式而言，与明治维新有着相似的结构。[1] 1867 年 12 月 9 日发布的《王政复古大号令》以"原神武创业之始"[2] 在时间上回溯，以确保革新初始状态的纯洁性，消除一切阻碍权力与权威向天皇集中的势力，也更彻底地进行西洋式近代化的革新。1946 年 1 月 1 日，昭和天皇发布"年初诏书"，祭出明治天皇的"五条御誓文"，将"民主"的明治时代与战后连接起来，使天皇制裨

---

[1]　中村政则注意到战后初期的状态可以与明治维新相比拟，如黑船来航与驻日盟军总司令部进驻、旧宪法与新宪法、教育敕语与教育基本法等，且战后民主主义化也可以在明治维新中找到其继承的思想遗产。不过，中村更强调战后民主主义对自由民权方面思想的继承，关于昭和天皇对明治天皇"五条御誓文"的继承之意义则缺少较为深入的分析，对战后改革与明治维新在变革模式上的异同也未进行深入分析。参见中村政则［ほか］編『戦後日本：占領と戦後改革　第四巻　戦後民主主義』、岩波書店、1995、284−287 頁。

[2]　多田好問編、香川敬三閲『岩倉公實記　下卷　1』、皇后宮職、1906、148−150 頁。

去"超国家主义"的色彩，以保证战后作为变革起点的纯洁性。这既保证了天皇制的存续，也使民主化改革正常推进。这意味着，明治维新与战后民主化都采取了"复古式革新"的变革模式，都通过时间上的追溯，为当下的变革赋予了正当性，并为进一步改革提供了空间。[①]

战后初期日本政府在采用这种"复古式革新"图式的同时，也面临与明治维新同样的问题。在时间上，明治维新的"复古"具有向前无限延伸的冲动，时间的尽头并非空无一物，而是有着天照大御神的"神敕"，有着"国体"自我绝对化的契机。丸山真男指出，这种时间上的无穷延伸也将确保空间上权力与权威的无限延展，这是近代天皇制"超国家主义"性的问题所在。[②] 这意味着"复古"的自我目的化将给"革新"带来束缚。战后初期，日本政府与天皇试图通过回溯至明治以开启战后日本民主化道路的做法同样有此问题。向明治的"复古"意味着，战后民主化是处在天皇制下的变革，"民主"的明治同样也是天皇制下的明治。鉴于此，战后日本民主化本身难以更为彻底。

不过，战后民主化与明治维新还存在一点根本上的不同。明治维新将天皇构建为发动变革的主体，以天皇之名推进日本国家的西洋式近代化。战后民主化改革试图将日本国民塑造为主体，但始终没有割舍掉对天皇感情的"乡愁"。如果说，明治维新的推动者依然有着将"国体"视为变革工具的考量的话，那么战后民主化改革中的日本政府最终也不想放弃的正是对"国体"本身的依恋。只有以对天皇的感情为媒介，"国体"才能允

---

① 对明治维新的较新研究指出了"复古"与"革新"相结合的图式在研究日本史中的重要意义。三谷博指出："维新之复古参照的是'神武创业'这一没有制度的理想的过去，只要尊重天皇的中心性，那么参照外国的改革也是可能的。但以天皇为中心进行改革的做法束缚了之后的日本。"梅田正己在三谷观点的基础上认为："在向近代国家出发之时，新的指导者面临的课题大概来说有两个。一个是形成前述的强力的'中央集权国家'，另一个是创立在欧美诸国中见到的作为近代政治中心机构的'议会'。为达成前者，作为必要条件而诞生的是通过'王政复古'进行的神权天皇制，针对后者提出的方针则是五条御誓文中的'广兴会议，万机决于公论'。"这种"复古式革新"图式在分析日本战后初期的民主化改革时也具有重要意义。参见三谷博「国境を越える歴史認識」、『岩波講座日本歴史　第22巻　歴史学の現在』、岩波書店、2016、281頁；梅田正己『日本ナショナリズムの歴史Ⅱ―「神権天皇制」の確立と帝国主義への道―』、高文研、2017、34頁。

② 丸山眞男「超国家主義の論理と心理」、『丸山眞男集　第3巻』、35-36頁。

许政治上的"民主"化，但正因为以对天皇的感情为媒介，国民的主体性才保留了"国体"化的可能性。战后以来，日本不断回归近代天皇制以及回归"国体"的冲动或许根植于此。

（审校：陈静静）

政治结构、思想文化、公议传统

——明治维新的历史基础

王新生[*]

内容摘要： 近代日本在外来冲击下迅速实现了政治性变革的"王政复古"以及构建了体现近代国家核心内涵的宪政体制，其原因在于前近代社会具有的独特因素，例如具有双重二元政治结构特征的"朝幕藩体制"难以应付"黑船来航"带来的困境，从"朱子学"到"水户学"演变过程催生了对宋代儒学质疑与批判基础上的"尊皇攘夷"思想为反对派提供了有力的变革旗帜，社会各个阶层均可表述其主张的"公议"惯例也深刻影响到政治变革后的国家内部建构乃至近代日本的国家走向等。

关 键 词： 江户时代 幕藩体制 尊王攘夷 公议政体论 明治维新

尽管日本历史上的明治维新已经过去 150 多年，但依然是各国学界讨论、研究的重要课题，显然尚有许多问题需要深入探讨。例如，2018 年明治维新 150 周年之际，中日两国学界均召开多次学术讨论会，但双方存在不同的研究趋势。具体说来，日本学界逐渐将明治维新相对化，即该事件在历史长河中的地位逐渐降低，而且本土特色越来越浓厚。例如，苅部直的《通往"维新革命"之路：十九世纪日本对"文明"的追求》、三谷博的《日本历史中的"普遍"：明治维新的比较研究》、渡边浩的《明治革命、性与文明：政治思想史的冒险》，均从比较史的角度强调了日本

* 王新生，北京大学历史学系教授，主要研究方向为日本历史与日本政治。

近世与近代的连续性，观点新颖，但有过于注重特殊性之虞。[①] 与其相对，中国学界依然重视明治维新的历史地位，但对日本前近代社会的政治和思想特征探讨不足。简单地讲，日本能够在开国之后不久就顺利地进行了政治革命、政权更换，为近代化改革打下良好基础，重要原因即在于其前近代社会具有的特征，即政治结构上的双重二元政治体制、对宋代儒学质疑与批判基础上出现的"尊皇思想"以及历史进程中形成的政治"公议"传统，这些特征深刻影响到明治维新后的国家内部建构乃至近代日本的国家走向。本文从政治结构、思想文化、公议传统三个方面探讨明治维新之所以出现且成功的历史基础。

一　前近代社会的政治结构

过去学术界通常将德川幕府时代的政治结构称为"双重二元政治体制"，其含义是同时有两个最高统治者（天皇与将军）及其特有的"幕藩（幕府与大名）体制"。一方面，权威型政治人物朝廷的天皇与权力型政治人物幕府的将军同时存在。尽管幕府将军掌握日本的最高统治大权，而且通过《公家诸法度》等法律极大地约束天皇及朝廷的言论与行为，但将军职位由天皇任命，不仅第一代将军是由天皇授予征夷大将军的称号，将军更替也需天皇的认可，尽管天皇有时也不情愿。也就是说，将军权力的合法性来自天皇的委托，这种带有双向性的关系既是各藩大名臣服幕府将军的一个原因，也是幕府将军在特定时刻失去其权力的政治基础。因为天皇权威性的存在不仅限制了将军权力的无限扩大，朝廷赐予大名的官位也意味着各藩大名同时是天皇的臣下，在特定时期可以成为批判幕府的权力基础。[②] 但需要补充的是，天皇的这种影响力在历史转折时期也发生关

---

① 苅部直『「維新革命」への道―「文明」を求めた十九世紀日本―』、新潮文庫、2017；三谷博『日本史のなかの「普遍」―比較から考える「明治維新」―』、東京大学出版会、2020；渡辺浩『明治革命・性・文明―政治思想史の冒険―』、東京大学出版会、2021。

② 田中優子「直き天皇―江戸時代にとって天皇とは何であったか―」、法政大学国際日本学研究所『国際日本学』第 6 巻、2009 年 3 月、39-61 頁。

键性作用，正如幕末体现的那样，因而"幕藩体制"一词难以全面概括江户时代政治结构的实质，应该将其称为"朝（廷）幕藩体制"。

另一方面，双重二元政治体制还包括规定将军与大名关系的"幕藩体制"。德川幕府时期的大名是指领地收获量在 1 万石以上的武士，整个江户时代大约有 260 家。从理论上讲，大名的主要义务是，如有战事，则按照收获量 1 万石出 200 名军人的规格，带兵跟随将军作战。但在自己的领地内，大名处在半独立的状态，组成行政机构，由大名的家臣担任各种职务。这些地方高级官员的俸禄很少超过 1 万石，基本上持有数百石或数十石的领地，或者从藩厅领取以大米支付的俸禄。

尽管幕府将军名义上是日本最高的统治者，但其经济基础仍然是直辖领地的收入，只是其领地大得多，其领地收获量约占全日本土地收获量的1/4，另外还掌握了大城市、重要矿山、交通要道的工商业税收与对外贸易的利润，其强大的实力可以让任何一个藩臣服。与将军结成主从关系的直属武士称为"旗本"和"御家人"，其俸禄不满 1 万石，前者可以觐见将军，后者没有此等资格。根据 1722 年实施的调查，共有旗本 5025 人，御家人 17399 人。旗本及御家人从将军那里获得的领地称为"知行地"，但有时将军也会支付给他们相当于一年俸禄的大米。

从时代划分上看，江户时代为"近世"，相当于英语的"前近代"。而且，日本近世与中世的最大区别是"兵农分离"[1]，即武士与农民不能更换身份。武士居住在大名所在城堡附近——城下町，作为统治阶层的武士逐渐从获得领地向领取俸禄转化，正因如此，比起封建领主的身份，中下层武士更像行政官僚，这一点也有利于他们在明治维新后的身份转换。即使那些贵为藩主的大名也因来自幕府的压力，较少创新藩政，更多地采取模仿前任藩主的"前例主义"或观摩邻藩的"效仿主义"，不像威震一方的主君。

江户时代的大名大致分为三种类型，首先是"亲藩"大名，属于德川家族，可以继承将军职位，但基本不能参与幕政。"亲藩"大名数量不

---

① 常木淳「近代日本のナショナリズム」、『大阪大学経済学』第 68 巻第 1 号、2018 年 6 月、再引用尾藤正英『江戸時代とは何か』、岩波書店、1992、31 頁。

多，最初为"御三家"，即拥有领地的德川直系尾张家、水户家、纪伊家。后来因将军继承人数量有限，因而增加没有领地、居住在江户、具有推荐将军继承人资格、以居住地为名称的"御三卿"，即一桥家、田安家、清水家。除上述 6 家之外，还有以松平为姓氏的德川一族大名，以福井藩的松平家为首，共有 17 家。发生紧急事态时，"御三家"有资格直接向将军提出建议。第二种类型的大名是"谱代"大名，即 1600 年"关原之战"以前跟随德川家康的高级武士，是德川将军的亲信。较大的"谱代"大名也被排挤在幕政之外，中小规模的"谱代"大名是幕政参与者。"谱代"大名在"关原之战"时大约有 37 家，幕末增加到 145 家，①不过他们的领地都比较小，而且经常更换领地。第三种类型的大名是"外样"大名，即"关原之战"后被迫臣服德川家康的高级武士。"外样"大名领地较大，但离江户较远，也不能参与幕政，领地周边多为"谱代"大名，且受到后者的监视。到幕府末期，西南地区的"外样"大名参与对外贸易，因而拥有单独发动军事行动的能力，特别是长州藩、萨摩藩等，同时他们对国际关系也表现出强烈的关心，熟知外国事务，却被排除于幕府的决策过程之外，逐渐产生不满情绪。②

尽管大名在自己领地内具有相对独立的行政、司法、财政等权力，也不用向德川幕府交纳赋税，但幕府将军有权决定各个大名的领地及其规模。德川幕府最初三代将军依靠强大的经济、军事实力，利用缺乏继承人、违反幕府规定、治理领地措施不当等理由对大名实施"改易"（亦称"除封"，即剥夺领地）、减封（减少领地）或转封（更换领地）等处分。这一时期共有 82 家"外样"大名、49 家"亲藩"及"谱代"大名被剥夺领地，135 家大名遭到减封处分，③ 幕府的统治也因此得以稳固。

1615 年，德川幕府颁布《一国一城令》，规定一个大名只能保留一座供自己使用的城堡。1635 年正式实施"参觐交代"制度，即大名一年住

---

① 佐藤信［ほか］『詳説日本史研究』、山川出版社、2008、242 頁。

② ［日］三谷博：《黑船来航》，张宪生、谢跃译，社会科学文献出版社，2017，"中文版序言"，第 11 页。

③ 这一时期仅被剥夺领地的大名达到 130 家，被没收的领地超过 1200 万石。河合敦『早わかり江戸時代』、日本実業出版社、2009、74 頁。

在江户，一年住在自己的领地，妻子及继承家业的儿子留在江户做人质。1635 年，第三代将军德川家光修改《武家诸法度》，正式规定"外样"大名"参觐交代"。西日本的大名每年三月底至四月初到江户参见将军，在江户的东日本大名此时回领地；第二年东日本的大名到江户，西日本的大名离开江户，按照领地的收获量组建"参觐交代"的队伍。1642 年，幕府命令"谱代"大名也要进行"参觐交代"，但在江户和领地居住时间分别为半年，"交代"时间为每年六月或八月。

总体说来，这种双重二元政治体制在"锁国"状态下维持了一种微妙的平衡，但难以应付外来的压力或冲击。换言之，这种体制很容易在外来冲击或压力下解体，福井藩主松平庆永在 1863 年提出辞去政事总裁职务时明确强调："国初已来，幕府之政令虽难言无私，然天下无嫌疑之念之时，则安堵遵奉，无敢犯侮者。外国之事件既出于制外，便难以公私之分、旧套定格逆覆之，故天下悉咎幕府之私而究之议论，人心大生乖戾。"[1] 幕末的历史典型地说明了这一点。

具体地说，美国舰队离开日本后，幕府将美国国书翻译成日文，下发给大名、旗本甚至普通民众，征求如何应对外国压力的建议。结果可想而知，"外样"大名趁机发难，各种建议相互对立，根本不可能形成统一对策。与幕府的初衷相反，该举动打破了幕府建立以来独自决策的惯例，也大大削弱了幕府的权威性。

1858 年 6 月，幕府大老井伊直弼决定采取强硬手段，在没有天皇敕准的情况下与美国等五个西方国家签订通商条约，其后将反对开国的水户藩前藩主德川齐昭等大名处以禁闭式惩罚，将舆论领袖桥本左内、吉田松阴等学者处以死刑（史称"安政大狱"），结果引起强烈的反弹。1860 年 3 月，以水户藩为主的浪人武士在江户城樱田门外暗杀了井伊直弼（史称"樱田门外之变"），进一步打击了幕府的权威。

其后掌握幕政的老中安藤信正等人希望借助朝廷的权威恢复幕府的统

---

① 「松平春嶽政事惣裁職辞任嘆願書草案」、伊故海貴則「近世後期―幕末期における『議論』と『意思決定』の構造―」、『立命館大学人文科学研究所紀要』第 115 号、2018 年 3 月、18–20 頁。

治能力，因而积极推动朝廷与幕府联合应对时局的"公武合体"，为此奏请皇女和宫下嫁将军家茂，并约定时间实施"攘夷"行动。以水户藩为主的浪人武士又实施了一次针对安藤的暗杀活动，幕府主导的"公武合体"失败。其后以萨摩藩最高掌权者岛津久光为中心的实力藩主继续推动"公武合体"运动，但主导权逐渐落入实施"尊王攘夷"的下级武士手中，特别是以萨摩藩、长州藩为主的下级武士。

萨摩藩地处日本列岛最南端，江户时代频繁与琉球往来，其后也最早受到西方殖民者的压力，1851 年继任藩主的岛津齐彬不仅建设近代工业，而且具有超越幕藩体制、推动日本一体化以对抗西方的意识。他强调："当今之世如果没有日本整体一致的兵力则不能对抗外国，幕府也好大名也好，只有自己地盘的观念不能守护日本。"① 齐彬逝世后，久光继续推动"公武合体"，不仅将过激的"尊王攘夷派"朝廷公卿与长州藩武士赶出京都，而且参与了幕府主导的第一次征讨长州藩战争。"公武合体"破产后，久光只好将藩政主导权交给西乡隆盛、大久保利通等下级武士改革派。在另外一个反幕府主力的长州藩，藩主毛利庆亲是所谓的"好好先生"，无论家臣提出何种建议均持赞成态度，因而下级武士很早就掌握了藩政主导权。

下级武士主导的"尊王攘夷"运动在遭受两次局部战争（长州藩与英美法荷四国舰队之间的"下关战争"、萨摩藩与英国舰队之间的"萨英战争"）后改变策略，即萨摩、长州两藩下级武士意识到以日本当时的实力难以攘夷，只有推翻幕府、建立统一的国家才有可能。于是，萨摩藩与长州藩在 1866 年 3 月达成倒幕密约，下级武士主导的"尊王攘夷"运动转换为"尊王倒幕"运动。

以萨摩藩、长州藩为核心的倒幕派在 1868 年 1 月以天皇名义颁布"王政复古大号令"，不仅成立了新政府，而且迫使幕府将军"辞官纳地"。幕府稍做抵抗，随后投降，称为"戊辰战争"的内战持续了一年

---

① 松尾千歳「Cangoxina —世界史の中の島津斉彬・西郷隆盛—」、『想林』第 10 号、2019 年 3 月、59-74 頁。

多，但规模不大，双方死伤人数也较少。1869 年新政府实施"奉还版籍"，各个大名将领地及所属民众交还天皇，藩主成为藩知事，受天皇委托管理藩的事务。两年后政府进一步实施"废藩置县"，撤除藩的建制，划分府县，由中央政府任命的府县知事管理行政事务，旧大名集中到东京，变成华族，"幕藩体制"最终消失。这样一来，日本的中央集权政府建立起来，随之实施各种推动资本主义发展的改革措施。

由此可见，尽管传统社会的双重二元政治体制内部具有稳定性，但难以应对外来的压力和冲击，本来就离心离德的"外样"大名趁机发难，处在困境之中的幕府企图寻求天皇权威的支持，"尊王"却成为反对派的有力精神支柱。天皇之所以在幕末凸显出来，与德川时代思想文化的演变具有极为密切的关系。

二　江户时代思想文化的变化

最初德川幕府重视儒学特别是朱子学，将其作为强化统治的意识形态，因为朱子学强调规范、名分、君臣关系（忠义）、家族关系（孝行），有利于维持社会秩序。因此，德川幕府创始人德川家康重用僧人学者藤原惺窝（1561~1619）和林罗山（1583~1657），两人将朱子学从禅宗中剥离出来，特别是林罗山掌管幕府文教 50 年，著名的"汤岛圣堂学问所"即由其家族建立，其子孙世代世袭学问所的大学头，歌颂为权者。作为官学的代表，林家不仅讲学，而且参与幕府的行政事务、文艺活动等，因而在学术研究领域没有明显进展，朱子学也逐渐分为以新井白石（1657~1725）为代表的京学派、以山崎暗斋（1619~1682）为代表的南学派、福冈的贝原益轩（1630~1714）学派等，这些学派相互之间的观点亦相差甚远。

例如，山崎暗斋从各国独立平等的原则出发否定华夷思想，同时针对与华夷思想表里一体的道德普遍主义，明确主张对国家的归属意识最为重要。在这里，山崎暗斋并不是否定朱子学，而是基于父子之间"孝"德的普遍性，认为臣下基于君臣之间的"忠"德而绝对顺从君主是儒学的本来思想。但从朱子学的立场来看，主君与臣下、国家与国民之间是

"异姓革命论"所体现的可以选择的契约关系，其传统立场根本没有考虑类似父子关系"孝"那种无法选择的绝对性。因此，在国家与国民的关系上，山崎暗斋通过父子关系的比喻主张命运的绝对化，其观点并非来自中国的儒家乃至朱子学，而是日本式的演变与发展。①

实际上，日本朱子学有别于中国的朱子学，但当时仍有儒学者给予批判，其先驱者为中江藤树（1608~1648）。相对于学问、知识先行的朱子学，中江推崇阳明学，即强调知行合一甚至行先于知，批判现实并加以改革。中江门生熊泽蕃山（1619~1691）更是批判现实政治，结果遭到幕府处分。另外，幕末发动"大阪暴动"的下级武士大盐平八郎也是阳明学的信徒。

江户初期也出现了"古学"，这一学派断言朱子学是"异端"，同时主张直接回到孔孟古典并加以施教。该学派创始人为山鹿素行（1622~1685）。山鹿素行从现实的客观立场批判华夷思想，将日本称为"本朝"，将中国称为"外朝"。② 尽管这一学派也将基于德治的王朝统治视为理想，但比起频繁更换王朝甚至接受异民族统治的中国，认为日本是"万世一系"的天皇统治，维持了政治的稳定和军事的优越，因而是更为优秀的国家。

山鹿素行之后，伊藤仁斋（1627~1705）、荻生徂徕（1666~1728）等人进一步发展了"古学"，特别是荻生徂徕更为彻底地发展了山鹿的学说。荻生认为，带来稳定政治秩序的理想型古代中国制度是真正的"道"，作为日本独特政治制度的"幕藩体制"，其思想基础不是朱子学的道德，而是为政者出自天下安宁的政治意图，这种政治意图是儒教"仁"的本质。③ 换句话说，一方面，将军以其政治能力负有统治国家的责任；另一方面，天皇按照传统的"祭政一体"惯例，通过宗教性仪式教化民

---

① 常木淳「近代日本のナショナリズム」、『大阪大学経済学』第68巻第1号、2018年6月、9頁。

② 张晓明：《重新审视山鹿素行的日本思想史地位——临界与转向的双重意义》，《日本问题研究》2022年第5期，第40~49页。

③ 吕欣：《论荻生徂徕对朱熹政治理念的批判——以"先王之道"为中心》，《国学论衡》第7辑，社会科学文献出版社，2018，第122~143页。

众、稳定民心。从阐明天皇政治意义来说，荻生徂徕的观点对"国学"及"水户学"影响甚大。

江户中期兴起、寻求日本古代精神的"国学"在很大程度上受到"古学"重视实证性研究的影响。这一学派由契冲（1640~1701）、荷田春满（1669~1736）、贺茂真渊（1697~1769）、本居宣长（1730~1801）及平田笃胤（1776~1843）传承发展，在幕末演变为以日本为中心的排他性复古主义，与"攘夷"思想结合在一起。本居宣长作为"国学"的奠基人，从美学的立场出发赞扬日本历史与文化的独特性和优越性，自然含有排斥儒学、佛教等外来思想的内容，也突出了天皇的政治性角色。平田笃胤则更进一步，不仅消除了"国学"中的美学思想，还将天皇神圣化为神道宗教，强化了批判体制的政治性。[①]

从以上各位学者的生卒年月可以看出，从德川幕府提倡朱子学的那天起就出现了质疑甚至批判朱子学的声音，这些声音继而发展为不同的学派。作为其主要因素，具有典型封建制度的江户时期幕藩体制与中国早已实施的郡县官僚制形成鲜明的对比，以及清朝时期改变服饰与发饰给江户时代的学者带来较大的影响。

上面各派学说对"水户学"特别是后期"水户学"影响较大，而且因为水户藩作为"御三家"之一的特殊地位，"水户学"很快成为幕末思想与运动的旗帜。水户藩（地处古常陆国，今茨城县）是德川家康第11个儿子赖房的封地，但德川家康设计的将军继承人"御三家"本来是将军家、尾张家、纪州家，水户家的职责是监督"御三家"乃至各藩大名的言行是否符合公武法度的规定，同时阐明日本的"国格"和"人格"。

正是出自上述目的，水户藩第二代藩主德川光圀（1628~1701）设立彰考馆，召集诸多学者（包括明朝遗民朱舜水）编纂《大日本史》，开始时重视实证性较强的学术性，后来重视探讨国家的应有状态，1737年修史工作暂告一段落。学界通常将这一阶段称为"前期水户学"，即站在"大义名分论"的立场上，编纂日本从开天辟地到南北朝结束的历史，而

---

① 加藤聖文『国民国家と戦争―挫折の日本近代史―』、角川選書、2017、28頁。

且提出对后世影响甚大的"南朝正统论"。

"后期水户学"开始于第六代藩主德川治保 (1751~1805) 时期,以彰考馆总裁立原翠轩为中心重启修史事业,但此时藩财政困难,俄国船只出现在虾夷地区 (今北海道),农政方面也需要改革。立原弟子藤田幽谷1791 年撰写标志"后期水户学"形成的《正名论》,强调"大义名分""尊王攘夷""富国强兵"。

1824 年英国捕鲸船在水户藩海岸停靠,请求提供淡水与食物,幕府原封不动地接受其要求,但藤田幽谷等人认为这一对策过于软弱,因而藩内"攘夷思想"流传。水户学者会泽正志斋为此撰写《新论》,将"尊王攘夷"思想理论体系化,其学说对幕末攘夷运动甚至明治时代以天皇为国家核心的"国体论"带来较大影响。①

1829 年成为水户藩第九代藩主的德川齐昭是抱有大志之人,深受《新论》的影响。1837 年齐昭创建藩校"弘道馆",1840 年彰考馆总裁会泽正志斋担任弘道馆校长。水户学者藤田东湖讲解以《古事记》《日本书纪》等建国神话为基础的《道德》,探讨日本固有的社会秩序。名义上阐明弘道馆教育理念的《弘道馆记》为齐昭所写,但实际操刀者为藤田。另外藤田在《弘道馆记述义》中明确提出"尊皇思想",这是"后期水户学"的核心思想,其中"尊王攘夷"一词首次出现。②

齐昭提拔年轻的下级武士,进行大刀阔斧的藩政改革,诸如全面丈量藩内土地、武士领地化、农村救济、军事训练、神佛分离等政策。不仅遭到藩内上层武士的反对,而且幕府在 1844 年以改革过度为由令齐昭辞去藩主职务并蛰居,改革派成员也遭到软禁处分。

5 年后幕府允许齐昭参与藩政,特别是 1853 年"黑船来航"后,应幕府首席老中阿部正弘的邀请参与幕政,就海防事业提出建议。作为强硬的攘夷主义者,齐昭铸造许多大炮及建设一艘军舰献给幕府。因此,齐昭

---

① 常木淳「近代日本のナショナリズム」、『大阪大学経済学』第 68 巻第 1 号、2018 年 6 月、11 頁。
② 徐兴庆主编《日本德川博物馆藏品录 3：水户藩内外关系文献释解》,上海古籍出版社,2015,第 42~44 页。

与后来担任幕府大老且主张开国的井伊直弼发生冲突，尽管齐昭强调
"尊王攘夷"的动机是利用天皇的权威性强化幕府的政治支配能力，但
"尊皇思想"却成为反对幕府的政治意识形态。也就是说，在外来压力的
冲击下，"尊皇思想"与"攘夷论"结合在一起，成为"尊王攘夷"
思想。

具体说来，幕府没有得到天皇的批准就签署对外条约导致批评舆论高
涨，幕府反对派也开启了行动上的"尊王攘夷"，即利用天皇权威批判、
抵抗幕府的运动高涨起来。正是由于水户藩最早提出"尊王攘夷"思想，
因而"樱田门外之变""坂下门外之变"① 主要是由水户藩武士进行的暗
杀行动。更为重要的是，"尊皇思想"影响到其他强藩的言论和行动，例
如倒幕主力长州藩。两者不同的是，如果说水户藩的"尊王攘夷"是立
足于维护幕府的立场，长州藩则站在反对幕府的立场。

幕末最为著名的思想家吉田松阴的尊王思想一方面来自长州藩对朝廷
的进献制度，尽管幕府通过"公家法度""武家法度"禁止各藩直接与朝
廷接触，但允许与朝廷有渊源关系的长州藩每年向天皇进献，因而吉田松
阴认为日本是"神国"，皇室是建国者的直系子孙，而且吉田在游历东北
地方时到过水户藩，接触到"水户学"。即使在松下村塾执教时，吉田也
通过各种渠道知晓整个日本乃至国外的局势，当幕府征求针对美国要求开
港的具体对策时，吉田立刻上书长州藩主，主张即使诉诸武力也要拒绝签
约，② 必须征讨那些侵略日本的洋夷。吉田这种"尊王攘夷"思想从反对
幕府发展为讨伐幕府是在井伊直弼擅自决定与美国签订通商条约之时，而
且吉田认为讨幕的主力是在野的"草莽"。③

从以上江户时代思想文化的演变可以看出，一方面，在历代学者的努
力下，本来隐居幕后的天皇逐渐成为具有号召力的精神领袖，倒幕派将其
作为旗帜开展政治变革，即所谓的"王政复古"。另一方面，幕末以武士

---

① 1862 年攘夷武士暗杀老中安藤信正事件。
② 德永真一郎『吉田松陰─物語と史蹟をたずねて─』、成美堂出版、1976、102 頁。
③ 平池久義「長州藩と明治維新─組織論における革新の視点から─」、『下関市立大学論集』
　　第 42 巻第 2 号、下関市立大学学会出版、1998、23-24 頁。

子弟接受教育的"藩校"及平民子弟接受教育的"寺子屋"为代表的教育机构普及也有助于天皇作为精神领袖的形象深入人心，从而为政治变革奠定社会性基础。需要注意的是，即使如此，无论是幕末还是明治政权成立之后，日本近代国家的设计者并没有将天皇塑造成至高无上权力人物的思想，其背景与"公议"传统有关。

三　从"公议舆论"到宪政体制

目前学术界比较重视日本历史进程中的"公议"传统，认为其是近代日本比较容易接受宪政体制的一个历史基础。该传统甚至可追溯到中世室町时代，例如今谷明以1441年的"嘉吉德政动乱"为例，指出"室町时代的日本并没有形成欧洲那样以身份制度为基础的议会制的政治组织形式，但各个利益集团通过协商达成共识的做法，一定意义上还是发挥了接近西欧议会那样的政治功能"。①

实际上，武士有时为了自己或主君的名誉，经常违背上司的命令，反而因保持了忠诚与独立的平衡而受到尊敬。另外，每个武士家族都有世代相传的俸禄，即便是主君，如果没有相应的理由也不能随意剥夺其俸禄。江户时代后期各藩因财政困难纷纷要求武士奉献也是以借款的名义，藩厅也必须提出返还的对策。无论是幕府还是各藩，主君的独断决策很少，基本上实行"禀议制"和"合议制"形式的官僚式治理，即使是藩主乃至将军的最后裁决也是在家老、老中的合议之上做出的。根据三谷博的实证性研究，在"黑船来航"数年前，水户藩主德川齐昭就提出了"公议"的概念，"公议"最初是指在对外危机日益严重的背景下有志大名参政一事。②"黑船来航"后的嘉永六年（1853）七月，老中阿部正弘询问诸侯该如何应对佩里提出的打开国门要求。③

---

① 〔日〕今谷明：《岩波日本史（第五卷）：战国时期》，吴限译，新星出版社，2020，第19页。

② 〔日〕铃木淳：《维新的构想与开展：明治时代》，李青译，文汇出版社，2021，第21页。

③ 〔日〕铃木淳：《维新的构想与开展：明治时代》，第21页。

　　早在"黑船来航"之前，面对外来的压力，幕府动员沿海各藩加强海防，并要求内陆各藩做好支援准备，于是幕府和各藩出现相关事项的交涉，例如 1849 年幕府首席老中阿部正弘就海防问题向各藩发出口头通知，并征求意见。① 这样一来，不仅扩大了政治参与的范围，也出现了具有较大影响力的大名，例如水户藩的德川齐昭、宇和岛藩的伊达宗城、萨摩藩的岛津齐彬、福井藩的松平庆永等。这些大名本来是不能参加幕政的"亲藩"大名或"外样"大名，但对国防具有强烈的意识，对西方的知识与军事技术也抱有浓厚的兴趣，阿部与他们联系频繁，交流有关情报。特别是"黑船来航"之后，幕府将美国总统国书翻译成日文，广泛征求意见，这种"合议制"基础上决定国家政策的"公议舆论"其后逐渐演变为"公议政体论"。尽管幕府及其支持者与反幕府大名的主张有所不同，但在实施政治改革方面具有较大的一致性。在这一过程中，福井藩主松平庆永具有较强的典型性。

　　松平庆永出身"御三卿"田安家，作为福井藩松平家养子成为藩主，与水户藩主德川齐昭关系密切。佩里率领的美国舰队第一次到达日本后，幕府指令 18 个藩负责江户湾周围的海防，其中福井藩负责品川御殿山的护卫事务。松平庆永主张构筑战时体制、幕府重用齐昭等实力大名、扩大政治参与、确定将军继承人等。同时发送书信给阿部正弘，建议其与齐昭商议对外事务，并任命齐昭为将军监护人。在其建议下，幕府随即任命齐昭为海防参与。

　　幕府将美国国书翻译为日文向各藩大名征询对策后，庆永在征求藩内陪臣的意见后，再次向幕府提出建议书。该建议书主张断然拒绝佩里的要求，同时宣告天下，以不惜一战的觉悟加强海防。其具体措施为：任命德川家族人员为"大元帅"，统率所有海防事务，设定以江户湾为战场，建设炮台，铸造大炮，聘用有才人物，内陆各藩也做好战时相关准备以确保日本全土的安全等。佩里第二次到达日本后，庆永痛感海防仍然没有取得实质性的进展，建议幕府缓和"参觐交代"制度，节省的经费转而充实

---

① 三谷博『ペリー来航』、吉川弘文館、2003、62 頁。

海防。萨摩等藩也提出相同的建议，但没有得到幕府的许可。①

　　尽管如此，其后庆永仍然继续上书幕府，历陈减轻各藩负担、充实海防的主张。与此同时，庆永回到福井藩后实施相应的改革，推动洋学教育，而且立场也转为开国。虽然阿部正弘去世后，庆永失去参与幕政的重要渠道，但在将军继承人问题上逐渐成为"一桥派"的中心人物。同时庆永联合其他亲藩大名，不断上书幕府，建议实施改革，开国通商。福井藩著名谋士桥本左内甚至提出建议，由京都朝廷发布诏书，其内容包括网罗优秀人才组成政府、雇用外国技术人员传授知识、学习航海技术等。幕府大老井伊直弼对此进行了严厉的反击，通过"安政大狱"暂时压制了"公议"。

　　"樱田门外之变"后，幕府的专制统治难以为继，老中安藤信正推行"公武合体"，即通过朝廷与幕府的合作应付幕末危机。但其政策在提高天皇朝廷政治影响力的同时，刺激了"外样"强藩参与政治的热情，进一步推动了"公议政体"的进展。1861 年长州藩派遣藩士长井雅乐到京都，向朝廷提出包括实行开国政策、建设举国一致体制在内的建议书。②另外，作为朝廷与幕府之间的调停者，长井雅乐往返于京都与江户之间。萨摩藩也行动起来，早在 1858 年，藩主岛津齐彬就准备率兵前往京都，但因齐彬突然去世，行动中止。1862 年，藩主监护人岛津久光率千余名士兵进入京都并向朝廷提出建议，主张解除"安政大狱"中遭到惩罚者的处分，任命庆永为大老、德川庆喜为将军监护人，通过"公论"建立优秀政治制度等。③ 幕府为迎合京都朝廷的这一动向，解除了"安政大狱"实施的各种处分。

　　恢复政治活动的庆永等藩主不断游说幕府任庆喜为将军监护人、实施改革、建议将军赴京都朝见天皇等。在其压力下，幕府任命庆喜为将军监护人，庆永为政事总裁，土佐藩主山内容堂等为政务参与等。同时减轻大

---

① 島津斉彬文書刊行会編『島津斉彬文書　下巻　1』、吉川弘文館、1969、732-734 頁。
② 宮内省先帝御事蹟取調掛編『孝明天皇紀　第三』、吉川弘文館、1967、609-621 頁。
③ 日本史籍協会編『続日本史籍協会叢書 18　島津久光公実紀　一』、東京大学出版会、1977、80-86 頁。

名的负担，缓和"参觐交代"，参考西方的做法建立新的军事制度。值得注意的是，缓和"参觐交代"有必要重新规定幕府与各藩的关系。换句话说，这一政策提高了各藩藩主的政治地位，因为需要将各藩的意见反映在中央政策中。如何实现这种"公议政体"，庆永提出将优秀人士选拔到上下议院，讨论重要政策，将天下公共舆论反映到政府决策中。①

尽管由于朝廷与幕府未能在政令一体方面达成协议，庆永只好辞去政事总裁一职，但在 1864 年初参加了朝廷主导的"参与（诸侯）会议"，其成员最初有德川庆喜、山内容堂、宇和岛藩前藩主伊达宗城、会津藩主松平荣保及岛津久光等。由于成员意见不能达成一致，特别是在如何处理长州藩以及横滨开港问题上，德川庆喜与岛津久光发生激烈冲突，"参与会议"仅存在数月，也未取得任何效果，但带有浓厚的"公议政体"色彩。

其后幕府在朝廷的支持下不仅解决了有关兵库开港的外交纠纷，而且试图重新恢复强势统治，即强化"参觐交代"制度，但遭到各藩的消极抵抗。特别是萨摩藩在"参与会议"之后放弃了支持幕府的立场，同时接近长州藩，两藩甚至在 1866 年 3 月结成"萨长同盟"，致使幕府的第二次征讨长州藩战争进展不利。1867 年 1 月庆喜继任将军，孝明天皇去世，萨摩藩主导组成久光、庆永、宗城、容堂参加的"四侯会议"，未能得到庆喜的积极响应，因而决定与长州藩共同武力倒幕。在 11 月 9 日倒幕派获得"讨幕密诏"的当天，庆喜在容堂的建议下提出"大政奉还"，并辞去将军职务。但以萨长为核心的倒幕派不为所动，仍然在 1868 年 1 月颁布"王政复古大号令"，组成新政府，同时命令庆喜"辞官纳地"，由此引发的小规模内战结束了德川幕府的统治。

由此可见，"黑船来航"后出现了"公议舆论"，本来"公议"是指幕府，"舆论"是指各藩大名向幕府提出建议。井伊直弼恢复幕府强权的企图破产后，出现了幕府主导的"公武合体论""诸侯会议论"，但

---

① 松平春嶽全集編纂委員会編『明治百年史叢書 198 松平春嶽全集 第二卷』、原書房、1973、95-96、99-100 頁。

因"尊王攘夷"运动的高涨以及社会不稳定进一步加深了"幕藩体制"的危机。在其背景下，出现了有必要导入西方议会制度、进行政治改革的主张。不仅山内容堂、松平庆永、德川庆胜等大名及西周、加藤弘之、津田真道等佐幕派成员持有这种观点，横井小楠、坂本龙马等倒幕派成员也提出这种建议。前者是为维持德川幕府的统治，即使幕府消失后也保持德川将军家作为日本的最高统治者，退而求其次也是将军家作为上院（由朝廷贵族、大名等组成，普通百姓选举的代表组成下院）的重要成员参与政治。例如津田真道起草了以德川家族为权力中心的宪法草案"日本国总制度"，坂本龙马以"公议政体论"为基础提出的"船中八策"则建议设置由公卿组成的上议政局以及由臣民有识之士组成的下议政局。①

因此，尽管在幕末形成了导入议会制度、通过"合议"即"公议舆论"制定国家政策的政治思想，不过佐幕派希望通过这种方式重新建构幕府统治，而倒幕派则将其作为推翻幕府后的政治目标。德川庆喜决定"大政奉还"的背景也是通过召集"公议政体论"取代江户幕府的诸侯会议，将军家作为诸侯参与会议并掌握主导权，山内容堂、松平庆永等大名支持这种和平过渡的政治权力再组方式，萨摩藩与土佐藩订立的盟约以及山内容堂的"大政奉还建议书"集中体现了其特征。② 但"公议政体论"遭到萨长等武力倒幕派的反对，"小御所会议"后，萨长军队与幕府军队发生冲突，佐幕派的"公议政体论"崩溃。

在归顺朝廷各藩的支持下取得戊辰战争胜利、组成明治新政府的萨长势力，为继续取得各藩的合作，同时也为证明其政策的合法性，必须继续追求"公议舆论"，《五条誓文》第一条"广兴会议，万机决于公论"正是出于该目的。新政府随之颁布的《政体书》也采取立法、行政、司法三权分立的形式，并在 1869 年 1 月设立了相当于立法机构的公议所，由各藩的公议人组成，"以制定法律为第一要务"。但因各藩主张不尽相同，

① 周石丹：《近代日本政治体制下的议政政治》，中国社会科学出版社，2020，第 20 页。
② 『鹿児島県史料　玉里島津家史料　第五巻』、廣文社、1996、216-218 頁；『山内家史料幕末維新　第六編』、山星書店、1984、644-645 頁。

甚至相互矛盾，难以做出决定，次年 6 月公议所停止活动，随后成立了相当于政府咨询机构的集议院。集议院因"废藩置县"在 1871 年 7 月终止活动，其职能由新成立的左院继承，增加审议法案的权限，其成员由相当于行政机构的正院任命。

1871 年 10 月，明治政府派出了以右大臣岩仓具视为正使，木户孝允、大久保利通、伊藤博文等政府主要领导人为副使的大型使节团前往美国与欧洲，为修改同欧美国家签订的不平等条约做预备性会谈，同时参观、学习西方的文明与技术。"岩仓使节团"成员访问欧美后进一步认识到体现"公议舆论"的议会政治必要性，因而无论是权力精英抑或非权力精英均主张实行宪政体制，尽管在内容与时间上有所差异。权力精英方面，木户孝允提出的建议书认为"当务之急是在五条誓文中增加制定政规（宪法）的条款"。[①] 大久保利通也意识到当务之急是"定律国法（宪法）"，"上定君权，下限民权，至公至正，君民不得其私"。[②] 大隈重信较为激进，不仅建议尽快召开议会，而且主张"立宪政治为政党政治"，建立英国式议会内阁制。岩仓具视的构想是以普鲁士君主主义为范本制定宪法。在非权力精英方面，下野的板垣退助等人则通过自由民权运动提倡导入能够反映"公议舆论"的议会制度。正是在权力精英及非权力精英的共同推动下，出现了《大日本帝国宪法》以及帝国议会。

1882 年，伊藤博文等人前往欧洲，主要考察德国、奥地利的宪法体系。伊藤博文考察欧洲宪法之行的最大收获是宪法相对化，即在他看来，宪法的基本功能是规定议会的组织形式、国民的权利与义务、君主的权力等，但真正发挥作用的是议会开设时能够保障其运转的行政机构。正因如此，伊藤归来后首先实施内阁制度，以便发挥行政机构的核心职能，同时组建东京帝国大学，主要目的是培养行政官僚，也建立了华族制度，用来巩固天皇制阶级基础，等等。与此同时，在内阁与天皇的关系方面，与明治天皇达成带有浓厚立宪君主制色彩的"机务六条"，尽管其后颁布的

---

① 『木戸孝允文書　第八卷』、東京大学出版会、2014、123 頁。
② 『大久保利通文書　第五卷』、日本史籍協会、1927~1929、186 頁。

《明治宪法》公开将天皇塑造为绝对君主专制的形象，但天皇的政治影响力更多地体现在其权威性方面。

结　语

综上所述，即使在江户时代天皇也具有政治影响力，幕末的动乱将其凸显出来，成为反对幕府的旗帜，而思想文化方面的演变又为这种变化提供了理论依据。另外，传统的多元政治结构基础上的"公议舆论"也为日本较快地接受西方议会政治奠定了基础。正是在这种独特的传统因素背景下，"黑船来航"后不久，日本迅速实施政治革命，建立了带有浓厚中央集权式色彩的国民国家，在国家主导下实施急行军式的赶超型近代化。日本不仅整体国力迅速增强，而且接连打败此前一直主导东亚地区国际秩序的清朝以及欧亚大陆最强陆军帝国俄国，成为其时世界性强国之一。

（审校：熊淑娥）

日本经济"双循环"关系的理论
内涵、模型分析与实证研究[*]

田 正 李 鑫[**]

内容摘要： 在战后经济的发展过程中，日本始终以国内大循环为主体，而国内循环与国外循环之间的关系则对其经济增长具有重要的影响。在明晰双循环经济体系所具有的三重内涵的基础上，基于宏观经济理论，本文构建了一个开放经济的存流量一致性模型，指出：双循环体系下家庭消费、企业产出水平、全要素生产率水平更高。应用向量自回归（VAR）模型，本文还以实证方法分析了战后日本经济的双循环体系，认为泡沫经济崩溃前后日本经济的双循环体系运行表现出明显差异。产业空心化、产业政策失效、收入差距扩大是这一差异形成的主要原因，而流通业改革能提高日本国内循环效率。日本只有形成了国内国际双循环相互促进的经济体系才有助于其经济增长。

关 键 词： 日本 存流量一致性模型 向量自回归模型 产业空心化 流通业

日本是后发展国家，其经济的内外循环关系始终处于动态演变的过程。战后日本经济经历了复苏、高速增长、稳定增长、长期低迷等历史时期，在不同的历史时期中又表现出不同的绩效，年国内生产总值（GDP）

---

[*] 本文为国家社会科学基金一般项目"战后日本经济内外循环关系的历史、理论与政策研究"（编号：21BGJ057）的阶段性成果。

[**] 田正，经济学博士，中国社会科学院日本研究所副研究员、中日经济研究中心秘书长，主要研究方向为日本经济；李鑫，中国人民银行四川省分行主任科员，主要研究方向为西方经济学。

增长率从高速增长时期的 8%～9% 下降至长期低迷时期的 0%～1%，[①] 经济绩效表现出巨大差异，需要进一步从国内循环与国际循环之间关系的角度分析战后日本经济增长速度变化的问题。中国学界对日本经济的"双循环"问题已经展开了分析。比如，金仁淑等通过分析日本经济发展经验，认为摆脱经济增长对外部需求的依赖是经济大国真正实现崛起的关键因素。[②] 李自磊认为，内循环是日本主要经济发展模式，20 世纪 80 年代后期日本在欧美的压力之下实施了错误的宏观经济政策，导致其经济内部资金脱实向虚，并引发去工业化、资产价格泡沫等一系列问题。[③] 国内学界对于日本经济内循环和外循环的发展历史与经验的认识已经有了一定积累，普遍认为内循环是支撑日本经济发展的重要因素，但采用宏观经济模型与计量经济学研究方法探讨日本经济双循环的研究仍不多见。为此，本文使用存流量一致性（stock flow consistent）模型的宏观经济模型分析方法探讨双循环体系形成对经济增长的积极意义，并运用向量自回归（VAR）模型验证日本经济双循环的实际运行情况，探讨其经验与教训。

一 "双循环"的三重内涵

二战后，得益于在消费和投资等内循环领域的快速增长，日本经济实现了快速发展。在两次石油危机的冲击下，日本的内需下降，对外需的依赖程度不断升高，这激化了日美贸易摩擦。1985 年"广场协议"签署后，日本采取宽松的财政和货币政策等扩大需求政策，引发了泡沫经济。20 世纪 90 年代初泡沫经济崩溃后，日本经济陷入长期低迷。从战后日本经济发展的历程看，其国内与国际循环具有以下特点。

---

① 更详细内容可参阅田正《日本全要素生产率研究》，社会科学文献出版社，2018，第 36 页。
② 金仁淑、王淼垚：《双循环发展格局的国际经验及中国路径》，《甘肃社会科学》2021 年第 3 期。
③ 李自磊：《构建双循环新发展格局的国际经验及其启示》，《天津师范大学学报》（社会科学版）2022 年第 3 期。

其一，以国内大循环为主体。加快培育完整的内需体系是增强国民经济循环、促进国民经济良性发展的基础。为此，需要坚持扩大内需这个战略基点，使生产、分配、流通、消费更多地依托国内市场。其中，生产是国内大循环的起点，消费是社会再生产的终点，流通与分配则是连接二者的重要桥梁。一方面，要构建完善的工业体系，具备强大的生产能力。换言之，需要在供给层面下大力气，提高供给质量，增强供给体系对国内需求的适配性，构建符合新形势需要的产业体系。为此，在推动新兴产业发展壮大、提高科技创新水平的同时，还要积极促进传统制造业升级转型，推进传统制造业的数字化和绿色化发展。钱纳里基于对101个国家经济数据的统计分析提出了"标准结构理论"，认为现代产业体系中的三次产业体系结构比例关系遵循以下规律：第一产业占比持续下降，第二产业占比由迅速上升转变为增长逐渐放缓，第三产业占比不断上升。拥有广阔国内市场的国家在产业结构变革中处于有利地位，通过发挥国内市场巨大的规模效应，即可在收入水平较低时实现产业结构变革。产业结构的升级转型有助于提高资源配置效率，促使劳动、资本等生产要素向具有高生产率的新兴产业部门聚集，从而提高供给侧质量。[①] 另一方面，最终消费是经济增长的持久动力。消费是支持经济增长的"三驾马车"之一，在内需增长中更是处于不可替代的基础性地位。为此，在需求层面，要不断释放内需潜能，大力培育新型消费，持续促进传统消费，积极发展服务消费，不断扩大绿色消费，完善分配格局，提高居民人均可支配收入。新剑桥学派的卡尔多和罗宾逊等研究了经济增长与收入分配之间的关系，认为随着经济增长，收入分配问题愈加凸显，国民收入分配中工资收入所占比例越来越小，企业利润所占比例则会越来越高，从而阻碍消费的提升与经济增长，因此需要实施合理的分配政策，确保工资收入与企业利润维持平衡关系。[②] 有效平衡不断增加的企业利润与持续减少的工资收入之间的关系，才能促进国民收入的有效增长，

---

① 詹懿：《中国现代产业体系实现论》，西南财经大学出版社，2015，第22页。
② 韩建雨：《收入分配与经济增长关系问题研究综述》，《经济纵横》2011年第1期。

为消费者的消费行为提供源源不断的动力支持，进而促进消费，带动经济增长。

其二，国内国际双循环相互促进。一方面，以国内循环促进国际循环，即在建立国内大循环的基础上，扩大进口，吸引外资，加大引进先进科学技术的力度，积极参与和利用国际大循环，进而提高国内供给质量。要增强国内大循环在国内国际双循环中的主导作用，国内循环越顺畅，越能吸引全球资源要素，有利于构建以国内大循环为基础、国内国际双循环相互促进的新发展格局。① 市场规模是吸引外商直接投资的重要因素，东道国的市场规模决定了其吸引外商直接投资的规模，一国的市场规模越大，就能吸收越多的外商直接投资。② 与此同时，外商直接投资存在技术溢出效应，即跨国公司在东道国的当地生产会产生积极的学习效应，有利于提高当地员工的技术水平，并在业务运营过程中为其他公司提供学习溢出。③ 此外，进口也能产生技术溢出效应，与跨国公司子公司同处一个行业的东道国公司在业务经营过程中能够慢慢了解其进口产品的主要特征，从而有可能以更低成本形成类似技术。④ 另一方面，以国际循环促进国内循环，即以国际循环提高国内大循环的效率和水平，提高生产要素质量和配置水平。通过参与国际市场竞争，增强出口产品和服务竞争力，推动产业转型升级，增强在全球产业链供应链中的影响力。通过提高内部创新力与资源使用效率，更好地参与国际循环，增强产业国际竞争力，从而促进国内产业发展、提高国内大循环水平。国际经济学的研究表明，出口具有学习效应，开展对外贸易可以提高生产率。出口企业面对广阔的全球市场，不仅可以扩大生产规模、实现规模经济效应，而且在与国际生产者、国际消费者的接触中不断学习行业内

① 全国干部培训教材编审指导委员会办公室：《构建新发展格局干部读本》，党建读物出版社，2021，第 26 页。

② Green, R. T., Cunningham, W. H., "The Determinants of US Foreign Investment: An Empirical Examination", *Management International Review*, Vol. 15, No. 2/3, 1975, pp. 113-120.

③ 〔美〕布朗温·H. 霍尔、内森·罗森伯格主编《创新经济学手册》第 2 卷，上海市科学学研究所译，上海交通大学出版社，2017，第 81 页。

④ 〔美〕布朗温·H. 霍尔、内森·罗森伯格主编《创新经济学手册》第 2 卷，第 93 页。

的国际前沿技术，从而推动企业主动学习创新，提高生产率，也能获得更高的竞争能力。洛克使用配对取样技术研究了1994～2000年斯洛文尼亚制造业公司的微观数据，认为参与出口市场能够提高公司的生产率，且参与出口的公司和不参与出口的公司之间的生产率差异会逐渐扩大。①

其三，双循环体系并非单纯的"内循环"或"外循环"。一方面，双循环体系不是单纯的"内循环"。凯恩斯的理论认为，由消费需求和投资需求递减所引起的有效需求不足，并不能通过国内市场的自主调节而完全解决，国际贸易与国际投资是弥补国内有效需求不足的重要手段，贸易顺差在乘数效应的影响下会提高本国收入，从而促进国内大循环的发展。②另一方面，双循环体系也不是单纯的"外循环"。双循环体系并不能仅仅依赖国际市场来寻求经济增长。马克思主义理论认为，虽然对外贸易在一定程度上能够提高资本利润率、缓解资本有机构成提高导致的利润率持续下滑难题，但外向型经济发展模式会导致资本主义的基本矛盾在世界范围内扩散，不仅不能解决资本主义国家内部经济循环存在的深刻问题，而且会加剧资本主义生产方式矛盾的爆发。③歌川学等的研究指出，20世纪90年代后日本实施新自由主义经济政策，积极推动日本企业在全球范围内开展业务活动，同时在国内开展结构改革，这虽然在一定程度上使日本企业经营利润增加，但也引发了国内贫富差距扩大、社会保障收入再分配机能减弱、出口企业竞争力衰退等问题，进而导致日本经济在生产与需求两个层面都陷入衰退趋势。④

二战后日本经济经历了复苏、高速增长、稳定增长、长期低迷等历史过程。从20世纪50年代开始，日本施行"出口导向型"经济政策，扩大对外出口，虽然极大地促进了经济增长，但也引发了日美贸易摩擦并在

---

① De Loecker, J., " Do Exports Generate Higher Productivity?: Evidence from Slovenia", *Journal of International Economics*, Vol. 73, No. 1, 2007, pp. 9-98.
② 朱星舟：《论双循环经济格局中的国际贸易》，《中国市场》2021年第15期。
③ 宋宇、孙雪：《经济循环理论的比较与启示》，《经济纵横》2021年第8期。
④ 歌川学·伊藤拓也·田辺麟太郎·村上研一·森原康仁『資本主義を改革する経済政策』、かもがわ出版、2021、54頁。

20 世纪 80 年代达到高潮。随着 1986 年日美签署半导体协议，日本政府开始反思以外循环为主导的经济模式，调整经济发展战略，推动经济发展思路从出口主导向内需主导转变，通过大力开发国内市场来应对国际环境的变化。本文将在阐明双循环理论所具有的"三重内涵"的基础上，运用存流量一致性模型的宏观经济模型分析方法进一步深化理论分析，并基于日本的实践开展模拟分析，揭示不同循环体系下经济绩效的显著差异。

二　存流量一致性模型分析

为从宏观经济理论上分析双循环体系对消费、投资和出口等主要变量的影响，本文参考多斯桑托斯与泽扎[①]、戈德利与拉沃伊[②]、尼基弗洛斯与泽扎[③]的方法，构建了一个开放经济的存流量一致性模型。和传统的新古典宏观经济学动态随机一般均衡（DSGE）模型相比，存流量一致性模型能够有效衔接实体经济和货币金融运行，从而更好地分析双循环体系下国内国际两个市场对消费、投资、出口以及经济增长等主要宏观变量的深层次影响。

（一）双循环体系下存流量一致性模型的构建

本文构建的存流量一致性模型涉及 5 个部门。一是家庭部门，家庭通过工资、失业金和资产收入来维持消费，同时持有 3 种金融资产，即政府债券、国内货币和企业股票。二是企业部门，企业雇用家庭劳动力生产商品，并向家庭劳动力支付工资。参考美国、欧元区以及日本等发达经济体企业权益资本相对稳定的特征，本文假定企业部门的权益资本

① Dos Santos, C. H., Zezza, G., "A Simplified, Benchmark, Stock-flow Consistent Post-keynesian Growth Model", *Metroeconomica*, Vol. 59, No. 3, 2008, pp. 441-478.
② Godley, W., Lavoie, M., *Monetary Economics: An Integrated Approach to Credit, Money, Income, Production and Wealth*, London: Palgrave Macmillan, 2012.
③ Nikiforos, M., Zezza, G., "Stock-flow Consistent Macroeconomic Models: A Survey", Levy Economics Institute Working Paper, No. 891, 2017.

比不变，企业通过发行股票募集新的生产性资本。企业还将部分利润留存以扩大投资或持有货币。三是政府部门，政府支出包括经常性支出和失业金支付，并通过税收和发行债券来获取融资。四是中央银行部门，中央银行发行货币为实体经济交易活动提供结算便利，并持有外汇储备和部分政府债券。五是国外部门，国外部门为国内企业部门提供前沿生产技术，为国内市场提供进口品，也是国内商品的出口市场。5 个部门的交易流量矩阵表如表 1 所示。

表 1 5 个部门的交易流量矩阵表

项目	国内					国外
	家庭	企业		政府	央行	
		经常账户	资本账户			
消费	$-C$	$+C$				
投资		$+I$	$-I$			
政府支出		$+G$		$-G$		
出口		$+X$				$-X$
进口		$-M$				$+M$
工资	$+WB$	$-WB$				
税收	$-T^h$	$-T^f$	$+T$			
失业金	$+U$	$-U$				
利息支付	$+r_{t-1}B^h_{t-1}$			$-r_{t-1}B^g_{t-1}$	$+r_{t-1}B^{cb}_{t-1}$	
企业利润	$+F^h$	$-F$	$+F^f$			
央行利润				$+r_{t-1}B^{cb}_{t-1}$	$-r_{t-1}B^{cb}_{t-1}$	
政府债券变动	$-\Delta B^h$			$+\Delta B^g$	$-\Delta B^{cb}$	
企业股票变动	$-\Delta e^d\cdot P^e$		$+\Delta e^s\cdot P^e$			
国内货币变动	$-\Delta H^h$		$-\Delta H^f$		$+\Delta H^{cb}$	
外汇储备变动					$-\Delta F_x\cdot XR$	$+\Delta F_x\cdot XR$
列求和	0	0	0	0	0	0

从表 1 可以看出，家庭、企业、政府、央行和国外部门的净交易流量均为 0，因此可以进一步得到 5 个部门的存量资产负债表（见表 2）

表 2　5 个部门的存量资产负债表

项目	国内				国外	行求和
	家庭	企业	政府	央行		
政府债券	$+ B^h$		$- B^g$	$+ B^{cb}$		0
企业股票	$+ e^s \cdot P^e$	$- e \cdot P^e$				0
国内货币	$+ H^h$	$+ H^f$		$- H^{cb}$		0
外汇储备				$+ F_x \cdot XR$	$- F_x \cdot XR$	0
固定资产		$+ K$				$+ K$
净值	V^h	V^f	V^g	V^{cb}		

从表 2 可以看出，在双循环体系中，家庭部门积累政府债券、企业股票和国内货币 3 种资产；企业部门持有国内货币和固定资产两种资产，同时向家庭部门发行股票进行融资；政府向家庭、企业和中央银行发行债券；中央银行持有外汇储备和政府债券两种资产，同时向家庭和企业发行国内货币。进一步描述 5 个部门的方程如下：

$$YD_t = WB_t + U_t + r_{t-1} B_{t-1}^h + F^h - T^h \tag{1}$$

$$c_t = \alpha_1 \cdot YD_t + \alpha_2 \cdot V^h \tag{2}$$

$$i_t = \gamma \cdot (K^T - k_{t-1}) + da \cdot k_{t-1} \tag{3}$$

$$P_t = (1 + \emptyset) \cdot UC_t \tag{4}$$

$$UC_t = (W_t + M_t)/s_t \tag{5}$$

$$s_t = c_t + i_t + g_t + x_t \tag{6}$$

$$UR_t = 1 - (WB_t / W_t)/(act \cdot N) \tag{7}$$

$$\ln(W_t) = \beta_0 + \beta_1 \cdot \ln(A_t) + \beta_2 \cdot \ln(ER_t) \tag{8}$$

$$\Delta B^g = G_t + U_t + r_{t-1} B_{t-1}^g - T_t - r_{t-1} B_{t-1}^{cb} \tag{9}$$

其中，家庭部门可支配收入 YD_t 由工资、失业金、政府债券利息和企业利润加总后扣除缴纳的税金后得到。家庭消费 c_t 取决于可支配收入和财富水平。企业投资 i_t 由意愿投资水平和实际投资水平之间的差额以及折旧共同决定。商品价格 P_t 由生产成本加成决定，生产成本 UC_t 则取决于工资以及进口商品的价格水平以及总供给水平 s_t。总供给水平 s_t 由消费、投资、政府支出和净出口共同决定。失业率 UR_t 等于 1 减去就业人口占总人口的比重。工资水平 W_t 取决于劳动生产率和实际就业率。政府财政赤字 ΔB^g 等于一般性支出、失业金、证券债券利息支出之和减去总税收以及中央银行上缴持有的政府债券利息收入。

（二）模型参数校准

本文参考拉沃伊与戴格尔[①]、马齐耶与艾列迪[②]、格林伍德-尼莫[③]的方法，结合日本 1960~2021 年度的数据进行校准。1990 年前后日本的经济增长速度发生显著变化，因此以 1990 年为界分为两段，可以校准得到两组参数（见表 3）。

表 3　相关模型参数校准值

	参数	1960~1990 年度	1990~2021 年度
家庭部门	α_1	0.92	0.87
	α_2	0.18	0.21
企业部门	γ	0.15	0.13
	da	0.18	0.15
其他项目	$\emptyset$	0.186	0.173
	act	0.784	0.563
	β_1	1	0.8
	β_2	0.1	0.3

注：α_1 表示家庭可支配收入的边际消费倾向，α_2 表示家庭财富积累的边际消费倾向；γ 表示企业意愿投资弹性，da 表示投资对固定资本存量弹性；$\emptyset$ 表示价格加成弹性；act 表示有效劳动参与弹性；β_1 表示工资增长对劳动生产率的反应弹性，β_2 表示工资增长对实际就业率的反应弹性。

---

① Lavoie, M., Daigle, G., "A Behavioural Finance Model of Exchange Rate Expectations within a Stock-flow Consistent Framework", *Metroeconomica*, Vol. 62, No. 3, 2011, pp. 434-458.

② Mazier, J., Tiou-Tagba Aliti, G., "World Imbalances and Macroeconomic Adjustments: A Three-country Stock-flow Consistent Model with Fixed or Flexible Prices", *Metroeconomica*, Vol. 63, No. 2, 2012, pp. 358-388.

③ Greenwood-Nimmo, M., "Inflation Targeting Monetary and Fiscal Policies in a Two-country Stock-flow-consistent Model", *Cambridge Journal of Economics*, Vol. 38, No. 4, 2013, pp. 839-867.

由此可以看出，以 1990 年为界，日本的经济双循环格局发生了较大变化。从家庭部门的变化看，家庭可支配收入的边际消费倾向由 0.92 下降至 0.87，同时家庭财富积累的边际消费倾向由 0.18 上升至 0.21；受收入的边际消费倾向下降和财富的边际消费倾向上升的综合影响，家庭部门的边际储蓄倾向增强。从企业部门的变化看，企业意愿投资弹性由 0.15 下降至 0.13，同时投资对固定资本存量的弹性由 0.18 下降至 0.15，带动了企业整体的投资弹性下降。价格加成弹性由 0.186 降至 0.173，显示整体经济价格长期通缩化倾向加剧。同时，老龄化带动有效劳动参与弹性由 0.784 降至 0.563。工资增长对劳动生产率的反应弹性由 1 降至 0.8，对实际就业率的反应弹性由 0.1 增长至 0.3，反映出工资增长和生产率增长背离程度加大，同时劳动力市场内部竞争愈加激烈。总之，相关参数的特征和日本泡沫经济崩溃前后的宏观经济运行较为契合，反映出在泡沫经济崩溃后，日本的家庭部门储蓄增加，企业投资减少，并表现出长期通缩、老龄化加剧、工资增长停滞等特征。

（三）双循环体系下主要经济指标运行的模拟分析

在构建存流量一致性模型以及开展模型参数校准的基础上，本文就双循环体系、单一外循环体系、单一内循环体系三种具体情况进行了模拟分析，结果如下。

其一，双循环体系下，家庭消费水平和企业产出水平相对更高。从图 1 的模拟结果可以看出，双循环体系下的家庭消费水平明显高于单一内循环和单一外循环模式主导下的家庭消费水平，同时双循环体系下的企业产出水平也高于单一内循环和单一外循环模式主导下的企业产出水平。其机制主要在于，在双循环体系下，企业生产面向国内国际两个市场，规模优势得以充分发挥，企业利润水平随之提高，进而也会带动家庭消费水平相对提高。

其二，双循环体系下，企业全要素生产率水平相对更高，但净出口水平略低于单一外循环模式。从图 2 的模拟结果可以看出，双循环体系下的全要素生产率水平明显高于单一内循环和单一外循环模式主导下的全要素

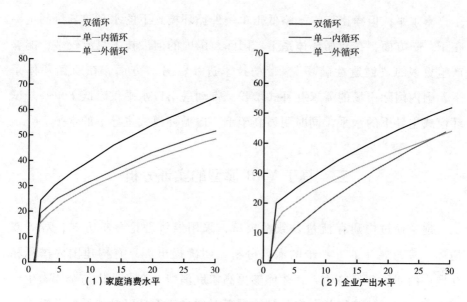

图1 三种循环体系下家庭消费和企业产出的运行特征

注：纵轴为偏离稳态的百分比，横轴为以年度为单位的模拟时期。

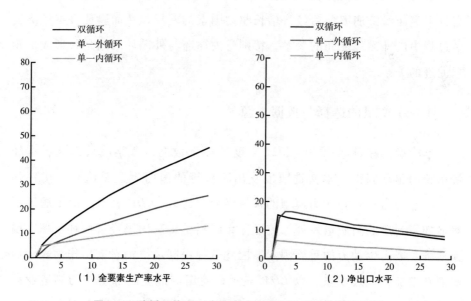

图2 三种循环体系下全要素生产率和净出口的运行特征

注：纵轴为偏离稳态的百分比，横轴为以年度为单位的模拟时期。

生产率水平，但净出口水平略低于单一外循环模式下的水平。其机制主要在于，一方面，在双循环体系下，国际、国内的前沿技术交流较多，能够产生更多的"创造性破坏"，带动技术进步；另一方面，在双循环体系下，国内国际市场的需求互补式增长，带动进出口水平仅略低于单一外循环模式主导下的水平，同时明显高于单一内循环模式主导下的水平。

三　基于 VAR 模型的实证分析

前文通过构建存流量一致性模型，采用经济理论分析方式，对"双循环"理论展开了进一步的深入分析，明确提出：只有构建国内国际相互促进的双循环经济体系，才能够提高家庭消费、企业产出与全要素生产率水平，实现经济增长。在从理论层面对构建双循环经济体系的关键进行阐释的基础上，为探究战后日本经济双循环发展的实际情况，接下来将使用 VAR 模型这一计量经济学的分析手段，从经济增长驱动因素入手，探究日本泡沫经济崩溃前后经济增长驱动因素的差异，从而验证日本经济发展过程中内外循环之间的关系，特别是内循环与外循环之间是否形成了相互促进的关系。

（一）变量的选择与数据来源

本模型选择日本 1960~2021 年度的经济数据，考察战后以来日本经济增长的驱动因素。本文选取以支出法核算的国内生产总值（GDP）代表日本经济增长，并作为模型的被解释变量，以 *JGDP* 表示。由于居民消费增加、制造业高质量发展、流通体系畅通是提高国民经济循环效率、增强经济发展内生动力的重要因素，因此选择民间最终消费支出作为表示居民消费增加的代理变量，以 *COM* 表示；使用制造业附加值作为制造业高质量发展的代理变量，以 *MANU* 表示；采用零售业年度销售额作为流通体系畅通的代理变量，以 *SALE* 表示。此外，为反映日本经济的外循环，将日本货物与服务贸易的净出口额作为代理变量，以 *JEX* 表示。

本文选择的数据时间段为 1960~2021 年度,其中国内生产总值、民间最终消费支出、制造业附加值数据来自日本内阁府的"国民经济统计"[1],零售业年度销售额来自日本经济产业省的"商业统计"[2],净出口额数据来自日本财务省的贸易统计[3]。

(二)模型的构建

VAR 模型采用多方程联立的形式,具有能够估计全部内生变量之间动态联系的优点,被广泛用于解释各种经济冲击对经济变量产生的影响。基于此,本文构建了一个包含国内生产总值、民间最终消费支出、制造业附加值、零售业年度销售额、净出口额等 5 个变量的 VAR 模型。这 5 个变量构成的 p 阶 VAR 模型如式 10 所示:

$$y_t = A + B_1 y_{t-1} + \cdots + B_p y_{t-p} + U_t \tag{10}$$

其中,

$$y_t \begin{pmatrix} JGDP_t \\ COM_t \\ MANU_t \\ SALE_t \\ JEX_t \end{pmatrix}, A = \begin{pmatrix} A_1 \\ A_2 \\ A_3 \\ A_4 \\ A_5 \end{pmatrix}, B_i = \begin{pmatrix} B_{11,i} & B_{12,i} & B_{13,i} & B_{14,i} & B_{15,i} \\ B_{21,i} & B_{22,i} & B_{23,i} & B_{24,i} & B_{25,i} \\ B_{31,i} & B_{32,i} & B_{33,i} & B_{34,i} & B_{35,i} \\ B_{41,i} & B_{42,i} & B_{43,i} & B_{44,i} & B_{45,i} \\ B_{51,i} & B_{52,i} & B_{53,i} & B_{54,i} & B_{55,i} \end{pmatrix}, U_t = \begin{pmatrix} U_{1t} \\ U_{2t} \\ U_{3t} \\ U_{4t} \\ U_{5t} \end{pmatrix}; U_t \sim i.i.d(0, \textstyle\sum)$$

在模型的具体分析上,本文采取分段分析的研究方法,即先估计泡沫经济崩溃前的 1960~1990 年度经济增长驱动因素变化情况,再估计泡沫经济崩溃后的 1991~2021 年度的情况。通过分段分析的研究方法,探究泡沫经济崩溃前后日本经济增长驱动因素的差异,明晰日本经济双循环的实施情况。

(三)实证结果与分析

首先,运用单位根检验方法,确认各经济变量的平稳性。由单位根检

---

① 「国民経済計算(GDP 統計)」、内閣府ホームページ、https://www.esri.cao.go.jp/jp/sna/menu.html。

② 「商業統計」、経済産業省ホームページ、https://www.meti.go.jp/statistics/tyo/syougyo/index.html。

③ 財務省貿易統計ホームページ、https://www.customs.go.jp/toukei/info/。

验可知，各经济变量均为非平稳变量，但经过一阶差分后变得平稳，即各经济变量均为一阶单整序列。其次，综合使用 LR、FPE、AIC 准则，确定模型的滞后阶数为 2，即 $p = 2$。再次，采用约翰逊协整检验的方法，对变量 $JGDP$、COM、$MANU$、$SALE$、JEX 进行协整分析，检验结果如表 4 所示。根据协整检验结果，这 5 个经济变量之间存在 5 个协整关系，即变量之间存在稳定的均衡关系。此外，由于 VAR 模型所有根的倒数均小于 1，即均在单位圆内，所以本文建立的 VAR 模型是稳定的。

表 4　约翰逊协整检验结果

特征值	迹统计量	5%临界水平值	协整的原假设	检验结果
0.791	101.568	69.819	$r = 0$	None*
0.531	56.194	47.856	$r \leq 1$	Atmost1*
0.451	34.247	29.797	$r \leq 2$	Atmost2*
0350	16.834	15.495	$r \leq 3$	Atmost3*
0.138	4.323	3.841	$r \leq 4$	Atmost4*

注：* 表示在 95%的置信水平上拒绝原假设。

在已建立的 VAR 模型基础上开展脉冲响应分析，可以明确泡沫经济崩溃前后 COM、$MANU$、$SALE$、JEX 等模型中的内生变量对 $JGDP$ 所造成的影响。1960~1990 年度的脉冲响应如图 3 所示。

如图 3 所示，在泡沫经济崩溃之前，给定民间最终消费支出一个标准单位的正冲击后，日本的国内生产总值开始不断上升，并在第 3 期达到最大值，后期正向影响趋于平缓。这表明日本民间最终消费支出的增加对经济增长具有明显的正效应，居民消费对经济增长具有积极的拉动作用。给定制造业附加值一个标准单位的正冲击后，日本的国内生产总值持续增长，并在第 5 期之后逐渐趋于稳定。这说明在泡沫经济崩溃之前，日本制造业的升级发展对日本经济增长具有明显的推动作用。给定净出口额一个标准单位的正冲击后，日本的国内生产总值持续上升，并在第 4 期之后趋于平稳。这表明在泡沫经济崩溃之前，日本经济的外循环对国内循环的支撑与推动作用是显著的，外循环的发展推动了内循环的进步。但是，给定零售业年度销售额一个标准单位的正向冲击后，日本的国内生产总值没有表

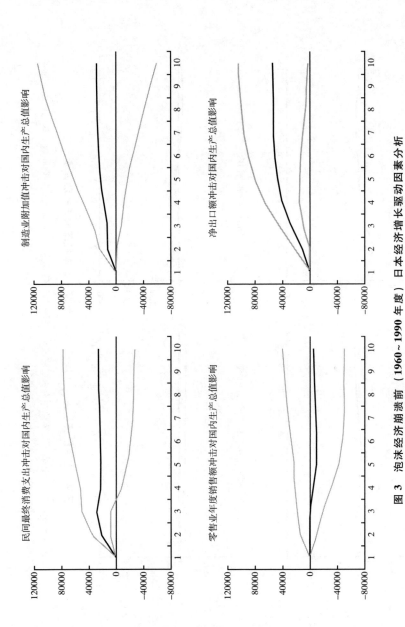

图 3　泡沫经济崩溃前（1960～1990 年度）日本经济增长驱动因素分析

注：纵轴为以百分比表示的单位冲击引起的波动，横轴为以年度为单位的滞后潜在冲击响应函数；深色线表示脉冲响应函数，浅色线表示正负两倍标准差偏离带。

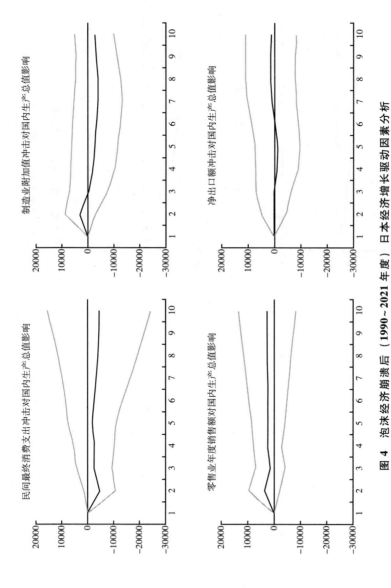

图 4　泡沫经济崩溃后（1990～2021 年度）日本经济增长驱动因素分析

注：纵轴为以百分比表示的单位冲击引起的波动，横轴为以年度为单位的冲击滞后期间数；深色线表示脉冲响应函数，浅色线表示正负两倍标准差偏离带。

现出显著的增长趋势，并且在第4期之后趋于下降。这表明，泡沫经济崩溃之前，日本国内物流体系并不畅通，"大型零售店法"等零售部门规制限制了其国内经济的循环畅通，对日本经济增长造成了负面效应。

如图4所示，泡沫经济崩溃之后，给定民间最终消费支出一个标准单位的正冲击后，日本的国内生产总值不升反降，在第2期达到最低值，而后趋于平稳。这说明，泡沫经济崩溃后，日本民间最终消费支出的增加对经济增长体现为负效应，居民消费对经济增长的拉动作用消失。给定制造业附加值一个标准单位的正冲击后，虽然它在第2期仍对经济增长具有正向效应，但在第3期之后国内生产总值不断下降并趋于稳定。这说明，泡沫经济崩溃后，制造业升级转型的步伐放缓，导致日本国内经济循环受阻。给定净出口额一个标准单位的正冲击后，其对经济增长的拉动作用不再显著。这说明，泡沫经济崩溃后，日本经济外循环对内循环的拉动效应不再明显，日本经济的双循环受阻。但是，给定零售业年度销售额一个标准单位的正向冲击后，日本的国内生产总值增加，并在第4期之后趋于稳定。这说明，泡沫经济崩溃后，随着日本针对流通产业开展的一系列规制改革产生了积极效果，提高了国内循环效率，为日本经济增长注入了新的活力。

四　日本经济双循环的经验和教训

日本经济在发展过程中，其国内循环与国际循环间的运行关系也对经济绩效产生了显著影响，需进一步分析日本经济双循环的经验和教训。

第一，扩大国内消费对于促进国内大循环的运行具有重要作用。VAR模型的实证分析结果显示，泡沫经济崩溃前后，民间最终消费支出对经济增长的作用从正向转为负向。

在泡沫经济崩溃之前，收入增长支撑了日本的消费增长，进而促进了日本的经济增长。例如，日本在1960年提出"国民收入倍增计划"，以减少低收入群体、提高居民消费水平。日本的居民收入在经济高速增长时期快速增长，全产业劳动者月平均现金工资额从1960年的2.4万日元迅速增长到 1973 年的 12.3 万日元，增加了 4.1 倍。[①] 日本居民收入不断上涨，有力地促进了居民消费的增长，进而带动了日本经济的良性循环。

　　进入 20 世纪 90 年代，日本实施基于新自由主义的结构改革，导致居民收入差距扩大，抑制了居民消费的增长，不利于国内大循环的运行。泡沫经济崩溃后，日本开始实施规制改革，减少政府对经济部门的干预。桥本龙太郎内阁推行"六大改革"，全面实施行政、经济、金融等领域改革措施；小泉纯一郎内阁着力推行具有新自由主义性质的结构改革，试图通过提高资源使用效率，从供给层面拉动日本经济增长，具体内容包括行政改革、金融体系改革、邮政民营化改革、地方财政改革、劳动力市场改革等。其中，劳动力市场改革调整了战后日本形成的以终身雇佣制为代表的企业雇佣方式，通过修改"劳务派遣法"，取消了对派遣时间的限制，允许制造业现场工作中使用劳务派遣工，实现了"介绍预定派遣"的合法化。[②] 受此影响，日本的非正式雇佣劳动者人数持续增加，从 2004 年的 1564 万人增加到 2021 年的 2075 万人，非正式雇佣劳动者占日本劳动者的比重也相应从 31.4% 上升到 36.7%。[③] 非正式雇佣劳动者数量的持续增加不仅导致日本劳动者收入增长幅度长期低迷，也使日本社会的贫富差距问题日趋突出。2021 年，日本非正式雇佣劳动者的平均月收入为 21.6 万日元，仅为正式员工平均月收入（32.3 万日元）的 67%。[④] 在经济增长长期低迷的背景下，日本企业更倾向于雇用非正式雇佣劳动者，以降低企业劳动支出成本。这导致日本劳动者的工资增速长期停滞不前，日本劳动者名义报酬年增长率从 1995 年的 2.3% 下降至 2020 年的 -0.2%。[⑤] 此外，日

---

① 「毎月勤労統計調査」、厚生労働省ホームページ、https：//www.mhlw.go.jp/toukei/list/30-1a.html。

② 星岳雄・アニル・K.カシャップ『何が日本の経済成長を止めたのか』、日本経済新聞出版社、2013、86 頁。

③ 「非正規雇用の現状と課題」、厚生労働省ホームページ、2021 年 12 月 1 日、https：//www.mhlw.go.jp/content/000830221.pdf。

④ 「令和 3 年賃金構造基本統計調査」、厚生労働省ホームページ、2022 年 12 月 1 日、https：//www.mhlw.go.jp/toukei/itiran/roudou/chingin/kouzou/z2021/index.html。

⑤ 『令和 3 年度年次経済財政報告：レジリエントな日本経済へ—強さと柔軟性を持つ経済社会に向けた変革の加速—』、内閣府ホームページ、2021 年 9 月 1 日、https：//www5.cao.go.jp/j-j/wp/wp-je21/index_pdf.html。

本社会的贫富差距问题也愈加凸显。经济合作与发展组织（OECD）的统计结果显示，2018 年日本的基尼指数为 0.33，高于澳大利亚的 0.32、德国的 0.3、法国的 0.29。[①] 受收入增速下滑以及贫富差距扩大的影响，日本居民消费增速也从 1995 年的 2.4%下降到 2020 年的－5.9%。[②] 由此可见，20 世纪 90 年代以后日本实施的基于新自由主义的结构改革导致其国内劳动者收入长期低迷，抑制了居民消费的增长，不利于其国内经济循环体系的构建。

第二，产业的有序升级转换是推动国内大循环有效运行的关键。VAR 模型的实证结果显示，泡沫经济崩溃前日本制造业的升级发展对于经济增长有正向的拉动作用，但这一效应在泡沫经济崩溃后消失。

在泡沫经济崩溃之前，日本政府实施产业合理化政策、产业结构政策等产业政策，不断淘汰落后产业，积极促进产业升级转换，促进高附加值、高技术含量的产业发展，助推了其国内大循环体系的构建。

进入 20 世纪 90 年代，日本实施的产业政策开始转向保护落后产业，没有积极促进产业升级转换，阻碍了其国内大循环体系构建。泡沫经济崩溃导致日本企业经营状况急剧恶化，大量企业倒闭，僵尸企业数量持续增加。日本的产业政策不再将特定的产业作为主要政策目标，而是将产业政策的重点放在推动企业经营业务调整重组、企业经营资源使用效率提高等问题上。1995 年后，日本政府相继推出《事业革新法》《产业活力再生特别措施法》《产业竞争力强化法》等，从政策措施层面推动企业进行经营业务的"选择与集中"，促进企业将经营业务资源集中到具有竞争力的核心业务领域，并将剥离出来的业务部门合并重组，以盘活企业的经营业务资源。[③] 但是，这一系列产业政策对于推动日本产业升级转换的效果不甚

---

① "Income Inequality", OECD, December 1, 2022, https://data.oecd.org/inequality/income-inequality.htm.

② 『令和 3 年度年次経済財政報告：レジリエントな日本経済へ—強さと柔軟性を持つ経済社会に向けた変革の加速—』、内閣府ホームページ、2021 年 9 月 1 日、https://www5.cao.go.jp/j-j/wp/wp-je21/index_pdf.html。

③ 田正、江飞涛：《日本产业活性化政策分析——日本结构性改革政策的变化及其对中国的启示》，《经济社会体制比较》2021 年第 3 期。

明显。2000 年，在日本政府的主导下，NEC、日立、三菱电机三家公司的动态随机存储器（DRAM）业务部门合并，设立了尔必达公司。为提高日本 DRAM 的国际竞争力，日本政府还根据《产业活力再生特别措施法》为该公司注资 300 亿日元，但其主力产品"优先动态随机存储器"（Premier DRAM）并未出现预想的销售增长。最终，尔必达公司在 2012 年破产，负债总额达 4480 亿日元，成为战后日本制造业领域最大规模的破产事件。[①] 2012 年，在日本政府的主导下，日立、东芝、索尼三家公司的液晶面板生产部门合并，设立了日本显示器公司（JDI）。为促进 JDI 的尖端液晶面板研发，日本官民合作的产业投资基金"日本产业投资机构"在 2012 年、2016 年、2017 年、2018 年先后向其投资 2000 亿日元、750 亿日元、1070 亿日元、200 亿日元，但这些资助并未使该公司的经营业绩出现显著增长。由于在有机液晶面板方面的研发落后，JDI 的智能手机液晶面板销售下滑，截至 2021 年 3 月已经连续 7 年陷入经营亏损。[②] 由此可见，泡沫经济崩溃后日本政府实施的产业政策不仅没有起到推动产业有序升级转换的作用，也没有达成维持日本在半导体、电子显示器等领域技术优势的目标，不利于以国内大循环为基础、国内国际双循环体系的形成。野口悠纪雄指出，20 世纪 90 年代后的日本产业政策致力于援助丧失竞争力的制造业部门，并未发挥提高基础研究开发能力的作用。[③]

第三，建设高效的流通体系，有助于推动国民经济的有效运行。VAR 模型的实证结果显示，泡沫经济崩溃前流通产业发展对日本经济的拉动作用不明显，而泡沫经济崩溃后，流通产业发展对日本经济的拉动作用持续增强。实际上，从 20 世纪 60 年代开始，日本零售行业就开始推动流通体系改革，引入超级市场销售模式、建设大规模专业零售店等，试图构建以零售商为主导的新型流通体系。但"大型零售店法"等零售部门规制阻碍了日本流通产业的进一步发展，使流通产业发展对经济增长的拉动作用

① 《从尔必达破产看产业政策的"缺失"》，nippon. com，2012 年 6 月 22 日，https：//www. nippon. com/cn/currents/d00032/。
② 《日本显示器 JDI 就这样迷失 7 年》，日经中文网，2019 年 4 月 4 日，https：//cn. nikkei. com/industry/itelectric-appliance/35031-2019-04-04-10-59-45. html？start=1。
③ 野口悠紀雄『円安と補助金で自壊する日本』、ビジネス社、2022、158 頁。

并不突出。20 世纪 90 年代后，日本实施了针对流通业的改革，提高了国内循环效率。

战后，随着日本大规模生产体系的形成，日本的大型制造业企业积极构建自有流通体系，将零售店置于自己的生产销售系列之下，形成了生产企业主导的流通体系。20 世纪 90 年代后，随着国际社会对日本流通业存在排外性与不透明性的批判声音日趋加大，日本开始加大流通业改革的力度。《90 年代流通业展望》指出，要推动流通业结构改革，满足消费者多样化、个性化的消费需求，应最大限度地发挥市场竞争机制的作用，构建高效率流通体系。[①] 1994 年日本放松"大型零售店法"对零售店店铺面积的限制，提出"大型零售店立地法"，并最终在 2000 年废除"大型零售店法"。[②] 尤其在第四次产业革命背景下，日本认为需要增强 5G、物联网、人工智能等新兴信息技术在流通业中的作用，促进流通业企业掌握顾客数据，以更好地满足消费者的差异化需求、提高流通效率。[③] 受此影响，日本流通业的规模不断扩大，效率持续提高。在零售业方面，日本零售业企业数量从 1991 年的 159.1 万家减少到 2016 年的 99 万家，但零售业销售额从 140.6 万亿日元增加到 145.1 万亿日元，反映出日本零售业效率的提高。在批发业方面，日本批发业企业数量从 2002 年的 37.9 万家减少到 2016 年的 36.4 万家，但批发业销售额从 413.3 万亿日元增加到 436.5 万亿日元，表明日本的批发业整体效率提高。[④] 由此可见，日本政府对流通产业开展的一系列改革提高了日本流通业的透明度，强化了信息技术在流通业中的应用，提高了流通业的运行效率，从而有助于国内大循环的建设。

第四，只有形成国内国际相互促进的双循环体系，才能够促进经济增长、提高国民经济运行效率。VAR 模型的实证结果显示，泡沫经济崩溃

---

① 石原武政『通商産業政策史　第 4 巻』、経済産業調査会、2012、215 頁。
② 徐梅：《日本的规制改革》，中国经济出版社，2003，第 262 页。
③ 総務省「情報通信白書 2018 年版」、総務省ホームページ、2018 年 12 月 1 日、https：//www.soumu.go.jp/johotsusintokei/whitepaper/ja/h29/pdf/n3100000.pdf。
④ 「商業統計」、経済産業省ホームページ、https：//www.meti.go.jp/statistics/tyo/syougyo/index.html。

前外循环对日本经济的支撑作用明显，而泡沫经济崩溃后日本外循环对经济增长的拉动效应不再显著。20 世纪 50~60 年代，日本政府采用外汇配额和进口限额等管控措施，积极推动重化工业发展，实现进口替代，借助海外资源发展国内产业。至 20 世纪 70~80 年代，日本进一步完善全球产业链布局，将失去比较优势的行业转移至海外，着力发展汽车、电子等具有比较优势的行业，实现以外促内的良性循环。

在泡沫经济崩溃后，日本产业过度迁出，导致了产业空心化，不利于国内国际双循环体系的形成。20 世纪 90 年代中期，日本积极加入 WTO，进入 21 世纪后则积极实施对外经贸战略，近年来更是签署了一系列自由贸易协定，如《全面与进步跨太平洋伙伴关系协定》（CPTPP）、日欧 EPA、日英 EPA、日美贸易协定等。在亚太地区，日本签署了《区域全面经济伙伴关系协定》（RCEP），与中国、韩国等主要贸易伙伴达成关税减让安排，还在 2022 年参与美国提出的"印太经济框架"（IPEF），以推动日本企业经营的全球化发展。日本对外直接投资也持续增加。1995~2021 年，日本对外直接投资从 226.5 亿美元增长至 2107.6 亿美元，其中对中国、东盟、美国、欧盟的直接投资分别从 31.8 亿、39.8 亿、111.1 亿、32.1 亿美元增加到 120.8 亿、364.3 亿、817.6 亿、199.1 亿美元。[①] 受此影响，日本的海外直接投资收益不断增加，从 1996 年的 1.8 万亿日元增长到 2021 年的 14 万亿日元。[②] 日本企业的海外生产比例也从 2001 年的 24.6% 上升到 2021 年的 33.8%。[③] 虽然日本通过推动企业开展全球化经营获得了可观的对外直接投资收益，但这也引发了严重的产业空心化问题。随着日本企业在海外生产活动的展开，其海外子公司的产品生产活动愈加活跃，日本进口的海外商品持续增加，抑制了对日本国内生产产品的需求，不利于日本国内厂商生产活动的开展，进而阻碍了其进一步开展研发

---

① 「直接投資統計」、日本貿易振興機構ホームページ、2022 年 12 月 1 日、https：//www.jetro.go.jp/world/japan/stats/fdi.html。

② 「対外・対内直接投資（地域別・業種別）」、財務省ホームページ、https：//www.mof.go.jp/policy/international_policy/reference/balance_of_payments/bpfdii.htm。

③ 『わが国製造業企業の海外事業展開に関する調査報告』、国際協力銀行ホームページ、2021 年 12 月 24 日、https：//www.jbic.go.jp/ja/information/press/press-2021/1224-015678.html。

创新所必需的资本积累。日本的商品进口额从 1996 年的 37.9 万亿日元增长到 2021 年的 84.8 万亿日元①，设备投资与名义 GDP 之比从 1991 年的 20.1%下降到 2020 年的 16%②，资本生产率③也从 1996 年的 8.17%下降到 2021 年的 7.2%。简言之，日本企业积极开展对外直接投资，导致其国内设备投资增长受到抑制，以外循环促进内循环的驱动作用无法实现，不利于日本的经济增长。

结　语

纵观战后日本经济内循环与外循环关系的变化，只有当其形成了以国内大循环为主，国内国际相互促进的双循环经济增长模式，才能够实现经济的快速增长。在泡沫经济崩溃后，日本经济增长陷入了长期低迷，经济总量增长缓慢。根据国际货币基金组织（IMF）的预测，2023年日本的 GDP 将比上一年减少 0.2%，下降至 4.2 万亿美元，低于德国，这将使日本在世界 GDP 中的排名从第 3 位下降至第 4 位。④ 日本只有重新调整其经济结构，扩大经济内需，切实提高消费者的消费能力，持续推动产业升级转型，促进对外经济合作，才能够促进其经济进一步发展。

第一，扭转新自由主义经济政策，不断提高日本国内消费者的消费能力，进而提高日本国内消费水平，促进日本经济发展。泡沫经济崩溃后，日本实施了具有新自由主义性质的结构改革，这虽然对提高日本经济资源使用效率起到了推动作用，但也引发了非正式雇佣劳动者数量增加、工资增速长期停滞不前、居民消费意愿持续低迷等一系列问题，不利于其国内

---

① 「貿易統計　年別輸出入総額」、財務省貿易統計ホームページ、https：//www. customs. go. jp/toukei/suii/html/nenbet. htm。

② 『令和 3 年度年次経済財政報告：レジリエントな日本経済へ—強さと柔軟性を持つ経済社会に向けた変革の加速—』、内閣府ホームページ、2021 年 9 月 1 日、https：//www5. cao. go. jp/j-j/wp/wp-je21/index_ pdf. html。

③ "资本生产率"是指国内生产总值与固定资本形成之比。

④ IMF, *World Economic Outlook*：*Navigating Global Divergences*, October 2023, https：//www. imf. org/en/Publications/WEO。

大循环的构建。岸田政府推出"新资本主义"经济政策，对此前新自由主义经济政策进行方向性调整，强调政府在经济社会发展中的积极作用，认为如果仅仅依靠市场的力量则无法有效应对国际政治经济形势变化。"新资本主义"经济政策特别强调增加对人力资本的投资，试图通过实施劳动方式改革，推动企业根据自身情况增加员工工资，进而提高日本居民收入水平，提高日本消费者的消费能力，促进经济增长。具体的政策措施包括：加强对员工的职业再教育，支持员工接受职业技能提升培训，完善个人所得税中职业再教育项扣除细则；推动日本企业开展绩效工资改革，构建透明且高效的工资制度，完善人才筛选与培育机制；促进劳动力资源向高生产率部门移动，鼓励员工兼职创业，构建高效的人力资源信息平台等。[①]

第二，加快产业升级转型，为日本国内经济循环提供有效支撑。泡沫经济崩溃后，日本的产业政策致力于支持丧失竞争力的制造业部门，没有起到促进新兴产业发展、推动产业升级转型的作用。为此，在国际政治经济形势日趋复杂的背景下，日本重新强调产业政策的作用，重视政府在产业升级转型中的作用，在"企业家型政府理论"的指导下，将发展新兴产业、提高科学技术水平、应对气候变化等纳入了日本产业政策的范畴。[②] 特别是，日本提出了在 2050 年前实现碳中和的目标。目前，日本政府出台了一系列关于推动绿色产业发展的政策，试图通过发展绿色产业，促使日本获得新的产业国际竞争力，增强综合国力。2023 年 2 月，日本推出"绿色转型推进法"，设立绿色转型推进机构，制定"绿色转型推进计划"，预计在 10 年内发行总额达 10 万亿日元的绿色经济转型债券，引入增长导向的碳定价制度，以促进日本经济绿色转型，加快绿色产业发展。[③]

---

① 「新しい資本主義のグランドデザイン及び実行計画 2023 改訂版」、内閣官房ホームページ、2023 年 6 月 16 日、https://www.cas.go.jp/jp/seisaku/atarashi_sihonsyugi/index.html。

② 田正、杨功金：《大变局下日本产业政策的新动向》，《日本学刊》2022 年第 6 期。

③ 「『脱炭素成長型経済構造への円滑な移行の推進に関する法律案』が閣議決定されました」、経済産業省ホームページ、2023 年 2 月 10 日、https://www.meti.go.jp/press/2022/02/20230210004/20230210004.html［2023-10-25］。

第三，推动对外经济合作，形成以国内大循环为主体、国内国际相互促进的经济增长模式。在泡沫经济崩溃之前，外循环对日本内循环发挥支撑作用，推动其经济增长。但在泡沫经济崩溃之后，外循环对日本内循环的支撑作用消失，经济增长陷入长期低迷。当前，日本政府不顾日本经济发展的客观现实需要，持续推动经济安全保障政策，阻碍了日本的对外经济合作，不利于日本形成以国内大循环为主体、国内国际相互促进的经济增长模式，降低了日本经济的增长速度。2022 年 5 月，日本政府推动实施"经济安全保障推进法"，具体包括：维持重要物资的稳定供给，确保基础设施体系的安全运转，推动尖端技术的研究开发，实施专利非公开制度等。① 日本推动的经济安全保障政策，阻碍了国家间正常的商品与服务贸易往来，妨碍了日本企业全球供应体系的建设，减少了日本产品的销售市场，不利于国际科学技术的交流探讨，无益于日本科学技术的传播与创新。日本只有回到自由贸易的轨道上来，加强全球经济、贸易与科技合作，才能有效推动其对外经济合作发展，推动形成国内国际正循环，实现经济的长期稳定发展。

（审校：叶 琳）

---

① 「経済施策を一体的に講ずることによる安全保障の確保の推進に関する法律(経済安全保障推進法)」、内閣府ホームページ、2022 年 5 月 1 日、https://www.cao.go.jp/keizai_anzen_hosho/。

Issue 10

Collection of Japanese Studies

March 2024

Table of Contents & Abstracts

Abstract: This article provides a brief overview of the changes in Japanese political trends from the early post-war period to the 1970s. "Peace" and "democracy" are symbols of post-war ideological trends. The period when Japanese people naturally accepted the values expressed by the two was the "post-war" era, where representative figures were referred to as "post-war enlightenment thinkers" or "progressive intellectuals". Their "peace" theory was criticized by conservatives in the peace treaty debate of the early 1950s, and lost its urgency in the 1960s as social changes under economic growth and memories of war faded gradually. At the beginning of the post-war era, the understanding of "democracy" was inseparable from the individualism of Western modernity, but the trend of "mass socialization" and the growth of the new middle class made the modernization of the Western European model no longer a goal in Japanese consciousness. The skepticism of Japanese conservatism towards post-war values began with opposition to the new constitution led by the occupying forces, as well as criticism of peace treaties and security movements, which were mixed with obsession with Japanese tradition, resistance to European and American values, and anti-communism in the context of the international Cold War. In other words, Japanese conservatism is a composite of anti American and pro American sentiment. The coexistence of anti American and pro American sentiment is a psychological characteristic of Japanese conservatism, which continues to this day. In the end, the intellectuals who led the post-war ideological direction withdrew from the stage in the early 1970s, and the conservative opposition structure to reform lost balance. The perspective of conservative discussion also changed. With the establishment of self-awareness among "economic powers" and the decline of Western European model discourse, some things and phenomena that were previously criticized as "semi feudal" have regained positive evaluations.

Keywords: "Community of Regret"; The Year 1955 System; Peace Talks; Maruyama Masao; Murakami Yasusuke

A Study on the Influence of the Mixed Electoral System on the Japanese Party System

Cai Liang and Li Shencong / 43

Abstract: Since the advent of the Duverger proposition, there have been numerous discussions on the interaction between the electoral system and the party system, and the academic community has now largely reached a consensus on the majority decision system. The Mixed Electoral System, an emerging electoral system after the Second World War, has emerged and evolved over the past seven decades. Among the 185 countries in the world that currently have relatively complete and independent electoral systems, 32 have adopted Mixed Electoral System. Since the reform of the electoral system in 1994, Japan has so far completed nine general elections for the House of Representatives under the Mixed Electoral System and has gradually grown to become a typical country of this system. The article chooses Japan as the only study of the Mixed Electoral System country in the hope that it can fully discuss the ability of the Mixed Electoral System to influence the party system, not only in terms of intensity but also in terms of direction, based on a quantitative analysis. This paper will use quantitative research methods of correlation and regression analysis to evaluate the level of influence of the mixed electoral system on the Japanese political party system through a cross-sectional and longitudinal comparison. Using a hypothetical-deductive approach, the "effective party discount rate" and the "deviation contribution rate" of political parties are calculated for different types of constituencies, seat allocation methods and the Mixed Electoral System of linkage to determine the direction of this influence. Having obtained the relevant conclusions, this article also judges the future prospects of the two parties' coalition based on the perspective of electoral politics by examining in detail the established cooperation achievements of the LDP-CGP Alliance.

Keywords: Mixed Electoral System; Party System; Japan; The LDP - CGP Alliance

The Origin of Spitting of Japanese Socialist Movement after WWII
—Centered on the Separation of the Socialist Party and the Communist Party of Japan

Han Qianwei / 101

Abstract: Since the 1920s, Japanese socialists have pursued the establishment of a unified proletarian political party. However, Communists and Social Democrats fought fiercely around the unity of proletarian political parties until they were completely dissolved in 1940. After World War II, the Allied forces occupied Japan and carried out democratic reform, which created an important historical opportunity for the development of Japan's socialist movement. In this context, Japanese socialists took action one after another to rebuild the pre war political parties. Therefore, they once again face the problem of the unity and division of the proletarian political party. In the early post-war period from August to September 1945, Social Democrats and Communists had the opportunity to jointly establish a unified political party. However, in that process, influenced by the historical development process in the early stage of the occupation, the historical contradiction between the Japanese Communist Party and the Social Democrats, the unity of the three left, middle and right factions of social Nationalism after the war, and the strong political belief of the Communists, the Communists and Social Democrats finally decided to separate and build a new party. Therefore, the Japanese Socialist Movement was divided into two systems: the Socialist Party and the Communist Party, which has had profound impact on Japan's Socialist movement in the postwar era.

Keywords: Japanese Communist Party; Japanese Socialist Party; Socialist Movement

Re-examination of the Relationship between Japanese Politicians and Officials since the 21st Century
—Focusing on the Relationship between "Official Politicians" and "Official Bureaucrats"

Zhang Xiaolei / 130

Abstract: There is a miniature structure of the relationship between Japanese Politicians and Officials in the decision-making mechanism dominated by the Japanese Prime Minister's official residence. At the same time, a new balance of power was achieved between the clan members of the Liberal Democratic Party and the bureaucrats of the provincial offices, and then the embryonic form of the official residence-led decision-making mechanism was brewed The Prime Minister's rejection of bureaucrats in the first Abe period determined that the proportion of "official politicians" was much higher than that of "official bureaucrats" in this period. In addition, Abe himself lacked the unity and cohesion of the ruling official residence, which was extremely insufficient and could not take the lead in communication with the ruling provincial offices. During the second Abe period, the relationship between "official politicians" and "official bureaucrats" was generally stable. Abe provided enough space for "official bureaucrats" to display their abilities. Looking back on Abe's official residence leadership twice, we can find that the way to ensure the best solution of official residence leadership decision-making is to ensure the harmonious coexistence of "official residence politicians" and "official residence bureaucrats".

Keywords: Japan; Relationship between Government and Officials; Official Politician; Official Bureaucrats; Official Residence-led Decision-making Mechanism

Response from the Imperial System in the Process of Democratization in Japan in the Early Postwar Period
—Focusing on the Discourse of the "Kokutai" in the Imperial Diet

Li Yuanzhen / 150

Abstract: Under the modern imperial system, political authority and moral values were integrated into the Emperor, and Japanese citizens (Kokumin) were the emperor's "subjects" (Shinmin). One of the important purposes of the democratization reforms implemented by GHQ after the defeat of the war was to remove this shackle and make the Emperor a symbol of the unity of the

Japanese state and the Japanese people. The preservation of the imperial system and the democratization reform were two aspects of the same process. While maintaining the imperial system, the Japanese government was also thinking about the way to deal with the requirements of post-war democratization reform, trying to make the imperial system adapt to the democratization reform by reinterpreting the "national polity" (Kokutai). The cabinets' understanding of "Kokutai" and democracy was bounded by the release of the new draft constitution. There were two stages of "democratization of Kokutai" and "using Kokutai to interpret democracy". In the end, the Yoshida Cabinet reinterpreted the "Kokutai" as the people's affection towards the Emperor, and acknowledged political and legal democratization reforms. Meanwhile, the emotional interpretation of the "Kokutai" conceals the possibility of reflecting on the status of the Emperor, and also allows the subjectivity of the people to retain the moment of "Kokutai".

Keywords: Japan; Imperial System; Democratic Reform; Kokutai

· Historical Research ·

Political Structure, Ideological Culture, and
Public Opinion Tradition
—The Historical Foundation of Meiji Restoration

Wang Xinsheng / 173

Abstract: Under the external impact, modern Japan rapidly realized "the Restoration" as a political reform and the establishment of constitutional system which embodied the central feature of modern nation. This was on account of the unique factors of pre-modern Japanese society, such as "Tenno–Shogunate System", which had the "Double Dualistic Constructure", was difficult to deal with the dilemma brought by Perry Expedition, and the evolution process from the Zhu Xi school of Neo-Confucianism to Mitogaku gave birth to the thought of "Revere the Emperor and Expel the Barbarians" based on the criticism of the Song Dynasty Confucianism, which provided the opposition faction with a powerful banner for reform. Meanwhile, the tradition of "public opinion", which allowed all social strata to express their opinions, also profoundly influenced the internal construction and even the national trend of modern Japan after the political reform.

Keywords: Edo Period; Shogunate System; Revere the Emperor and Expel the Barbarians; Parliamentary Regime Theory; Meiji Restoration

· Economic Research ·

The Theoretical and Empirical Analysis of the "Dual Cycle" of Japanese Economy

Tian Zheng and Li Xin / 191

Abstract: In the course of post-war economic development, Japan has always taken the domestic cycle as the main driving power, with the relationship between the domestic cycle and the international cycle having an important impact on its economic growth. On the basis of clarifying the triple connotations of the dual-cycle economic system, and based on macroeconomic theory, a stock-flow consistency model of an open economy is constructed, pointing out that household consumption, enterprise output levels, and total factor productivity levels are even higher under the dual-cycle system. Through the analysis method of the vector autoregressive (VAR) model, we analyzed the dual cycle system of the postwar Japanese economy, and it is believed that the operation of the dual cycle system of the Japanese economy before and after the collapse of the bubble economy shows obvious differences. The hollowing out of industries, the failure of industrial policies, and the widening income gap are the main reasons for this difference, while the reform of the circulation industry can improve the efficiency of domestic circulation. Japan can only boost its economic growth by forming a system in which both domestic and international cycles reinforce each other.

Keywords: Japan; Stock－flow Consistent Model; Vector Autoregressive Model; Industrial Hollowing Out; Circulation Industry

《日本文论》征稿启事

为了促进日本研究学科发展，2019 年日本学刊杂志社创办学术集刊《日本文论》。《日本文论》前身为日本学刊杂志社曾办学术期刊《日本问题资料》（1982 年创刊），以"长周期日本"为研究对象，重视基础研究，通过长时段、广视域、深层次、跨学科研究，深刻透析日本，广泛涵盖社会、文化、思想、政治、经济、外交及历史、教育、文学等领域。《日本文论》以半年刊的形式，由社会科学文献出版社出版发行。2023 年1 月，《日本文论》入选"中国人文社会科学期刊 AMI 综合评价"核心集刊。2023 年 6 月，《日本文论》入选"中文社会科学引文索引"（CSSCI）（2023—2024）来源集刊和收录集刊。自创刊以来，连续三年被社会科学文献出版社收入"CNI 名录集刊"。期待广大海内外学界同人惠赐高水平研究成果。

一、《日本文论》将以专题形式刊发重大理论研究成果；注重刊发具有世界和区域视角、跨学科和综合性的比较研究，论证深入而富于启示意义的成果；注重刊发应用社会科学基础理论的学理性文章，特别是以问题研究为导向的创新性研究成果。

二、本刊实行双向匿名审稿制度。在向本刊提供的稿件正文中，请隐去作者姓名及其他有关作者的信息（包括"拙著"等字样）。可另页提供作者的情况，包括姓名、职称、工作单位、通信地址、邮政编码、电话、电子邮箱等。

三、本刊只接受电子投稿，投稿邮箱：rbyjjk@ 126. com。

四、论文每篇不低于 1 万字。请附 200～300 字的中文及英文摘要和3～5 个关键词。稿件务请遵守学术规范，遵守国家有关著作、文字、标点符号和数字使用的法律及相关规定，以及《日本学刊》现行体例的要求（详见日本学刊网 http：//www.rbxk.org）。

五、切勿一稿多投。作者自发出稿件之日起 3 个月内未接到采用通知，可自行处理。

六、本刊不收版面费。来稿一经刊出即付稿酬（包括中国学术期刊电子版和日本学刊网及其他主流媒体转载、翻译部分）和样刊（1 册）。作者未收到时，请及时垂询，以便核实补寄。

图书在版编目（CIP）数据

日本文论 . 2023 年 . 第 2 辑：总第 10 辑 / 吴怀中主
编 .--北京：社会科学文献出版社，2024.3
　　ISBN 978-7-5228-3280-7

　　Ⅰ. ①日… 　Ⅱ. ①吴… 　Ⅲ. ①日本-研究-文集
Ⅳ. ①K313.07-53

　　中国国家版本馆 CIP 数据核字（2024）第 035449 号

日本文论　2023 年第 2 辑（总第 10 辑）

主　　编 / 吴怀中

出 版 人 / 冀祥德
组稿编辑 / 祝得彬
责任编辑 / 郭红婷
责任印制 / 王京美

出　　版 / 社会科学文献出版社·当代世界出版分社（010）59367004
　　　　　地址：北京市北三环中路甲 29 号院华龙大厦　邮编：100029
　　　　　网址：www. ssap. com. cn
发　　行 / 社会科学文献出版社（010）59367028
印　　装 / 唐山玺诚印务有限公司

规　　格 / 开　本：787mm × 1092mm　1/16
　　　　　印　张：14.5　字　数：222 千字
版　　次 / 2024 年 3 月第 1 版　2024 年 3 月第 1 次印刷
书　　号 / ISBN 978-7-5228-3280-7
定　　价 / 68.00 元

读者服务电话：4008918866